Doris Kolesch, Vito Pinto, Jenny Schrödl (Hg.)
Stimm-Welten

D1663566

Doris Kolesch, Vito Pinto, Jenny Schrödl (Hg.)
Stimm-Welten.
Philosophische, medientheoretische
und ästhetische Perspektiven

[transcript]

Gedruckt mit Unterstützung des DFG-Sonderforschungsbereichs »Kulturen des Performativen« an der Freien Universität Berlin.

Bibliografische Information der Deutschen Nationalbibliothek
Die Deutsche Nationalbibliothek verzeichnet diese Publikation in der Deutschen Nationalbibliografie; detaillierte bibliografische Daten sind im Internet über http://dnb.d-nb.de abrufbar.

Umschlaggestaltung: Kordula Röckenhaus, Bielefeld
Umschlagabbildungen:
Cover links:»Grammophon«, Fotograf unbekannt
Cover rechts: Probenfoto des Tölzer Knabenchores, Klosterkirche Irsee, 2005, Fotograf: Michael Schilhansl, © Tölzer Knabenchor
Rückseite links: Janet Cardiff,»To Touch«, Detailansicht, Courtesy Galerie Barbara Weiss, Berlin 1993
Rückseite rechts: Daniel Repond,»Franziska Baumann«, International ASCA-CONGRES New Vocalities, Amsterdam 2006, © F. Baumann
Satz: Katharina Rost und Kati Kroß
Druck: Majuskel Medienproduktion GmbH, Wetzlar
ISBN 978-3-89942-904-6

Gedruckt auf alterungsbeständigem Papier mit chlorfrei gebleichtem Zellstoff.

Besuchen Sie uns im Internet:
http://www.transcript-verlag.de

Bitte fordern Sie unser Gesamtverzeichnis und andere Broschüren an unter:
info@transcript-verlag.de

INHALT

VORWORT
9

ZWISCHENZONEN.
LEIBLICHKEIT — RÄUMLICHKEIT — AISTHESIS

STIMME UND RAUM

ANHANG

Vorwort

Stimm-Welten eröffnet die Möglichkeit, sich auf menschliche Stimmen in umfassender Weise einzulassen, auf eine vielschichtige, uns zwar alltäglich vertraute, gleichwohl nur bedingt bekannte oder gar bewusste Welt. Die Stimme ist mehr und anderes als ein vermeintlich neutrales Medium menschlicher Kommunikation: Sie stiftet Intersubjektivität, verweist als Spur des Körpers auf die sprechende Person und manifestiert komplexe kulturelle Dispositive von Macht, Wissen und Begehren. In der Vielfalt ihrer Erscheinungsformen und Wirkweisen entziehen sich Stimmen einer bündigen Definition, sie transportieren nicht nur sprachliche Bedeutungen, sondern erzeugen Welten der Wahrnehmung, Erfahrung und Interaktion.

»Welt« als Bezeichung für die Einheit alles Seienden war ursprünglich ein Zeitbegriff, der vom Althochdeutschen weralt stammt und »Menschenalter« bedeutet, sich zunehmend aber in einen Raumbegriff transformierte. In vergleichbarer Weise galt die Stimme über Jahrhunderte vor allem als ein zeitliches Phänomen und wurde in der Ästhetik der Musik als einer Zeitkunst zugeordnet. Doch Stimmen erstrecken sich nicht nur in der Zeit, sie stellen immer auch räumliche Ereignisse dar. Entsprechend vollzieht sich der Hörsinn als ein wesentlich räumlicher Sinn. Hörend verorten und orientieren wir uns im Raum, entfalten Raumgefühl und Raumbewusstsein. Allerdings weist die Stimme in ihrer Räumlichkeit eine konstitutive Ortlosigkeit auf. Wie allen auditiven Phänomenen ist ihr eigen, dass sie sich von ihrem Herkunftsort entfernt und dislokalisiert. Zudem benennt das atopische Moment der Stimme einen Überschuss vokaler Kommunikation, da die Stimme im Sagen etwas zeigt, das nicht gesagt wird und unverfügbar bleibt.

Die Beiträge des vorliegenden Bandes zeigen aus unterschiedlichen Perspektiven, die von der Philosophie und Linguistik über die Theater-, Musik- und Kunstwissenschaft bis hin zur Medienwissenschaft reichen und mit den Überlegungen der Regisseurin Johanna Dombois ebenso wie der Audio-CD der Musikerin Franziska Baumann auch die künstlerische Praxis einschließen, wie vielschichtig sich der stimmlich-akustische Raum darstellt. Sie erkunden, was die Stimme als räumliches Phänomen und als Ereignis im Raum auszeichnet. Dabei geht es um verschiedene Erfahrungen wie Auffassungen von Raum bzw. Räumlichkeit: Gemeint sind Klang-, Echo- und Resonanzräume, in denen Stimmen klingen und erklingen, wie Theater-, Konzert- und Hörsäle, Kirchen, Treppenhäuser, Gewölbe, aber

9

auch Plätze, weite Landschaften usw. Zudem sind die Resonanz- und Echoräume des Körpers zu beachten, die beim Sprechen wie beim Hören aktiv sind. Thematisiert werden entsprechend Phänomene wie die Zwischenräumlichkeit und Zwischenleiblichkeit menschlichen Sprechens und vokaler Kommunikation ebenso wie konkrete künstlerisch-ästhetisch und medial erzeugte Räume. Darüber hinaus sind Räume der Emotion und der Erfahrung, Räume des Imaginären und der Erinnerung von Belang, beispielsweise wenn es um stimmlich-akustisch erzeugte Gefühlsräume geht. Dabei stehen folgende Fragen im Mittelpunkt: Welche Gefühle werden durch die Stimme hervorgebracht und wahrgenommen, auf welche Weisen werden sie in Theater, Kino, Oper oder auch in der Politik inszeniert? Worin besteht die appellative und affektive Kraft einer Stimme, wie werden Hörende durch sie bewegt und berührt? Wie werden stimmlich-akustische Räume medial gestaltet und welche Wahrnehmungen oder Wirkungen sind damit verbunden? Wie lassen sich die Interaktionsräume zwischen Stimmartikulation und Stimmwahrnehmung, zwischen Sprechenden und Hörenden beschreiben? Was bedeutet es für die Vorstellung vom Menschen, die Stimme technisch vom Körper abzulösen?

Die Beiträge sind aus einer Tagung des DFG-Forschungsprojekts »Stimmen als Paradigmen des Performativen« hervorgegangen, welches sich im Rahmen des Berliner Sonderforschungsbereichs »Kulturen des Performativen« aus theater- und kulturwissenschaftlicher Perspektive mit Stimmlichkeit und Audition beschäftigt. Die HerausgeberInnen, Doris Kolesch, Vito Pinto und Jenny Schrödl, danken den Autorinnen und Autoren für den spannenden Austausch und für anregende Diskussionen. Den Mitgliedern des Sonderforschungsbereichs »Kulturen des Performativen« gilt unser Dank für die produktive, immer wieder herausfordernde Arbeitsatmosphäre. Besonders verpflichtet sind wir der Umsicht, der Kompetenz und dem Engagement von Sabine Lange. Hartmut Burggrabe, Michael Conrad, Kristin Flade, Björn Frers, Armin Hempel, Kati Kroß, Jonas Liepmann und Katharina Rost danken wir für ihre Mithilfe bei der Organisation der Tagung und der Drucklegung des Bandes.

Doris Kolesch
Vito Pinto
Jenny Schrödl

ZWISCHENZONEN.
LEIBLICHKEIT — RÄUMLICHKEIT — AISTHESIS

ZWISCHENZONEN.
ZUR EINFÜHRUNG IN DAS KAPITEL

DORIS KOLESCH

Eingestöpselt. Immer häufiger macht sich jüngst ein bemerkenswertes Verhalten breit. In der U-Bahn. Auf dem Fahrrad. Beim Einkaufen. Beim Autofahren. Im Restaurant. Beim Spaziergang. Beim Joggen. Im Flugzeug. Bei der Arbeit. Beim Sonnenbaden. Beim Lesen. Beim Warten auf den Bus. Im Foyer von Theater oder Kino – endlos weiter könnte man Situationen aufzählen, die immer mehr Menschen nur noch mit Knopf im Ohr verbringen, mit eingestöpselten Ohrhörern, welche an einen ipod oder mp3-player angeschlossen sind.

Flaniert man heute durch Fußgängerzonen, sitzt in Bussen oder Bahnen, wartet am Flughafen oder frequentiert andere öffentliche wie halb-öffentliche Räume, so sind zweifelsohne diejenigen in der Überzahl, die entweder per Kopfhörer vorausgewählte Musik hören oder am Handy telefonieren. Zumindest in jüngeren Generationen scheint ein solches Verhalten inzwischen die Normalität, nicht die Ausnahme zu sein. Und es ist wohl nur eine Frage der Zeit, bis die Haltung der eingestöpselten Abschottung sich auch in Situationen durchsetzt, die auf der direkten Kommunikation von Angesicht zu Angesicht beruhen, mithin den Augenkontakt und offene Ohren für den oder die anderen voraussetzen. In Berlin konnte ich unlängst in einer Einkaufspassage das scheiternde Gespräch zwischen einer Mutter und ihrer Tochter beobachten: beide unternahmen den Versuch einer Unterhaltung, waren jedoch nicht bereit, ihre Ohrhörer abzunehmen und jeweils anzuhören, was die andere gesagt hatte. Das Ergebnis könnte man in Abwandlung des Kinderspielklassikers »Stille Post« als »Laute Post« beschreiben. Wer weiß, vielleicht gibt es auch schon erste Audiotechnik-Junkies, die selbst beim intimen Flirt oder beim Sex nicht ihre Kopfhörer abnehmen.

Weshalb ist es für viele Menschen so attraktiv, kopfhörend durch die Welt zu gehen? Mehrere Erklärungen können zur Beantwortung dieser Frage angeführt werden. Zunächst ließe sich argumentieren, dass die Konzentration auf die vorselektierte Lieblingsmusik der in allen Bereichen unserer Gesellschaft sich durchsetzenden Individualisierung ent-

spricht. Der oder die Einzelne ist immer weniger bereit, sich etwas
diktieren, etwas vorschreiben zu lassen, oder auch nur eine vorgefundene
(und oftmals von anderen gestaltete) Umwelt als gegeben zu akzeptieren.
Stattdessen hört jeder seine eigene kleine Welt und zeigt damit, ähnlich
wie durch Kleidungs- oder Lebensstile, nur ungleich geheimnisvoller,
weil die anderen eben nicht sehen oder gar deutlich mithören können,
was man da hört, seine Besonderheit, seine Einzigartigkeit. Dass das
Eingestöpselt-Sein inzwischen selbst eine Form der Uniformierung darzustellen droht, scheint (noch) nicht zu stören oder wird von einigen
Individualisten durch ostentatives Tragen überdimensionierter Muschel-
kopfhörer konterkariert, die ihrem Träger die hippe Aura eines DJs
verleihen.

Zweitens ist zu vermuten, dass eine Reaktion auf die in den letzten
Jahrzehnten zumindest in öffentlichen Räumen um sich greifende
Beschallung mit Muzak und seichter Dudelmusik vorliegt. Der Mensch
scheint sich gegen das, was mit Fug und Recht als akustische Umwelt-
verschmutzung bezeichnet werden muss, mindestens ebenso sehr, wenn
nicht stärker, zur Wehr zu setzen, wie gegen die insbesondere in Städten
vorherrschende visuelle Überreizung. Die Bereitschaft, in vielen Lebens-
lagen akustisch fremdbestimmt zu werden, tendiert gen Null und löst
heftige Aversionen aus, die nur durch Gegenbeschallung mit dem je
eigenen Musikgeschmack besänftigt werden können. Hinsichtlich des
Zusammenspiels von Auge und Ohr lässt das Phänomen des Ohr- oder
Kopfhörer-Hörens in der Öffentlichkeit eine wichtige Schlussfolgerung
zu: Das Eintauchen in ein präferiertes akustisches Umfeld vermag das
Erleben einer Situation offenbar so stark zu beeinflussen, dass die konkret präsente, körperlich und visuell zu erfahrende Umwelt in den Hintergrund tritt.

Diese Vermutung führt drittens zu der Überlegung, dass die om-
nipräsente Begleitung durch ipods und mp3-player nicht nur als
souveräner Akt eines autonomen Individuums gelesen werden kann,
sondern, ganz im Gegenteil, auch als Rückzug, ja Flucht eines tendenziell irritierten, überforderten, sich gegen vielfältige Anforderungen
abgrenzenden Wesens. Man lauscht den Klängen der selbstgewählten
akustischen Insel, dem Vorausgewählten, welches man kennt und mag.
Damit wird das Risiko, Neues, Unbekanntes, Überraschendes zu hören –
oder hören zu müssen – minimiert, die Orientierungs- und Warnfunktion
des Hörsinnes durch die frohe Botschaft ersetzt, dass das Bekannte das
Unbekannte eliminiert habe. Als dazu komplementäre Kehrseite scheint
darüber hinaus der Rhythmus und Beat der eigenen Musikberieselung
selbst der langweiligsten Gleichförmigkeit der Alltagswelt etwas Pepp zu
verleihen.

Die im Volksmund für die Ohrhörer gebräuchliche Bezeichnung Ohrstöpsel ist durchaus zutreffend. Denn ihre Wirkung beruht darauf, dass sie in den Gehörgang oder in die Ohrmuschel eingesetzt werden. Sie sitzen ganz nah am Trommelfell und schließen den Gehörgang weitgehend, bei In-Ohr-Kopfhörern komplett von der Außenwelt ab. Wenn sich die Rezeption von Akustischem als Immersion, als Eintauchen oder Schweben in einem umgebenden akustischen Feld beschreiben lässt, dann schwimmt man mittels Kopf- oder Ohrhörern und ipod sozusagen in seiner eigenen kleinen akustischen Blase. Kopfhörend befindet man sich in einem eigentümlichen, sowohl räumlich wie zeitlich als auch physisch wie psychisch schwer verortbaren Zwischen, in einer fragmentierten Welt, weder nur bei sich noch nur im akustischen Feld der reproduzierten Konserve noch nur in der Welt, in der man sich konkret körperlich bewegt. Eine Zwischenzone, die durchaus signifikant für das mittels Medientechniken und -technologien zunehmende Leben in fragmentierten Räumen ist, wie es beispielsweise auch durch Telefon oder Internet mit ihrer Verbindung heterogener Zeit-Räume und materieller wie virtueller Dimensionen bezeichnend ist.

Doch nicht nur in Bezug auf räumliche und körperliche Dimensionen, auch in Bezug auf die Rezeption von Stimmen, Klängen und Geräuschen ist das Kopfhören in der Öffentlichkeit aussagekräftig. Wie die Namen schon andeuten, fokussieren Kopf- oder Ohrhörer die akustische Wahrnehmung auf ein einziges Organ bzw. einen einzigen Körperteil. Damit könnten sich diejenigen bestätigt fühlen, die glauben, Wahrnehmung sei einzig Sache des Gehirns und man höre etwas im Kopf. Doch wir hören nicht nur und nicht ausschließlich mit den Ohren, sondern mit dem gesamten Körper. Und selbst das Hören mit In-Ohr-Kopfhörern spielt sich nicht im engen Raum zwischen Schallquelle und Trommelfell ab, sondern spannt einen eigenen akustischen Raum auf. Auf diese Umstände weist Gernot Böhmes Aussage, »Hören ist leibliche Anwesenheit im Raum«, eindrücklich hin.

Wenn Hören als leibliche Anwesenheit im Raum verstanden werden kann, dann sind damit Leiblichkeit, Räumlichkeit und Aisthesis von Stimmen und Klängen immer schon thematisch. Entsprechend stehen diese drei Aspekte, auf die hier einführend kurz eingegangen wird, mit unterschiedlichen Akzentuierungen im Zentrum der Beiträge dieses Kapitels.

Leiblichkeit

Keine Stimme existiert ohne einen Körper. Als Spur des Körpers in der Rede eignet der Stimme ein doppeltes Vermögen: sie vermag gleichzeitig zu sagen und zu zeigen. Die Stimme ist Trägerin, Medium von Sinn und Bedeutung und sie kann etwas anzeigen, was die Rede verschweigt oder auch einfach nicht zur Sprache bringt: die persönliche Gestimmtheit der Sprecherin, die Aufgeregtheit, die körperliche Verfassung z.B. in der Heiserkeit, Alter, regionale Herkunft, Geschlecht etc. Die Stimme verdankt sich einer Aktivität und Bewegung des Körpers, sie entsteht aus der Atmung, der Motilität und Veränderung von Lunge, Stimmlippen, Gaumen, Zunge, Kiefer und zahlreichen weiteren Organen, Hohl- und Resonanzkörpern. Der in der Stimme zur Erscheinung gebrachte Körper ist mithin vielfältig, dynamisch und heterogen. Er ist vielfältig, insofern er als konkreter physiologischer Körper auftritt, gleichzeitig aber auch als symbolischer, repräsentierender Körper und als Überschreitung des symbolischen, repräsentativen, verständigungsorientierten Zeichen-Handelns. Darüber hinaus zeigt sich dieser Körper immer auch als ein sozialer und politischer Körper, der im Austausch, in der Wechselwirkung und Spannung mit anderen Körpern eine Position im gesellschaftlich-kulturellen Raum einnimmt. Der stimmliche Körper ist dynamisch, insofern die flüchtige und fluide Stimme weniger einen Gegenstand oder Zustand darstellt, als vielmehr Bewegung, Prozessualität, Veränderung. Jede Stimme ist ein Ereignis, ihre Präsenz, ihr Vorhandensein besteht im beständigen Verklingen, im Verschwinden, paradox könnte man formulieren: in einer anwesenden Abwesenheit. Heterogen schließlich ist dieser Körper, da er mehrere unterschiedliche Dimensionen und Formen von Körperlichkeit umfasst, welche sich bisweilen wechselseitig unterstützen und affirmieren, sich bisweilen aber auch gegenseitig ausschließen und widersprechen können, so wenn eine hastige und unsichere Intonation nicht zu einer sonoren, tiefen Klangfarbe passt, oder wenn der akustisch zur Erscheinung gebrachte Körper der visuellen Gestalt dieses Körpers widerspricht.

Doch die Leiblichkeit und Körperlichkeit von Stimmen wäre vollkommen unzureichend beschrieben, würde man darunter ausschließlich den Körper der Sprecherin oder des Sprechers sowie leiblich-körperliche Aspekte des Sagens, Singens, Schreiens, Flüsterns etc. verstehen. Eine Stimme tritt immer als gehörte Stimme auf, als Rückkopplung im Sich-Selbst-Sprechen-Hören wie auch als von anderen wahrgenommene, ge- und erhörte Stimme. Schon die Feedback-Schleife des Sich-Selbst-Sprechen-(oder Singen)-Hörens stellt die Frage nach der Macht bzw. Ohnmacht des Sprechens, die auch in jeder sozialen

Kommunikation und Interaktion eine Rolle spielt. Diktieren wirklich unsere Zunge und unsere Stimme, was wir sagen und wie wir etwas sagen, oder diktiert, kontrolliert unser Ohr unsere Aussagen? Weil wir uns hören können, können wir sprechen, und es gehört zu den konstitutiven Erschütterungen unserer Identität, zu wissen, aber nicht wirklich hören oder gar erfahren zu können, dass wir unsere eigene Stimme anders hören als unsere Mitmenschen. Das Wahrnehmen von Stimmen, Klängen und Geräuschen involviert in besonderer Weise auch den Körper der oder des Hörenden. Klänge verleiben sich uns ein, wir hören mit den Nervenfasern, den sensiblen Stellen und Hohlräumen des ganzen Körpers. Menschliche Stimmen, aber auch musikalische Klänge oder insistente Geräusche haben die Eigenschaft, die Hörenden unmittelbar körperlich anzusprechen, sie zu berühren, zu erregen oder auch aufzuregen. Hören vollzieht sich weniger als ein kognitiver Akt, sondern vielmehr als ein affektives Mitschwingen, als ein Resonanzphänomen. In seinen philosophisch-phänomenologischen Überlegungen »Die Stimme im leiblichen Raum« geht Gernot Böhme dieser Verknüpfung von Stimme, Ohr, Leib und Raum nach. Wenn mit Gernot Böhme die Stimme eine Artikulation leiblicher Anwesenheit darstellt und Hören eine Form der leiblichen Anwesenheit im Raum ist, dann stellt sich nicht zuletzt die Frage nach den räumlichen Dimensionen von Sprechen und Hören, nach auditiven Atmosphären sowie nach Verortungen bzw. Ortlosigkeiten des Akustischen.

Räumlichkeit

In den letzten Jahren und Jahrzehnten ist in zweierlei Hinsicht eine Revision der in der abendländischen Neuzeit dominanten Raumauffassung zu beobachten. Hinterfragt wird erstens die Annahme, Raum stelle ein leeres Schema dar, mit dessen Hilfe wir uns das Nebeneinander und/oder Getrenntsein der Dinge vorstellen. Zweitens wird die Annahme revidiert, Raum sei ein leeres Behältnis, das von unserem Körper wie auch von anderen – belebten und unbelebten – Körpern gefüllt werden müsse.

Im Zuge dieses in verschiedensten Disziplinen, von der Philosophie, der Ästhetik und der Soziologie über die Kulturanthropologie, die Ethnologie, die Geographie, die Politik- und die Geschichtswissenschaft bis hin zur Architektur, zur Biologie und zur Physik stattfindenden Neu-Denkens des Raumes vermag eine Orientierung an der Stimme und am Hören wichtige Impulse und Einsichten zu vermitteln.

Ähnlich vielfältig und komplex wie die leiblich-körperliche Dimension von Stimmen und ihrer Wahrnehmung ist nämlich auch die räumliche. Die Stimme entstammt nicht nur einem räumlich situierten Körper, sie weitet und verlängert ihn in den Raum. Stimmlich orientieren wir uns im Raum, breiten uns darin aus und überwinden Distanzen. Die im Tierreich häufig anzutreffende Markierung eines Territoriums durch stimmliche Verlautbarungen ist auch dem Menschen nicht unbekannt. Mit Blick auf die Polyphonie von Stimmen ist dabei zu betonen, dass das verräumlichende Moment von Stimme darin liegt, dass mehrere Töne gleichzeitig und eben nicht sukzessiv zu hören sind. Stimmen also besetzen Räume, bringen sie hervor und geben ihnen eine spezifische Gestalt.

Gibt es einen Sound von Berlin? Klingt Berlin anders als Paris oder New York? Unterscheiden sich französische Stimmen und Klänge von deutschen oder englischen? Unsere Erfahrung beantwortet alle drei Fragen mit einem deutlichen Ja. Schon Walter Ruttmanns 1927 gedrehter Film *Die Symphonie der Großstadt* verweist im Medium des Visuellen und mittels schneller Montageschnitte auf die je eigene Klanglichkeit eines Ortes. Der symphonische Aufbau des Films wie auch der dynamische Rhythmus der Bilderfolgen stehen für das Berlin der 1920er Jahre. Dessen spezifische Klänge werden dabei nicht einfach reproduziert, sondern gleichsam synästhetisch durch die bewegten Bilder evoziert. Wer *Die Symphonie einer Großstadt* heute sieht, dem wird zudem sofort ersichtlich, dass das Berlin der 1920er Jahre anders geklungen haben muss als das Berlin des beginnenden 21. Jahrhunderts. Ruttmanns Betitelung von Berlin als einer »Symphonie« verdankt sich einer damals bei vielen Zeitgenossen verbreiteten Fortschrittseuphorie und Technikbejahung. Dass das gleiche Klanggeschehen auch als »Kakophonie« bezeichnet werden könnte – und von manchen wird – deutet an, wie eng im Feld des Akustischen Beschreibung und Bewertung verknüpft sind.

Stimmen und Klänge entspringen Hohl- und Resonanzräumen, sie nehmen Räume ein und generieren spezifische Räume. Im sozialen und kulturellen Zusammenleben verdichten sie sich derart, dass Gesellschaften einen je eigenen Klang- und Resonanzraum bilden. Nicht nur soziale Praktiken und Stile, nicht nur Normen und Werte, nicht nur Traditionen und symbolische Ordnungen, nicht nur Techniken und Medien charakterisieren eine Gesellschaft, sondern auch ihre jeweiligen Klanglandschaften und sonoren Konstrukte. Entsprechend können Gesellschaften durchaus anhand ihrer Klangphänomene beschrieben und identifiziert werden, sind diese doch konstitutiver Bestandteil der jeweiligen Identität und Selbst- wie Fremdverständigung.

Um etwas zu sehen, muss die Sehende einen gewissen Abstand zum Sichtbaren wahren. Die damit gesetzte räumliche Trennung, ja Konfrontation von Subjekt und Objekt zeitigte im Abendland weitreichende ästhetische, aber auch ontologische Folgen. Das Hören hingegen kennt kein Gegenüber, es ist kaum angemessen als Wahrnehmen von etwas frontal Fernstehendem zu beschreiben. Stimm- und Klangwelten zeichnen sich vielmehr dadurch aus, dass sie die Hörenden umgeben, dass der Wahrnehmende inmitten des Hörfeldes schwebt, darin eintaucht. Wo sind wir, wenn wir Stimmen, Klänge, Musik hören?[1] Diese scheinbar banale Frage ist entsprechend gar nicht so leicht zu beantworten.

Tentativ wurde in den letzten Jahren versucht, der Besonderheit auditiver Wahrnehmung gerecht zu werden, indem man sie ohne Rekurs auf das Modell der Subjekt-Objekt-Dichotomie und weitere, damit verbundene Dualismen beschreibt. Nicht nur der Atmosphäre-Begriff, auch der Begriff des Zwischen wurde hier in seiner Tragfähigkeit ausgelotet. Werner Nothdurfts Beitrag ist im Rahmen dieser aktuellen Diskussionen zu situieren und weist bei aller Kritik an dichotomischen Beschreibungen darauf hin, dass das Konzept des Zwischen seinerseits enge Grenzen hat. Er legt dar, weshalb Kommunikation nicht angemessen als ein Geschehen *zwischen* Individuen verstanden werden kann. Vielmehr entfaltet er das Modell des »Gesprächsraums«, *in dem* Interaktionspartner sich befinden. Dieser Gesprächsraum, der sowohl durch konkret physische Elemente und Handlungen als auch durch psychische und imaginäre Momente bestimmt wird, stellt gleichsam das Medium dar, in und mit dem Menschen kommunikativ handeln. Ein wesentlicher Vorteil dieser Auffassung besteht darin, eine Interaktionstheorie zu ermöglichen, welche weder auf das Konzept des Verstehens noch auf mentale Zuschreibungen wie Absichten oder Intentionen rekurrieren muss.

Aisthesis

»Es gibt keine menschliche Stimme auf der Welt, die nicht Objekt des Begehrens wäre – oder des Abscheus« – schreibt Roland Barthes in seinem Vortrag »Die Musik, die Stimme, die Sprache«.[2] Barthes' apodiktische Formulierung verdeutlicht nicht nur, dass jede Stimme immer eine gehörte Stimme ist, sondern auch dass der Hörende hier in

---

1   Vgl. hierzu den anregenden Aufsatz von Peter Sloterdijk: »Wo sind wir, wenn wir Musik hören?«, in: Peter Sloterdijk, Der ästhetische Imperativ. Schriften zur Kunst, Hamburg: Philo & Philo Fine Arts 2007, S. 50-82.
2   Roland Barthes: »Die Musik, die Stimme, die Sprache«, in: Roland Barthes, Der entgegenkommende und der stumpfe Sinn. Kritische Essays III, Frankfurt/Main: Suhrkamp 1990, S. 280.

spezifischer Weise involviert ist: Die Stimme ist kein Modellobjekt, welches sich in sicherer Entfernung erörtern oder gar in gefahrloser Distanz analysieren ließe. Der Umstand, dass Stimmen uns emotional berühren, uns affektiv betreffen, ist kein Ornament und Nebeneffekt auditiver Wahrnehmung, sondern ihr Konstituens.

Diese Einsicht zeitigt weitreichende Konsequenzen sowohl was die (wissenschaftliche) Befassung mit Stimmen angeht als auch das Schreiben über Stimmen, welches sich idealerweise wohl weniger als ein Schreiben *über* sie, denn als ein Schreiben *mit und in* ihnen vollziehen sollte.

Hinsichtlich der Beschäftigung mit Stimmen und ihrer Rezeption ist insbesondere auf das Austausch- und Spannungsverhältnis von akustischer Wahrnehmung und anderen Wahrnehmungsmodi zu achten. Bis heute dominiert weithin eine Betrachtung, welche einzelne Sinne und Sinnesorgane isoliert fokussiert. Diese Aufteilung schlägt sich nicht zuletzt in der Herausbildung unterschiedlicher Wissenschaften nieder, welche gleichsam für einzelne Wahrnehmungsprozesse zuständig sind (die Musikwissenschaft für das Hören, die Kunstwisssenschaft für das Sehen etc.). Doch sind Sehen, Hören, Riechen, Schmecken, Tasten, Fühlen wirklich getrennt voneinander zu untersuchen? Kann die Konzentration auf einzelne, herausgelöste Formen von Wahrnehmung ein auch nur annähernd befriedigendes Ergebnis liefern?

Versetzen wir uns kurz in die Situation einer Theatergängerin, welche Luk Percevals Inszenierung *Molière. Eine Passion* (UA Salzburg 2007) besucht. Der Schauspieler Thomas Thieme steht zu Beginn der Aufführung in Bühnenmitte an der Rampe. Reglos sammelt er sich vor einem Mikrofon, während über die gesamte Bühne verteilt neun teilweise grotesk oder bizarr wirkende Gestalten jeweils auf oder neben einem überdimensionierten Lautsprecher hocken. Thomas Thieme groovt sich langsam in den Abend, klopft mit dem silberfarbenen Mikrofon, das vorzugsweise von Rockgruppen verwendet wird, an seine Stirn, bis er einen Rhythmus gefunden hat. Zu den dumpfen Mikrofonschlägen rieselt sachte Papierschnee auf die Bühne. Es wird den ganzen Abend über schneien, fünf lange Stunden. Während die Schauspieler mit extremen, elektrisch verstärkten Sprech-, Rap-, Schrei-, Brüll-, Gesangs- oder auch Flüstereinlagen die Ohren des Publikums bedrängen, legt der sich am Bühnenboden sammelnde Theaterschnee einen weißen Mantel des Schweigens und der Stille über die Szenerie. Eine Atmosphäre schneidender Kälte und Ausweglosigkeit verbreitet sich, ist schließlich nicht nur zu hören und zu sehen, sondern förmlich auch zu riechen und zu spüren. Die tanzenden Schneeflocken bringen plötzlich die hintere Bühnenwand ins Flirren, sitzt man hier einem psychedelischen Effekt auf oder handelt es sich, angesichts der Ermüdung von Augen und Ohren, um eine Wahrnehmungstäuschung, um eine Einbildung?

Schon diese kurze, unvollständige Beschreibung, welche einige wenige ausgewählte Wahrnehmungsmomente der Aufführung nur schlagwortartig skizziert, verdeutlicht, wie problematisch die geläufige Annahme ist, Sehen, Hören und andere Sinneserfahrungen verliefen getrennt voneinander. Vielmehr scheint das Gegenteil der Fall zu sein: alle Sinne kommunizieren miteinander, sie vollziehen sich simultan, im Austausch und in wechselseitiger Interdependenz. Die Einheit unserer sinnlichen Wahrnehmung entsteht nicht aus einer Addition vorgängig getrennter Einzelsinne, sondern die Sinne kommen immer nur im Zusammenspiel, in »Geselligkeit«[3] miteinander vor. Wie prekär und unzureichend die Aufteilung der Sinneswelt ist, zeigt ihre Orientierung an einzelnen Organen – Auge, Ohr, Nase, Gaumen und Zunge sowie Hand –, wodurch einerseits wichtige sensorielle Organe oder Körperpartien ignoriert werden und andererseits die Einheit der Sinneserfahrung nie wirklich erklärt werden kann.[4]

Es sind eben solche Prozesse der Übergängigkeit und Interdependenz, welche in den Beiträgen von Patrick Primavesi, Philip Ursprung und Holger Schulze im Zentrum stehen. Am Beispiel des Gegenwartstheaters bzw. aktueller Installationskunst und Musik spüren sie den Wirkungen stimmlich-klanglicher Grenzgänge und ihrer Stellung im Wahrnehmungsfeld nach. Am Beispiel einiger Inszenierungen des französischen Regisseurs Laurent Chétouane untersucht Patrick Primavesi das komplexe Verhältnis von dramatischer Verlautbarung, stimmlicher Artikulation und körperlicher Repräsentation. So geht es bei Chétouane um ein Spiel mit den Stimmen und Geräuschen des Körpers ebenso wie mit der Körperlichkeit von Stimmen und den diversen »anderen« Stimmen des (Theater-)Textes. Philip Ursprung reflektiert seine Faszination von Janet Cardiffs Installation *To Touch*, deren Mittelpunkt ein sensibler, mit Sensoren ausgestatteter alter Holztisch bildet, der nach Berührung durch die Galeriebesucher Stimmen aus kleinen Lautsprechern verlauten lässt. Das konkrete, haptische Berühren des Tisches wird beantwortet mit einem Berührtwerden von den verführerisch flüsternden Stimmen, welche erotisch konnotierte Aussagen wie »I want you to touch me« oder auch »Your skin is so soft« zurückgeben. Ein magisch-mirakulöses und zugleich technisch-hocharti-

3 Bernhard Waldenfels: Sinnesschwellen. Studien zur Phänomenologie des Fremden. Bd. 3, Frankfurt/Main: Suhrkamp 1999, S. 54.
4 Vgl. hierzu ausführlicher Doris Kolesch: »Wer sehen will, muß hören. Stimmlichkeit und Visualität in der Gegenwartskunst«, in: Doris Kolesch/ Sybille Krämer (Hg.): Stimme. Annäherung an ein Phänomen, Frankfurt/ Main: Suhrkamp 2006, S. 40-64.

fizielles Kunstwerk, welches den Adressaten zum Partner, zum Mitspieler erhebt. Holger Schulzes Ausführungen mit dem sprechenden Titel »Vokaliquid« dokumentieren schon im Gestus des Textes den Versuch eines Schreibens in und mit Stimmen, weniger über Stimmen. Ausgehend von der Aporie der gleichzeitigen Wandelbarkeit und Unverrückbarkeit sowohl des körperlichen Erlebens als auch von Stimmen erkundet Schulze in enger Fühlung an die Stimmen und Aussagen von Gnar's Barkley Möglichkeiten der Verflüssigung begrifflicher Fixierungen.

Literatur

Barthes, Roland: »Die Musik, die Stimme, die Sprache«, in: Roland Barthes: Der entgegenkommende und der stumpfe Sinn. Kritische Essays III, Frankfurt/Main: Suhrkamp 1990, S. 279-285.

Kolesch, Doris: »Wer sehen will, muß hören. Stimmlichkeit und Visualität in der Gegenwartskunst«, in: Doris Kolesch/Sybille Krämer (Hg.), Stimme. Annäherung an ein Phänomen, Frankfurt/Main: Suhrkamp 2006, S. 40-64.

Sloterdijk, Peter: »Wo sind wir, wenn wir Musik hören?«, in: Peter Sloterdijk, Der ästhetische Imperativ. Schriften zur Kunst, Hamburg: Philo & Philo Fine Arts 2007, S. 50-82.

Waldenfels, Bernhard: Sinnesschwellen. Studien zur Phänomenologie des Fremden. Bd. 3, Frankfurt/Main: Suhrkamp 1999.

DIE STIMME IM LEIBLICHEN RAUM

GERNOT BÖHME

I. Raumklänge

Der Ausdruck Raumklänge scheint eine Tautologie zu enthalten. Ist nicht jeder Klang im Raum? Phänomenologisch gesehen trifft das wirklich zu, doch wird man diese Wahrheit gelegentlich gegen Menschen verteidigen müssen, die behaupten, etwas *im Kopf* zu hören. Tatsächlich hört man auch das, was immer man mit dem Kopfhörer hört, räumlich, freilich dann nicht in dem konkreten, einen umgebenden Raum von Wänden und Möbeln, sondern dem akustischen Raum, nämlich dem Raum, der von den Klängen selbst aufgespannt wird.

Die Thematisierung von Raumklängen hat nun aber doch eine Pointe, wenn man sie konfrontiert mit der These des Musikästhetikers und Musikhistorikers Carl Dahlhaus, der – übrigens im Rückgriff auf Herder – behauptet, Musik sei wesentlich Zeitkunst.[1] Diese These hat einiges für sich, wird man doch weder den einzelnen Ton noch eine zusammenhanglose Folge als Musik ansehen. Vielmehr gilt eine Folge erst dann als Musik, wenn sie eine Gestalt hat, sich durch ein Thema zur Einheit organisiert. Diese Art von Einheit durch ein Thema ist bereits von Kant in der »Kritik der reinen Vernunft« als ein besonderer Typ von Einheit benannt und dann mehr als hundert Jahre später in Bergsons Schrift »Zeit und Freiheit« zum zentralen Phänomen von Zeiterfahrung gemacht worden. Es handelt sich um Einheit, die nicht auf Identität, sondern auf Synthesis beruht, nämlich so, dass sich die mannigfaltigen Elemente zu einem Ganzen organisieren oder verschmelzen. Als Prototyp wird von beiden Philosophen die Melodie genannt, doch diese Einheit kann sehr viel umfassender sein bis zu der Einheit der Sinfonie.

Gegenüber dieser Auffassung von Musik als Zeitkunst hat sich nun jedoch in der Avantgarde des 20. Jahrhunderts eine deutliche Verschiebung, um nicht zu sagen Revolution, in der Auffassung von Musik erge-

---

1 Vgl. Carl Dahlhaus: Musikästhetik, Köln: Musikverlag Hans Gerig 1967, S. 19.

23

ben, nach der es nun eine Pointe ist, von Raumklängen zu sprechen. Es war wohl Marcel Duchamp, der in einer Notiz von 1913 als Erster von einer *akustischen Skulptur* sprach. Diese Idee, die jüngst in Darmstadt anlässlich einer Duchamp-Ausstellung von dem Ensemble Recherche ausgeführt worden ist, enthält den Grundgedanken, dass Musik auch eine Raumgestalt sein kann – oder vielleicht sogar immer ist. Dass Klänge im Raum sind, den Raum gestalten und selber eine Raumgestalt haben, dürfte Musikern und Komponisten mehr oder weniger immer schon bewusst gewesen sein – so gibt es beispielsweise im Barock Musikstücke, die durch Verteilung verschiedener Chöre im Kirchenraum zur Aufführung kommen. Aber es ist doch erst das 20. Jahrhundert, das hier eine neue Gattung aus diesem Aspekt von Musik hat werden lassen, nämlich die Gattung der Klangkunst oder der Rauminstallationen.[2] In dieser Kunst geht es ausdrücklich um die räumliche Bewegung von Tönen und die räumliche Gestalt von Klängen bzw. umgekehrt, es geht um die akustische Gestaltung von Räumen. Diese Entwicklung innerhalb der Musik war sicher erst möglich aufgrund der bedeutenden Fortschritte der Elektroakustik im 20. Jahrhundert. Sie hat mit der Thematisierung des räumlichen Aspektes von Musik aber zugleich auch neue Hörerlebnisse ermöglicht und auf dem Hintergrund dieser Erlebnisse die Frage nach dem Hören selbst neu gestellt. War auf der Linie, die mit Herder und Dahlhaus angedeutet wurde, Hören ganz wesentlich eine Form zeitlicher Existenz, so ist mit der Erkundung des akustischen Raumes auch ein neues Verständnis des Hörens entstanden: Hören ist leibliche Anwesenheit im Raum.

II. Die Rehabilitation der Stimme

In der Tradition der Artes Liberalis gehörte seit der Antike die Musik zum Quadrivium, also zu den mathematischen Wissenschaften neben der Arithmetik, der Geometrie und der Astronomie. Erst im 17. Jahrhundert wanderte die Musik aus dem Quadrivium aus und wurde dann im Trivium neben Grammatik, Poetik und Rhetorik eingeordnet. Das bedeutete faktisch, dass für die Musik nun ihr emotionaler Charakter gegenüber dem rationalen an Gewicht gewann. Praktisch bedeutete das, dass zur eigentlichen Musik wesentlich die Stimme gehörte, die menschliche Stimme des Einzelnen und die Chöre, während die Instrumente eher für die Begleitung da waren. Der schon genannte Musikhistoriker Dahlhaus konstatiert nun etwa ab 1800 eine neue Entwicklung, die er die

---

2   Vgl. Helga de La Motte-Haber: Handbuch der systematischen Musikwissenschaft, Laaber: Laaber-Verlag 1985 ff.

Emanzipation der Instrumentalmusik nennt.[3] Etwa mit den Sinfonien Beethovens sei eine Musik entstanden, die vollständig auf vokale Anteile verzichten konnte und gerade instrumental das eigentliche Wesen der Musik darstellte. Dabei muss man allerdings hinzufügen, dass unter Vokalmusik der Gesang in Worten verstanden wurde und dass von daher die Bedeutung der Worte für den Sinn eines Musikstückes als wesentlich angesehen wurde. Man wird das ohne weiteres in Gedanken an Bachsche Oratorien nachvollziehen können. Die Verteidiger der Vokalmusik meinten, dass erst das Wort der Musik Bedeutung verleihe und sie damit vom bloßen Genusserlebnis zur Kultur mache. Umgekehrt haben die Parteigänger der Instrumentalmusik argumentiert, dass eine Musik, die der Worte bedarf, um einen Sinn darzustellen, noch gar nicht zu sich selbst gekommen sei und deshalb die Emanzipation der Musik von der menschlichen Stimme ihr eigentliches Wesen herausbringe. Hegel redet in seinen Ästhetik-Vorlesungen von der *selbständigen Musik*[4]:

»Die eigentliche Sphäre dieser Unabhängigkeit kann aber nicht die begleitende Vokalmusik sein, die an einen Text gebunden bleibt, sondern die *Instrumentalmusik*. Denn die Stimme ist [...] das eigene Ertönen der totalen Subjektivität, die oft zu Vorstellungen und Worten kommt und nun in ihrer eigenen Stimme und dem Gesang das gemäße Organ findet, wenn sie die innere Welt ihrer Vorstellungen, als von der innerlichen Konzentration der Empfindung durchdrungen, äußern und vernehmen will. Für die Instrumente aber fällt dieser Grund eines begleitenden Textes fort, so dass hier die Herrschaft der sich auf ihren eigensten Kreis beschränkenden Musik anfangen darf.«[5]

Dahlhaus macht nun deutlich, dass diese Auffassung Hegels, nämlich, dass die Instrumentalmusik die eigentliche Musik sei, sich niemals vollständig durchgesetzt hat, und doch meint er, eine *Hegemonie der Instrumentalmusik* feststellen zu können.[6] Davon kann man sprechen, wenn man zwei weitere Aspekte hinzunimmt, einerseits wurde nämlich in die Idee von Instrumentalmusik als der eigentlichen Musik die Forderung aufgenommen, dass Musik Bedeutung haben müsse, um Kultur zu sein, indem nun die Musik selbst als Sprache aufgefasst wurde. So spricht etwa Hegel davon, dass die »Durchführung eines Hauptgedankens und episodische Einschaltung und Verzweigung anderer [...] [die Musik] rein aus sich selbst entnehmen und sich dabei, insofern hier die Bedeutung

---

3 Vgl. C. Dahlhaus: Musikästhetik, S. 39.
4 Vgl. Georg Wilhelm Friedrich Hegel: Werke in 20 Bänden. Band 15. Vorlesungen über die Ästhetik III, Frankfurt/Main: Suhrkamp 1980, S. 213.
5 Ebd., S. 215f.
6 Vgl. C. Dahlhaus: Musikästhetik, S. 45.

des Ganzen nicht durch Worte ausgesprochen wird, auf die rein musikalischen Mittel einschränken« müsse.[7] Auf der anderen Seite wurde der musikalische Einsatz der menschlichen Stimme selbst wie der eines Instrumentes konzipiert – und entsprechend die Ausbildung der Sänger auf den *reinen* Klang gerichtet. Das war übrigens bereits im Kontext der Oper der Fall, die Arie der Königin der Nacht in Mozarts »Zauberflöte« ist dafür ein klassisches Beispiel.

Auf diesem Hintergrund können wir nun von einer zweiten musikalischen Revolution im 20. Jahrhundert sprechen, nämlich der Emanzipation der Stimme in der Musik. Diese Emanzipation ist eine doppelte. Auf der einen Seite nämlich emanzipiert sich die Stimme in der avantgardistischen Musik des 20. Jahrhunderts von der Sprache – ihre musikalische Bedeutung hängt nicht mehr, wie man mit Hegel sagen würde, daran, dass sie *Vorstellungen* erregt. Auf der anderen Seite fügt sie sich nicht mehr in die Herrschaft der Instrumentalmusik, indem der Sänger sich selbst zu einem Instrument unter anderen stilisiert. Ein hervorragendes Beispiel für beides sind die »Canti del Capricorno« von Giacinto Scelsi in der Realisierung durch Michiko Hirayama um 1980.[8] Um das genauer zu verstehen, müssen wir auf einen Autor zurückgreifen, bei dem wir eigentlich keine tief greifenden musikalischen Einsichten erwarten, nämlich Immanuel Kant.

Auch bei Kant findet sich die von mir oben kritisierte Analogie von Musik und Sprache. Allerdings verwendet Kant hier den Ausdruck *Sprache* allenfalls als Analogie, denn er meint nicht, dass die Musik durch Zeichen gebildet werde, die Bedeutung haben, vielmehr sei sie eine *Sprache der Empfindungen*.[9] Kant bezieht sich bei seiner Überlegung auf die Rolle der Stimme im Sprechen. Hier unterscheidet er die Ausdrücke der Sprache und den *Ton*, in dem sie vorgebracht werden: »Der Reiz derselben [der Tonkunst], der sich so allgemein mitteilen lässt, scheint darauf zu beruhen, dass jeder Ausdruck der Sprache im Zusammenhange einen Ton hat, der dem Sinne des selben angemessen ist; dass dieser Ton mehr oder weniger einen Affekt des Sprechenden bezeichnet und gegenseitig auch im Hörenden hervorbringt [...]«.[10] Kant versteht also die Musik als eine künstlerische Ausarbeitung dessen, was man alltäglich im Sprechen erlebt, nämlich dass der Ton oder der Sound, in dem man etwas sagt, den emotionalen Anteil des Gesagten trägt, und wie Kant meint, im Hörenden erzeugt. Hier ist also von Sprache und Sprachverstehen in ei

---

7   G. W. F. Hegel: Werke in 20 Bänden. Band 15, S. 214.
8   Giacinto Scelsi: Canti del Capricorno 1-19, wergo: wer 60127-50.
9   Vgl. Immanuel Kant: Kritik der Urteilskraft, Hamburg: Meiner 1959, S. 185.
10 Ebd.

nem ganz anderen Sinne die Rede, als es bei der Sprache als einem System von Zeichen oder Ausdrücken der Fall ist. Verstehen heißt hier nicht das Bezeichnete vorstellen, sondern vielmehr den Affekt des Sprechenden im Hören mitzuvollziehen. Kant bezieht sich mit dieser Auffassung von Musik bzw. der Rolle der Stimme im Sprechen auf eine Sprachtheorie zurück, die sich wohl erstmalig bei Jakob Böhme in seiner Schrift »De Signatura Rerum« findet.[11] In dieser Schrift entwickelt Böhme das Konzept von einem Ding nach dem Modell eines Musikinstrumentes. Danach hat jedes Ding wie ein Instrument seine genuine Stimmung (Signatur) und, wenn es angeschlagen wird, seinen charakteristischen Ton. Die Wechselwirkung der Dinge untereinander, das heißt also auch der Zusammenhang der Natur im Ganzen, wird von daher als Kommunikation gedacht. Kommunikation ist aber nicht, wie wir es von der Sprachtheorie heute vornehmlich verstehen, symbolisch vermittelt. Vielmehr versteht man die Äußerung eines Menschen oder eines Dinges durch dessen Ton oder Stimme dadurch, dass sie im eigenen Inneren eine Glocke zum Mitschwingen bringt, also doch durch inneren Mitvollzug. Verstehen ist ein Resonanzphänomen.

Wir haben damit ein Konzept von Stimme und, wenn man mit Kant die Musik als ein künstlerisch ausgearbeitetes System von Stimmen versteht, auch der Musik von äußerster Radikalität. Das Radikale besteht darin, dass diese Theorie die Wirkung von Stimmen und Musik, die wir in affektiver Betroffenheit erfahren, in ihrer Macht und Eindringtiefe ernst nimmt. Ganz im Unterschied zur Kommunikation durch sprachliche Zeichen, bei der das Verstehen ja immer Interpretationssache ist, d. h. also einen Abstand zwischen Wahrnehmen der Zeichen und ihrem Verstehen impliziert, ist das Verstehen durch Mitschwingen viel mehr dem Ton ausgesetzt, als das bei symbolischer Vermittlung der Kommunikation möglich wäre. Außerdem bleibt die affektive Betroffenheit niemals eine bloß intellektuelle Angelegenheit, vielmehr wird sie in leiblichen Regungen spürbar. Musik als Sprache in diesem Sinne ähnelt eher der Sprache der Engel oder vielleicht der der Wale und der Delfine.[12]

---

11 Vgl. Jakob Böhme: »De Signatura Rerum« (1622), in: Will-Erich Peuckert (Hg.), Jakob Böhme. Sämtliche Schriften in 11 Bänden, Band 6, Stuttgart: Frommann-Holzbook 1957, S. 1-244.
12 Zur Sprache der Engel siehe Hartmut Böhme/Gernot Böhme: Das Andere der Vernunft. Zur Entwicklung von Rationalitätsstrukturen am Beispiel Kants, Frankfurt/Main: Suhrkamp 2007, Kap. IV.4. Zur Sprache der Delfine und Wale siehe Joan McIntyre (Hg.): Der Geist in den Wassern, Frankfurt/Main: Verlag Zweitausendeins 1982.

III. Die Stimme als Artikulation leiblicher Anwesenheit

Mit Jakob Böhme können wir jetzt deutlicher sagen, was die Stimme von etwas oder von jemandem ist: nämlich die Artikulation leiblicher Anwesenheit. Ein Ding oder ein Mensch kann durchaus auch unauffällig existieren, also so, dass man es oder ihn gar nicht bemerkt. In der Regel aber wird die Anwesenheit von etwas oder jemandem im Raum spürbar. Die bekannteste Weise dafür ist das Aussehen oder das Gesicht, im Hellen machen sich die Dinge und die Menschen durch ihr Aussehen in charakteristischer Weise bemerkbar. Jakob Böhme fügt dem aber noch viel eindringlichere Weisen hinzu, in denen die Anwesenheit von jemandem oder etwas gespürt wird, er nennt Geruch und Hall. Beides sind Weisen, in denen ein Seiendes den ganzen Raum seiner Umgebung – klassisch auch »sphaera activitatis« genannt – durchdringt. Dabei wird der Atmosphäre dieses Raums durch den Geruch oder durch die Stimme ein Charakter verliehen: es ist nicht nur die Anwesenheit von etwas überhaupt spürbar, sondern die Anwesenheit von eben diesem. Dabei muss daran erinnert werden, dass sowohl im Tierreich als auch bei den Menschen untereinander individuelles Kennen und Erkennen ganz wesentlich durch Geruch und Stimme vermittelt werden. Es ist bemerkenswert, wie Tiere unter Tausenden von Artgleichen, etwa bei den Pinguinen, durch die Stimme ihr Junges herausfinden können. Aber auch bei Menschen: Jeder kennt das Phänomen, dass man am Telefon ohne jede Vermittlung von Worten einen Partner individuell erkennen kann. Ähnlich ist es auch bei Gerüchen, hier wird ja sogar die Individualität von Gerüchen von Personen kriminalistisch genutzt. Das heißt aber nicht, dass man in seiner Stimme auf einen individuellen Gebrauch eingeschränkt wäre, vielmehr ist ja auch ein theatralischer Gebrauch der Stimme möglich. Insofern muss man sagen, dass der in der Stimme von jemandem erfahrene Charakter nicht unbedingt der Charakter ist, den die entsprechende Person hat, sondern eben nur der *Charakter in der Erscheinung*, also eben die artikulierte Anwesenheit von jemandem. Insofern ist Bernhard Waldenfels zu widersprechen, wenn er sagt »Man muss *jemand* sein, um eine Stimme zu haben [...]«.[13]

Jede Stimme hat einen Charakter und man kann als Sänger oder Schauspieler durch die Intonation seiner Stimme einen unterschiedlichen Charakter verleihen. Dadurch wird viel mehr noch als durch Aussehen und durch das, was jemand verbal sagt, eine Person in ihrer Anwesenheit

---

13 Bernhard Waldenfels: »Das Lautwerden der Stimme«, in: Doris Kolesch/ Sybille Krämer (Hg.), Stimme. Annäherung an ein Phänomen, Frankfurt/ Main: Suhrkamp 2006, S. 191-210, hier S. 192.

spürbar und das heißt, in affektiver Betroffenheit: Jemand wird als freundlich, als heiter, als bedrohlich, als ernst, aggressiv usw. wahrgenommen. Man hat dieses Phänomen mit dem sehr schönen Ausdruck von Roland Barthes »die Rauheit der Stimme« genannt. Es ist klar, woher Roland Barthes diese Intuition hat, nämlich aus den Gesängen von Satchmo, also Louis Armstrong. Bei diesen Gesängen kommt es schon fast nicht mehr auf die Worte an, sondern viel mehr, wie man dann sagt, auf den *Sound* oder wie Roland Barthes es formuliert, auf die *Rauheit* der Stimme als solcher. Nur hat Roland Barthes seine eigene Entdeckung falsch gedeutet, indem er sagt: »Die *Rauheit* der Stimme ist nicht – oder nicht nur – ihr Timbre; die Signifikanz, die sie freilegt, kann nicht besser definiert werden als durch die Reibung zwischen der Musik und etwas anderem, das die Sprache [...] ist«.[14]

Gerade Stücke wie die »Canti del Capricorno« machen deutlich, dass es für die Rauheit der Stimme keineswegs auf irgendeine Beziehung zur Wortsprache oder gar, wie Roland Barthes an der angegebenen Stelle meint, zur Schrift ankommt. Daraus würde nämlich folgen, dass die Dinge, aber auch schon die Tiere keine Stimme hätten. Dagegen ist Barthes wieder zuzustimmen, wenn er sagt »die *Rauheit* ist der Körper in der singenden Stimme«.[15] Das ist es und das hat ja auch Jakob Böhme schon gesagt, indem er den Körper von etwas oder von jemandem nach dem Modell von Musikinstrumenten fasste. In den Äußerungen von jemandem oder von etwas ist die Person in ihrer Leiblichkeit und das Etwas in seiner Dinglichkeit spürbar, weil die stimmliche Äußerung durch den Körper, aus dem sie kommt, charakteristisch geprägt ist.

Diese Einsicht erklärt auch, warum die Rehabilitation der Stimme in der Avantgarde des 20. Jahrhunderts zu einer ganz neuartigen Verwendung der Musikinstrumente geführt hat. Zwar hat es seit dem Siegeszug des Jazz eine immer wachsende Bedeutung des Sounds für die Musik gegeben und im Sound ist ja bereits der jeweils spezifische Charakter von Musikinstrumenten spürbar, also die Trompete, das Saxofon usw. In der Neuen Musik ist das aber weiter getrieben worden, indem dieser materiale Charakter der Musikinstrumente auch jenseits der Töne aufgesucht wurde, nämlich durch Anblasen, Schlagen, Kratzen usw. Die Musikinstrumente wurden damit nicht bloß wie bisher als Instrumente zur Erzeugung von Tönen – und zwar möglichst reiner – gewürdigt, sondern in ihrem spezifischen Charakter, der ihnen als Körpern zukommt.

---

14 Roland Barthes: »Die Rauheit der Stimme«, in: Karlheinz Barck/Peter Gente/Heidi Paris/Stephan Richter (Hg.), Aisthesis. Wahrnehmung heute oder Perspektiven einer anderen Ästhetik, Leipzig: Reclam 1990, S. 299-309, hier S. 305.
15 Ebd., S. 307.

IV. Schluss

In unserer alltäglichen Art zu hören, konzentriert auf Bedeutung und Information, überhören wir im Allgemeinen die Stimme. Gleichwohl stellt die Stimme des Kommunikationspartners die kommunikative Atmosphäre her, in der die Kommunikation stattfindet, sie nimmt uns für den Partner ein oder stößt uns ab und sie begleitet das Gesagte mit einem affektiven Ton. Durch die Entwicklung der Musik im 20. Jahrhundert ist die Stimme aus dieser hintergründigen und dienenden Funktion befreit worden, so dass wir heute in der Lage sind, theoretisch ihre außerordentliche Bedeutung für unser Dasein in der Welt zu würdigen und auch praktisch gelernt haben, Stimmen als solche zu hören. Stimme ist die atmosphärische Präsenz von etwas oder jemandem. Sie ist eine der Dimensionen, in denen etwas oder jemand aus sich heraus tritt und die Atmosphäre in der Umgebung wesentlich emotional tönt. Sie ist im Unterschied zu verbalen Äußerungsformen höchst individuell, so dass man die Atmosphäre, die sie bestimmt, als je eigene bezeichnen und erkennen kann.

Ist die Stimme die atmosphärische Präsenz von etwas oder jemandem, so fragt man sich, in welcher Weise man sie wahrnimmt. Es kann ja nicht einfach das konstatierende Hören sein, wenngleich es auch das gibt, so z. B., wenn man die Stimme von jemandem am Telefon erkennt. Jedoch, als atmosphärische Präsenz wird sie in affektiver Teilnahme gespürt. Das heißt soviel wie: Man wird in seiner eigenen Stimmung von der Stimme mitgenommen und ggf. eingenommen. Doch wie geschieht das? Nach dem, was wir von Jakob Böhme gehört haben, würde man antworten: durch Resonanz. Die emotionale Tönung, die die Stimme dem Raum verleiht, färbt gewissermaßen auf die eigene Stimmung ab, man schwingt mit dem Gehörten mit. Soll das heißen, dass man die Stimme durch ein inneres Mitsingen wahrnimmt? In der Tat, auch das gibt es, doch Hören durch inneres Mitsingen ist sehr beschränkt und versagt spätestens bei der Vielstimmigkeit des Gehörten und an der Fremdartigkeit des Gehörten. Diese ganze Theorie des Hörens als inneres Mitsingen leidet zudem an denselben Schwächen, die jede Theorie von Wahrnehmung als Repräsentation enthält. Wenn die Wahrnehmung eines Hauses darin besteht, uns innerlich ein Haus vorzustellen, dann muss ja wohl dieses innere Bild eines Hauses auch wiederum wahrgenommen werden. Nein, ebenso, wie wir in der visuellen Wahrnehmung die Dinge dort sehen, wo sie sind, draußen im Raum, so ist es auch beim Hören, wir hören die Stimme im Raum, – dass wir von ihr affektiv betroffen werden, liegt daran, dass wir in unserer eigenen leiblichen Präsenz im Raum durch die Stimmen, die wir hören, modifiziert werden. Sich in einem

Raum zu befinden, bedeutet durch das leibliche Spüren in diesen Raum hinauszulangen, indem man sich eng oder weit fühlt, gedrückt oder gehoben und noch vieles mehr. Die *Befindlichkeit* als ein Spüren, wo wir uns befinden, wird durch die Qualitäten des Raumes, in dem wir uns befinden, jeweils modifiziert. Diese Tatsache ist von großer Bedeutung für die emotionale Wirkung von Architektur. Von den Formen der Architektur, über Lichtverhältnisse, Farbgebung, Material, Qualitäten wird das Befinden in Räumen oder in der Umgebung von Gebäuden bestimmt. Es ist die Atmosphäre, die architektonische Gebilde ausstrahlen bzw. enthalten, welche im leiblichen Spüren unsere jeweilige Befindlichkeit bestimmt.[16] Dazu gehören nun auch die Stimmen, vielmehr sie sind etwas, das – wie kaum ein anderer Faktor – als das Erzeugende von Atmosphären wirkt. So wie sie auf Seiten des Senders, wenn man das so sagen darf, dessen leibliche Präsenz im Raum ausmachen, so sind sie auf Seiten des Empfängers Modifikationen seiner Befindlichkeit, d. h. der Art und Weise, wie er selbst seine Anwesenheit im Raum spürt. Die außerordentliche Wirkung, die Stimmen auf unsere jeweilige emotionale Lage haben, beruht darauf, dass sie unmittelbar unsere leiblich gespürte Anwesenheit im Raum modifizieren. Sie können sie eng und weit machen, erhebend und erlösend oder gedrückt und beängstigend sein. So wie man auch Töne hoch und tief, breit gelagert (βαρύς) oder spitz und scharf (ὀξῦς)[17] nennt, so folgen unsere Empfindungen den Anmutungen solcher Töne, indem sie uns einladen oder zwingen, mit unserem leiblichen Spüren in dieser oder jener Weise im Raum anwesend zu sein.

Literatur

Barthes, Roland: »Die Rauheit der Stimme«, in: Karlheinz Barck/Peter Gente/Heidi Paris/Stephan Richter (Hg.), Aisthesis. Wahrnehmung heute oder Perspektiven einer anderen Ästhetik, Leipzig: Reclam 1990, S. 299-309.
Böhme, Gernot: Architektur und Atmosphäre, München: Wilhelm Fink Verlag 2006.
Böhme, Hartmut/Böhme, Gernot: Das Andere der Vernunft. Zur Entwicklung von Rationalitätsstrukturen am Beispiel Kants, Frankfurt/Main: Suhrkamp 1983.

16 Vgl. Gernot Böhme: Architektur und Atmosphäre, München: Wilhelm Fink Verlag 2006.
17 Die Ausdrücke ὀξῦς und βαρύς sind die Termini, in denen in der altgriechischen Musiktheorie das bezeichnet wird, was wir als hoch und tief kennen.

Böhme, Jakob: »De Signatura Rerum« (1622), in: Will-Erich Peuckert (Hg.), Jakob Böhme. Sämtliche Schriften in 11 Bänden. Band 6, Stuttgart: Frommann-Holzbook 1957, S. 1-244.

Dahlhaus, Carl: Musikästhetik, Köln: Musikverlag Hans Gerig 1967.

Hegel, Georg Wilhelm Friedrich: Werke in 20 Bänden. Band 15. Vorlesungen über die Ästhetik III, Frankfurt/Main: Suhrkamp 1980.

Kant, Immanuel: Kritik der Urteilskraft, Hamburg: Meiner 1959.

La Motte-Haber, Helga de: Handbuch der systematischen Musikwissenschaft, Laaber: Laaber-Verlag 1985ff.

McIntyre, Joan (Hg.): Der Geist in den Wassern, Frankfurt/Main: Verlag Zweitausendeins 1982.

Waldenfels, Bernhard: »Das Lautwerden der Stimme«, in: Doris Kolesch/Sybille Krämer (Hg.), Stimme. Annäherung an ein Phänomen, Frankfurt/Main: Suhrkamp 2006, S. 191-210.

DER GESPRÄCHSRAUM

WERNER NOTHDURFT

In diesem Beitrag möchte ich herausfinden, welchen Erkenntnisgewinn man erzielt, wenn man die Vorstellung von »Raum« als Grundfigur eines interaktionstheoretischen Diskurses einsetzt. Unter interaktionstheoretischem Diskurs verstehe ich theoretische Anstrengungen, Situationen zwischenmenschlicher Begegnung als Phänomen sui generis (im Sinne der Goffmanschen *interaction order*)[1] zu beschreiben, zu verstehen und zu erklären. Einen Prototyp solcher Situationen stellen Fälle Verbaler Interaktion dar, d. h. Situationen, in denen sprachliche Äußerungen bzw. Handlungen eine wesentliche Rolle spielen. Als Minimalfall von Situationen zwischenmenschlicher Begegnung betrachte ich das Verhalten eines Individuums in der Präsenz Anderer. Ausgangspunkt meiner Überlegungen ist die Beobachtung, dass die Raummetapher im metapragmatischen[2] Diskurs alltagsweltlicher Kommunikationserfahrungen eine erhebliche Rolle spielt. Eine solche Beobachtung gibt Anlass, die Leistungsfähigkeit der Raummetapher auch im interaktionstheoretischen Diskurs auszutesten. Ich will zeigen, dass die Raummetapher in der Tat bestimmte interaktionstheoretische Probleme löst bzw. in produktiver Weise umzuformulieren vermag und zu einer gegenüber herkömmlichen interaktionstheoretischen Basiskonzepten neuen Sichtweise auf Verbale Interaktion führen kann.

I. »Raum« als Metapher alltagsweltlicher Reflexion kommunikativer Erfahrungen

Im alltagsweltlichen Nachdenken über kommunikative Ereignisse bzw. Erfahrungen spielt die Raummetapher eine erhebliche Rolle. Im Alltag

---

1   Vgl. Erving Goffman: »The Interaction Order«, in: American Sociological Review 48 (1983), S. 1-17.
2   Vgl. John Lucy: Reflexive Language. Reported Speech and Metapragmatics, Cambridge: Cambridge University Press 1983.

verwerden wir sie in der Beschreibung einer Vielzahl ganz unterschiedlicher kommunikativer Erfahrungen, zum Beispiel:

- zwischen Tür und Angel
- mit dem Rücken zur Wand
- in die Ecke gedrängt
- mit der Tür ins Haus fallen
- sich im Kreise drehen
- sich näherkommen
- aufeinander zugehen
- jemanden ausschließen
- auftreten
- zurückweichen
- im Mittelpunkt stehen
- auf Distanz gehen
- in den Rücken fallen
- jemanden bedrängen
- einen großen Bogen machen
- eisige Stimmung
- düstere Stimmung
- einen Durchbruch erzielen
- dichtmachen
- auf Durchzug stellen
- sich entfalten können
- vorankommen
- Resonanz spüren
- jemanden unter Druck setzen
- jemanden vorführen
- umeinander herumschleichen
- glattes Parkett
- sich im Hintergrund halten
- im Rampenlicht stehen
- auf den Putz hauen

Die Raummetapher leistet offensichtlich einen erheblichen Beitrag zur
Reflexion kommunikativer Erfahrungen und deren Kommunizierbarkeit
bzw. zur intersubjektiven Verständigung. Eine Betrachtung des durch
diese Liste angedeuteten metaphorischen Feldes zeigt, dass durch die
Raummetapher die wesentlichen Qualitäten von Interaktion erfasst werden: Momente der Gesprächsorganisation (zwischen Tür und Angel, mit
der Tür ins Haus fallen, sich im Kreise drehen), des Verstehens (auf
Durchzug stellen, dichtmachen), der thematischen Entwicklung (einen
Durchbruch erzielen, vorankommen), der Beziehungsgestaltung (sich

näherkommen, aufeinander zugehen, in den Rücken fallen), der Selbst-
und Fremddarstellung (im Rampenlicht stehen, jemanden vorführen, im
Mittelpunkt stehen) ebenso wie Momente der Macht (mit dem Rücken
zur Wand, in die Ecke gedrängt, jemanden ausschließen), des Atmosphärischen (eisige Stimmung) und des unmittelbaren emotionalen Erlebens
(Resonanz spüren).

II. Problemtheoretischer Aufriss: Basisprobleme in der Betrachtung Verbaler Interaktion

Ganz offensichtlich spielt die Vorstellung von Raum eine erhebliche
Rolle in der Metapragmatik von Kommunikation. Aber ist eine solche
räumliche Beschreibung von Kommunikation auch interaktionstheoretisch fruchtbar zu machen – schließt sie Momente von Kommunikation
in einer Weise auf, die interaktionstheoretisch relevant ist? Dieser Frage
will ich im Folgenden nachgehen. Ich möchte mich dieser Frage auf
problemtheoretischem Wege nähern, d. h. ich werde zentrale Probleme
interaktionstheoretischer Betrachtungsweise von Kommunikation auf-
greifen, an bisherige theoriegeleitete Lösungsversuche dieser Probleme
erinnern und prüfen, welchen Beitrag die Raummetaphorik zur Bearbeitung dieser leisten kann.

Ich greife folgende interaktionstheoretische Probleme auf:[3]

- Das Problem der *Intersubjektivität*, also das Problem, wie man den
Zusammenhang von Menschen in Kommunikation begreifen kann.
Für diese Frage werden unterschiedliche Lösungen angeboten: von
der technisch-orientierten Vorstellung eines »Drahtes« zwischen den
Kommunikationsbeteiligten im nachrichtentechnischen Kommuni-
kationsmodell,[4] über den Begriff der »Beziehung« mit seinen jeweils
theoriespezifischen Semantiken, über soziologisch geprägte Ord-
nungsvorstellungen etwa des »Spiels« oder des »Rahmens«[5] bis hin
zum Begriff des »Zwischen« – in seiner radikalsten Ausformulierung bei Buber[6]. Allerdings führt genau diese Ausformulierung auch

---

3   Eine ausführliche Beschreibung findet sich in Werner Nothdurft: »Kom-
    munikation«, in: Jürgen Straub/Arne Weidemann/Doris Weidemann (Hg.),
    Handbuch Interkulturelle Kommunikation und Interkulturelle Kompetenz,
    Stuttgart: J.B. Metzler 2007, S. 24-35.
4   Vgl. zu dem metaphorischen Gehalt dieser Vorstellung Michael Reddy:
    »The Conduit Metaphor«, in: Andrew Ortony (Hg.), Metaphor and
    Thought, Cambridge: Cambridge University Press 1979, S. 284-324.
5   Vgl. Erving Goffman: Rahmen-Analyse, Frankfurt/Main: Suhrkamp 1974.
6   Vgl. Martin Buber: Das dialogische Prinzip, Heidelberg: Schneider 1984.

die Aporie der Vorstellung des »Zwischen« vor Augen, wie Theunissen[7] gezeigt hat.

- Das Problem der *Verbalität*, also das Problem, welches der Gehalt von Kommunikation ist. Je nach disziplinärer Betrachtungsweise werden das Konzept der »Information« (in der Kommunikationswissenschaft), das Konzept des »Inhalts« (ebendort) oder das Konzept der »Proposition« (in der Linguistik) als Lösungen angeboten. Gerold Ungeheuer hat allerdings gezeigt, dass sich die Vorstellung eines »Inhalts« von Kommunikation bei strikter – kommunikationssemantischer – Betrachtung gleichsam ins Nichts auflöst.[8]

- Das Problem des *Kommunikationssubjekts*, also das Problem, wie man die Beteiligten an kommunikativen Ereignissen konzeptionell fassen kann. Auch hier sind je nach Disziplin verschiedene Vorschläge gemacht worden, sei es als »Sender-Empfänger«-Dichotomie in der Kommunikationswissenschaft oder als »Sprecher-Hörer«-Modell in der Linguistik. Dass Konzepte dieser Art der Betrachtung Verbaler Interaktion aber nicht angemessen sind, ist spätestens seit Goffmans Kritik evident.[9]

- Das Problem der *Bedeutung*, also das Problem, wie man das Zustandekommen von Bedeutung in Verbaler Interaktion angemessen begreifen kann. Psychologisch versucht man diesem Problem mit dem Konzept der »Wirkung« beizukommen, linguistisch werden Konzepte von »Semantik« angesetzt. Aus interaktionstheoretischer Perspektive sind solche Konzepte jedoch unangemessen, weil sie das Zustandekommen von Bedeutung, ihre Konstitution, nicht erfassen.[10]

---

7 Vgl. Michael Theunissen: »Bubers negative Ontologie des Zwischen«, in: Philosophisches Jahrbuch 71 (1963), S. 319-330; vgl. auch Walter Ziegler: Anerkennung und Nicht-Anerkennung, Bonn: Bouvier 1992.

8 Vgl. Gerold Ungeheuer: »Kommunikationssemantik. Skizze eines Problemfelds«, in: Zeitschrift für germanistische Linguistik 2 (1974), S. 1-24.

9 Vgl. Erving Goffman: Forms of Talk, Philadelphia: University of Pennsylvania Press 1981; vgl. auch Johannes Schwitalla: »Über einige Weisen des gemeinsamen Sprechens. Ein Beitrag zur Theorie der Beteiligungsrollen im Gespräch«, in: Zeitschrift für Sprachwissenschaft 11 (1992), S. 68-98.

10 Vgl. Werner Nothdurft: »Schlüsselwörter. Zur rhetorischen Herstellung von Wirklichkeit«, in: Werner Kallmeyer (Hg.), Gesprächsrhetorik, Tübingen: Gunter Narr Verlag 1996, S. 351-418. Werner Nothdurft: »Embodiment und Stabilisierung. Prinzipien interaktiver Bedeutungskonstitution«, in: Arnulf Deppermann/Thomas Spranz-Fogasy (Hg.), Be-deuten. Wie Bedeutung im Gespräch entsteht, Tübingen: Stauffenburg 2002, S. 59-72.

In einer Übersicht:

Problem	Lösungsversuche
Intersubjektivität	»Draht«, »Beziehung«, »Zwischen«
Verbalität	»Information«, »Proposition«
Subjekt	»Sender-Empfänger«, »Sprecher-Hörer«
Bedeutung	»Wirkung«, »Semantik«

III. »Raum« als implizite Leitvorstellung kommunikationswissenschaftlicher Betrachtungen

Auf diese Problemstellungen also soll die Vorstellung von Raum angesetzt werden. Nun kann die Raummetaphorik in sehr unterschiedlichem Sinne akzentuiert sein und taucht auch in dieser Weise im wissenschaftlichen Diskurs auf. Betrachtet man diese Akzentuierungen, stellt man fest, dass sie zur Bearbeitung der o. a. Problemstellungen nur sehr begrenzt geeignet sind. Dies sei im Folgenden thesenartig an einigen Raumvorstellungen ausgeführt:

• Das euklidische Konzept eines dreidimensionalen, physikalischen Raums: Zwar spielt der materiell-ökologische Raum in seiner jeweiligen sozial-symbolischen Überformung, in dem sich Kommunikation ereignet, gewiss eine wesentliche Rolle für das kommunikative Geschehen, aber für die Bewältigung der hier angesetzten Problemstellungen ist eine solche ökologische Konzeption zu eng.[11]

• Eine andere Spielart von Raumvorstellung, die in diesen Kontext gehört, ist das Konzept des Territoriums – eine Raumvorstellung, die zwar fruchtbar für die Betrachtung von Interaktion gemacht werden

---

11 Damit soll die Relevanz ökologischer Betrachtungen für die Analyse Verbaler Interaktion generell nicht in Abrede gestellt werden. Diese lassen sich vielmehr in sehr unterschiedlicher Weise nutzen, z. B. in sozio-historischer Betrachtungsweise für eine Typologie signifikanter Räume in unterschiedlichen Phasen europäischer Kommunikationsgeschichte. Zu einer solchen Typologie würden – in chronologischer Reihung – etwa gehören: der Fürstenhof, der Markt, das Kaffeehaus, der Salon, der Bahnhof, das Hotel, der Lift und auch – in einer gewissen Weise als Transzendierung des Räumlichen – das Telefon.

kann,[12] die aber auf das einzelne Handlungssubjekt bezogen ist und damit für eine interaktionstheoretische Betrachtung zu kurz greift. Auch das Konzept des Interaktionsraums begreift diesen noch als euklidischen Raum, wenn auch einschließlich seiner symbolhaften Überformung,[13] und greift damit ebenfalls für die anstehenden Probleme zu kurz.

• Eine weitere Spielart von Rauminterpretation findet sich im Deixiskonzept der Sprachpsychologie. In dieser Konzeption ist der Raum ebenfalls vom einzelnen Subjekt her geordnet (der »origo« im Sinne Bühlers[14]), d. h. von der Position des Subjektes aus ist bestimmt, wo ›oben‹ und ›unten‹ ist, ›vorne‹ und ›hinten‹. In dieser Konzeption ist das »Ich« der Ankerpunkt der Kommunikation[15] – nicht die Interaktion selbst.

Implizit gehen Raumvorstellungen auch innerhalb der Linguistik und Gesprächsanalyse aufgrund deren Textfixierung[16] in die Beschreibungsterminologie ein, z. B. wenn von »lokaler« Praxis oder »lokaler« Konstitution oder – gesprächsanalytisch – von »floor« geschrieben wird. Hier

---

12 Vgl. Georg Simmel: Soziologie, Frankurt/Main: Suhrkamp 1992. Simmel spricht davon, dass »um jeden Menschen eine ideelle *Sphäre* liegt, nach verschiedenen Richtungen und gegenüber verschiedenen Personen freilich ungleich groß, in die man nicht *eindringen* kann, ohne den Persönlichkeitswert des Individuums zu zerstören.« (S. 396; m. H.) (Vgl. auch Erving Goffman: Interaktionsrituale, Frankfurt/Main: Suhrkamp 1967.)

13 »Interaktionsräume werden konstituiert durch das Zusammenspiel von einerseits physikalischen Gegebenheiten, die auf Grund ihrer Beschaffenheit bestimmte Implikationen für die Strukturierung von Interaktion haben, und andererseits interaktiven Herstellungsleistungen, bei denen Beteiligte diese Gegebenheiten für ihre situative, thematisch-pragmatisch spezifizierte Praxis als Ressource nutzen.« Vgl. Reinhold Schmitt/Arnulf Deppermann: Monitoring und Koordination als Voraussetzungen der multimodalen Konstitution von Interaktionsräumen, Tübingen: Gunter Narr Verlag 2007, S. 2.

14 Vgl. Karl Bühler: Sprachtheorie. Die Darstellungsfunktion der Sprache, Jena: Fischer 1934.

15 Allerdings weist schon Bühler in dem Konzept der »Deixis am Phantasma« darauf hin, dass dieses Koordinatensystem durchaus auch verschoben werden kann (vgl. K. Bühler: Sprachtheorie). Mondada hat gezeigt, dass viele für die Interaktion wichtige Aspekte des Ich erst in dieser Interaktion selbst entwickelt werden und damit das Konzept der Deixis selbst einer interaktionstheoretischen Fundierung bedarf, vgl. Lorenza Mondada: »Die Indexikalität der Referenz in der sozialen Interaktion: diskursive Konstruktionen von ›ich‹ und ›hier‹«, in: Zeitschrift für Literaturwissenschaft und Linguistik 125/32 (2002), S. 79-113; vgl. in diesem Zusammenhang auch die Überlegungen bei William Hanks: Referential Practice, Chicago: Chicago University Press 1990.

16 Vgl. Werner Nothdurft: »Gesprächsphantome«, in: Deutsche Sprache 34 (2006), S. 32-43.

führt die Raummetaphorik zu einer irreführenden Beschreibungsweise Verbaler Interaktion, weil sie deren konstitutives Moment der Flüchtigkeit[17] systematisch ignoriert.

Folgt man den ideologiekritischen Ausführungen Lefebvres zum Raumbegriff,[18] wird ein Raumbegriff sichtbar, der nicht durch eine Vormacht des Visuellen und eine geometrische Perspektive gekennzeichnet ist. Ein solcher erweiterter Raumbegriff ist gegenwärtig noch weit davon entfernt, begrifflich präzise bestimmt oder gar vorstellbar zu sein (vgl. aber die Studien von Soja[19]). Gleichwohl will ich auf der Grundlage eines zugegeben vagen Raum-Konzeptes eine Rekonzeptualisierung Verbaler Interaktion versuchen.

IV. Der Gesprächsraum — eine erste Besichtigung

Gegenüber den bisher skizzierten Raumvorstellungen soll mit dem Begriff des Gesprächsraums vor allem die Vorstellung verbunden werden, dass in und durch Verbale Interaktion ein – auch imaginärer – Raum geschaffen wird, *in dem* sich die Interaktionsbeteiligten befinden und bewegen. Der Grundgedanke der hier angedachten Raumvorstellung besteht also darin, Kommunikation nicht als etwas zu denken, was *zwischen* Individuen geschieht, sondern als etwas zu denken, was sich um sie herum bildet und in Resonanzen, Grenzen und Bedingungen auf sie zurückwirkt und einen Raum bildet, innerhalb dessen sie kommunikativ erleben und handeln. Das Konzept des Gesprächsraums soll es ermöglichen, eine Interaktionstheorie zu entwickeln, ohne auf das Konzept des Verstehens oder die Rekurrenz auf mentale Prädikate (Absichten, Intentionen) zurückgreifen zu müssen.

Bei einem ersten Versuch, eine Vorstellung von Raum auf den Gegenstand Verbale Interaktion zu beziehen und in gewisser Weise ›auszubuchstabieren‹, ergeben sich folgende konzeptionelle Räume, in denen Verbale Interaktion betrachtet werden kann:

• Klangraum – Resonanz
In der Vorstellung eines Klangraums wird Sprechen nicht als etwas betrachtet, das auf einen Anderen hin bezogen ist, sondern als etwas, was akustisch einen Raum füllt, was dort Resonanzen erzeugt, Schwingun-

---

17 Vgl. W. Nothdurft: »Schlüsselwörter«.
18 Vgl. Henri Lefebvre: The Production of Space, Oxford: Blackwell 1991.
19 Vgl. Edward Soja: Thirdspace. Journeys to Los Angeles and Other Real-and-Imagined Places, Oxford: Blackwell 1996.

gen, Vibrationen, Echos. Man erkennt an dem hier verwendeten Be-
schreibungsvokabular, dass das körperlich-sinnliche Empfinden und Erleben des Sprechens bzw. Hörens betont wird. Darin liegt der Vorteil des
Raum-Begriffs: die Vorstellung eines Klangraumes ermöglicht es, das
akustische Geschehen nicht in der binären Begrifflichkeit von Sprechen
und Hören zu beschreiben, sondern als akustisches Geschehen bzw. Ereignis, das alle in der Interaktion Beteiligten – wenn auch in durchaus
unterschiedlicher Weise – betrifft, tangiert, erfasst, beschwingt.

• Semantischer Raum – Spielraum
Unter Gesichtspunkten des Bedeutungsgeschehens in Verbaler Interaktion lässt sich die Vorstellung von Raum in der Weise fruchtbar machen,
in der das Bedeutungsgeschehen als Spielraum betrachtet wird. Aufgabe
einer Analyse Verbaler Interaktion wäre dann nicht die Angabe *der* Bedeutung einer Äußerung bzw. Handlung im Interaktionsgeschehen, sondern die Beschreibung des Bedeutungs*spielraums*, innerhalb dessen eine
solche Äußerung steht. Kommunikationssemantik könnte dann verstanden werden als Theorie von Bedeutungsspielräumen, die die Voraussetzungen und Grenzen einzelner Bedeutungsinterpretationen festlegt und
alternative Bedeutungsmöglichkeiten expliziert. Aus einer solchen Theorie der Bedeutungsspielräume heraus könnte dann auch erklärt werden,
warum Individuen in Interaktion sich gerade nicht verstehen. Damit
würde zudem das Moment von Bedeutungsvagheit bzw. -ambiguität einen systematischen, zentralen Ort in der Beschreibung mündlicher
Kommunikation erhalten.

• Handlungsraum – Klima
Die Vorstellung von Raum lässt sich weiterhin so fruchtbar machen, dass
Momente des Atmosphärischen einer Interaktionssituation konzeptionell
gefasst werden können, Momente also, die nach aller kommunikativen
Erfahrung für Erleben und Handeln in Verbaler Interaktion von wesentlicher Relevanz sind, etwa als »eisige Atmosphäre«, »lockere Stimmung«
oder »drückendes Klima«. In gegenwärtigen Interaktionstheorien haben
solche Charakterisierungen keinen systematischen Ort. Ihnen liegt insgesamt eine – wenn auch implizite – Raummetaphorik zugrunde. Solche
Charakterisierungen eröffnen erweiterte Möglichkeiten in der Bestimmung von Verhalten bzw. Handeln, u. a. in der Weise, dass ein Ent-
scheidungsklima beschrieben werden kann, aus dem heraus ein bestimmtes Verhalten verständlich wird, ohne dass mit dieser Beschreibung

der Anspruch verbunden wird, dieses Verhalten vollständig erklären zu können.[20]

- Konstellation – Bühne

Unter Gesichtspunkten der Gesprächsbeteiligung bzw. Selbstdarstellung und Identität würde es die Raummetaphorik erlauben, die Beteiligten nicht nur in und durch ihre Beziehungen zueinander zu definieren, sondern auch und primär durch ihre Positionierung im Gesprächsraum – durch ihre Konstellation. Auf diese Weise können insbesondere bei Mehr-Personen-Interaktionen die komplexen Verhältnisse von Ko-Präsenz sowie von Mehrfach-Adressierung erfasst werden.[21] Durch diese Verwendung einer Raumvorstellung könnte es auch gelingen, die der Gesprächsanalyse inhärente Fixierung auf den temporalen Aspekt von Interaktion aufzulösen und Interaktion in erweiterter Perspektive als temporal-simultanes Ereignis zu verstehen. Außerdem ist die Raummetapher natürlich in besonderer Weise anschlussfähig an die Metapher der Bühne, die für alle Aspekte von Performativität relevant ist.

V. Der Beitrag der Vorstellung von Gesprächsraum für die Bearbeitung der Basisprobleme Verbaler Interaktion

Beziehe ich nun die in äußerster Knappheit angedeuteten Überlegungen auf die in Abschnitt II aufgeführten Basisprobleme von Interaktionstheorien, komme ich zu folgenden Schlussfolgerungen: Das Konzept des Ge-

---

20 Ein Beispiel aus dem Bereich internationaler Verhandlungen mag diesen Gedanken illustrieren: Bei dem Versuch, einen bestimmten Verhandlungszug des ehemaligen israelischen Premiers Barak (Abbruch der Verhandlungen in Taba) aus einer Liste von Gesichtspunkten heraus zu erklären, kommt Matz 2004 zu folgendem Schluss: »Pulling this together into an interpretation of Barak's thinking on that Saturday, I would conclude that he just wore out. His optimism and drive to reach an agreement were not enough to overcome the pessimism and scepticism all around him, and in him. Put differently, nearly everything on the above list weighed on him. Perhaps we should not choose from the list, but rather see it as an array of lures beckoning Barak not to negotiate further at Taba. Taken together (even when they are inconsistent with each other) *they describe a climate* resisting further negotiation, impacting his viewpoint and thus his decision.« David Matz: »How much do we know about real negotiations? Problems in constructing case studies«, in: International Negotiation 9 (2004), S. 359-374, hier S. 370; m. H.

21 Diese Vorstellung von Konstellation schließt an das Konzept der Figuration bei Elias an: vgl. Norbert Elias: Was ist Soziologie? München: Juventa 1996.

sprächsraums liefert keine Lösungen für die aufgeführten Basisprobleme, sondern bietet ein Konzept, in dem diese Probleme nicht mehr auftreten bzw. nicht mehr formulierbar sind. Dies soll abschließend kurz angedeutet werden:

- Das Problem, wie man sich die Verbindung kommunizierender Individuen vorstellen soll, stellt sich nicht mehr, weil die Individuen nicht mehr als verbunden betrachtet werden, sondern als sich in einem (sich bildenden und verändernden) Raum befindend. Das Intersubjektive wird nicht mehr verstanden als das Verbindende zwischen ihnen, sondern als der Raum, in dem sie sich befinden; durch diesen Raum werden sie als Interaktionsbeteiligte erst konstituiert.
- Das Problem der Verbalität stellt sich nicht mehr, weil das einzelne kommunikative Geschehen als Moment von Raumgestaltung verstanden wird, in dem unterschiedliche Modalitäten zusammenwirken.
- Das Problem, wie man die Gesprächsbeteiligten konzeptualisieren soll, stellt sich nicht mehr, weil der Bezugspunkt (*point of reference*) interaktionstheoretischer Beschreibung der Raum mit seinen Eigenschaften ist, nicht der einzelne Beteiligte (s. o.).
- Das Problem, wie man die Bedeutung einer Handlung bzw. Äußerung bestimmen soll, stellt sich nicht mehr, weil man nicht mehr davon ausgeht, dass sich die Bedeutung bestimmen lässt, sondern darauf abzielt, einen Bedeutungsspielraum zu beschreiben, der durch eine Handlung oder Äußerung eröffnet bzw. gestaltet wird.

Literatur

Buber, Martin: Das dialogische Prinzip, Heidelberg: Schneider 1984.

Bühler, Karl: Sprachtheorie. Die Darstellungsfunktion der Sprache, Jena: Fischer 1934.

Elias, Norbert: Was ist Soziologie? München: Juventa 1996.

Goffman, Erving: Interaktionsrituale, Frankfurt/Main: Suhrkamp 1967.

Goffman, Erving: Rahmen-Analyse, Frankfurt/Main: Suhrkamp 1974.

Goffman, Erving: Forms of Talk, Philadelphia: University of Pennsylvania Press 1981.

Goffman, Erving: »The Interaction Order«, in: American Sociological Review 48 (1983), S. 1-17.

Hanks, William: Referential Practice, Chicago: University of Chicago Press 1990.

Lefebvre, Henri: The Production of Space, Oxford: Blackwell 1991.

Lucy, John (Hg.): Reflexive Language. Reported Speech and Metapragmatics, Cambridge: Cambridge University Press 1993.

Matz, David: »How much do we know about real negotiations? Problems in constructing case studies«, in: International Negotiation 9 (2004), S. 359-374.

Mondada, Lorenza: »Die Indexikalität der Referenz in der sozialen Interaktion: diskursive Konstruktionen von ›ich‹ und ›hier‹«, in: Zeitschrift für Literaturwissenschaft und Linguistik 125/32 (2002), S. 79-113.

Nothdurft, Werner: »Schlüsselwörter. Zur rhetorischen Herstellung von Wirklichkeit«, in: Werner Kallmeyer (Hg.), Gesprächsrhetorik, Tübingen: Gunter Narr Verlag 1996, S. 351-418.

Nothdurft, Werner: »Embodiment und Stabilisierung. Prinzipien interaktiver Bedeutungskonstitution«, in: Arnulf Deppermann/Thomas Spranz-Fogasy (Hg.), Be-deuten. Wie Bedeutung im Gespräch entsteht, Tübingen: Stauffenburg 2002, S. 59-72.

Nothdurft, Werner: »Gesprächsphantome«, in: Deutsche Sprache 34 (2006), S. 32-43.

Nothdurft, Werner: »Kommunikation«, in: Jürgen Straub/Arne Weidemann/Doris Weidemann (Hg.), Handbuch Interkulturelle Kommunikation und Interkulturelle Kompetenz, Stuttgart: J.B. Metzler 2007, S. 24-35.

Reddy, Michael: »The Conduit Metaphor«, in: Andrew Ortony (Hg.), Metaphor and Thought, Cambridge: Cambridge University Press 1979, S. 284-324.

Schmitt, Reinhold/Deppermann, Arnulf: »Monitoring und Koordination als Voraussetzungen der multimodalen Konstitution von Interaktionsräumen«, in: Reinhold Schmitt (Hg.), Koordination. Analysen zur multimodalen Interaktion, Tübingen: Gunter Narr Verlag 2007, S. 95-128.

Schwitalla, Johannes: »Über einige Weisen des gemeinsamen Sprechens. Ein Beitrag zur Theorie der Beteiligungsrollen im Gespräch«, in: Zeitschrift für Sprachwissenschaft 11 (1992), S. 68-98.

Simmel, Georg : Soziologie, Frankfurt/Main: Suhrkamp 1992.

Soja, Edward: Thirdspace. Journeys to Los Angeles and Other Real-and-Imagined Places, Oxford: Blackwell 1996.

Theunissen, Michael: »Bubers negative Ontologie des Zwischen«, in: Philosophisches Jahrbuch 71 (1963), S. 319-330.

Ungeheuer, Gerold: »Kommunikationssemantik. Skizze eines Problemfelds«, in: Zeitschrift für Germanistische Linguistik 2 (1974), S. 1-24.

Ziegler, Walter: Anerkennung und Nicht-Anerkennung, Bonn: Bouvier 1992.

IPHIGENIE, LENZ, BILDBESCHREIBUNG.
STIMMEN-HÖREN IM THEATER
LAURENT CHÉTOUANES

PATRICK PRIMAVESI

Was geschieht eigentlich, wenn ein Schauspieler auf der Bühne einen Text vorträgt, durch seine Stimme zu Gehör bringt? Welche besonderen Möglichkeiten gibt es in der Situation des Theaters, die Körperlichkeit der Stimme zu inszenieren und als solche erfahrbar zu machen? Die Frage, ob das Publikum im Theater eher den Schauspieler sieht oder die Fiktion einer dramatischen Rolle, vielleicht aber auch beides zugleich oder etwas dazwischen, eine von der Inszenierung erst erfundene *persona*, ist in Manifesten, theatertheoretischen Abhandlungen und Debatten vielfach diskutiert worden.[1] Was aber *hört* das Publikum, welche Rolle spielt die *Stimme* der Akteure im Theaterprozess? Die traditionelle Fixierung unserer Wahrnehmung auf die Wiedergabe von dramatischen Werken lässt die Artikulation der Stimme zumeist nur als eine Teilfunktion bei der Verkörperung von Dramenfiguren erscheinen. Demgegenüber verdanken sich die Freiräume, die neuere Theaterformen im Umgang mit Stimmen ausloten, oft gerade ihrer Unabhängigkeit von dramatischen oder sonstigen Texten. Seit Jahrzehnten schon bringen Grenzgänge zwischen Tanz, Performance, Medienkunst und Installation verstärkt die körperliche Präsenz von Akteuren zur Geltung. So gibt es längst Tendenzen, auch die Stimme auf neue Weise hervortreten zu lassen, Wechselverhältnisse zwischen der Körperlichkeit der Stimme und der Stimmlichkeit bzw. den Geräuschen des Körpers vorzuführen und gleichzeitig den Prozess des Hörens bewusst zu machen.[2]

---

1   Zu den gegenwärtig immer häufiger begegnenden Zwischenformen und dem Begriff der *persona* vgl. Philip Auslander: From Acting to Performance. Essays in Modernism and Postmodernism, London, New York: Routledge 1997, bes. S. 39ff. (ausgehend von Willem Dafoes Auftritten bei der Wooster Group).

2   Siehe dazu (mit weiteren bibliografischen Hinweisen) Patrick Primavesi: »Stimme ± Körper. Interferenzen zwischen Theater und Performance«, in: Gabriele Klein/Wolfgang Sting (Hg.), Performance. Positionen zur zeitge-

In diesem Kontext ist die Theaterarbeit von Laurent Chétouane zu sehen, der mit besonderer Intensität eine *Inszenierung von Stimmen* betreibt, und zwar gerade in der Auseinandersetzung mit Texten des Repertoires – neben Sarah Kane, Jean Genet und Heiner Müller auch Georg Büchner, Friedrich Schiller, Friedrich Hölderlin und Johann Wolfgang Goethe. Die Konzentration auf das Sprechen wirkt aber in einem Stadttheaterbetrieb, der sich weitgehend der Reproduktion alltäglicher Befindlichkeiten verschrieben hat, oft verstörend, schockierend. Anstatt sich um jeden Preis dem Publikum näher zu bringen, aufzudrängen, die Differenz zu seinem sonstigen Erfahrungshorizont durch Anpassung an gewohnte Redeweisen zu leugnen, hören sich die Stimmen bei Chétouane erst einmal fremd an. Darauf reagieren Kritiker ebenso wie Zuschauer mit einer ungewöhnlicher Entschiedenheit, ablehnend oder begeistert, nur selten gleichgültig. Dieses auffällige Echo liegt wohl nicht zuletzt daran, dass auch die Texte bei Chétouane anders und fremd klingen, auf neue Weise hörbar werden mit all ihren Abgründen und Untiefen, über die sonst Regieeinfälle und Einfühlungsangebote hinweg täuschen. Inwieweit das Theater Chétouanes gerade in der Arbeit am Text neue Spielräume, Atopien und Utopien der Stimme eröffnet, soll hier am Beispiel seiner Inszenierung von Goethes *Iphigenie auf Tauris* (Münchner Kammerspiele, Dezember 2005) diskutiert werden. Schon der Beginn der Aufführung hat mit Momenten der Verfremdung gearbeitet, die weit über eine inhaltlich aktualisierende Deutung des Stückes aus gegenwärtiger Perspektive hinausgingen, grundsätzlicher das Hören von Stimmen im Theater betrafen. Dabei wurde allerdings sehr bald deutlich, dass es auch nicht etwa um eine Rettung des klassischen Werkes durch die Wiederaufnahme der Rezitations- und Deklamationskünste früherer Theaterepochen gehen konnte. Zu beobachten war vielmehr eine Gratwanderung *zwischen* diesen beiden vorherrschenden Erwartungshorizonten: Die Gier nach Aktualisierungseffekten wurde ebenso enttäuscht wie die phantasmatische Hoffnung auf eine ›werktreue‹ Inszenierung, deren Wortführer in der Regel kaum etwas anderes reproduziert sehen möchten als ihr privates Bildungserlebnis oder die bewährten Klischees der Rezeptionsgeschichte.

In Chétouanes *Iphigenie* findet dagegen eine stürmische Eröffnung statt, wie sie auf der Szene von Tauris wohl noch nicht zu erleben war: neun große Ventilatoren auf der Bühne, die allmählich einen Wirbelwind entfachen, der auch auf den Zuschauerraum übergreift, ein bewegter Sturm, tanzende Wolken. Dazu die Introduktion zu Christoph Willibald Glucks Oper *Iphigénie en Tauride*, ein mit den heulenden Windmaschi-

nössischen szenischen Kunst, Bielefeld: transcript 2005, S. 165-179. Vgl. auch Hans-Thies Lehmann: Postdramatisches Theater, Frankfurt/Main: Verlag der Autoren 1999, bes. S. 271ff.

nen konkurrierender Furor von Musik und Gesang. Ein Schauspieler, der bis dahin in lockerer Trainingskleidung auf dem Boden vor den Apparaten saß, wird plötzlich von der Musik erfasst, so dass er sich auszieht und mit einem langen gelben Kleid einen komischen Tanz aufführt. Dabei verbinden sich seine Bewegungen, die die Musik auf ganz unprätentiöse Weise kommentieren, zu einer Choreografie, die alles Pathos unterläuft, den körperlichen und gestischen Spielraum des Darstellers unter den extremen Bedingungen eines Wirbelsturms auslotet. Einige Zeit später dann die ersten Worte von Goethes Text *Iphigenie auf Tauris*: »Heraus in eure Schatten, rege Wipfel / Des alten heil'gen dichtbelaubten Haines […] tret' ich noch jetzt mit schauderndem Gefühl«. Der Eröffnungsmonolog von Iphigenie, traditionell eingesetzt zur feierlichen Etablierung der dramatischen Figur, dient in Chétouanes Inszenierung in erster Linie zur Ausstellung eines Körpers und einer Stimme. Da bleibt kein Zweifel mehr, wenn man es nicht ohnehin durch Ankündigungen oder Kritiken weiß: der Darsteller Fabian Hinrichs wird Iphigenie spielen. So ist auch die Arbeit mit der Stimme geprägt vom Spiel mit der Geschlechtlichkeit, mit den kulturellen und sozialen Differenzen, die den Körper in der Stimme markieren. Indem sie diese Markierungen durcheinander bringt, nachhaltig stört, knüpft die Iphigenie von Fabian Hinrichs an eine lange Tradition des *cross-acting* an, in der die Übernahme von Frauenrollen durch männliche Akteure das Theater aller Kulturen und Epochen inspiriert hat. Damit verbindet sich die Frage nach den Möglichkeiten und Widerständen der Stimme im Theater, die Chétouane auf neue Weise stellt. Um die Tragweite dieses Ansatzes im Kontext seiner weiteren Inszenierungsarbeit zu diskutieren, werden hier auch seine Produktionen *Lenz* (nach Georg Büchner, Hamburger Schauspielhaus 2005) und *Studie I zu ›Bildbeschreibung‹ von Heiner Müller* (Pact Zollverein Essen 2007) berücksichtigt. In allen drei Aufführungen geht es um eine Überschreitung des gewohnten ›Sprechtheaters‹ im Sprechen selbst, um einen szenischen Prozess, der mit der Stimme zugleich das Zuhören reflektiert.

Lenz und die Stimme, die sich selbst hört

Das Theater von Chétouane fällt auf durch eine ungewöhnlich intensive Arbeit mit Texten, vor allem mit der Körperlichkeit des Sprechens. Anstelle von Psychologie, Einfühlung und Rollenspiel steht die Stimme als solche im Vordergrund, die physische Anstrengung der Artikulation, der Körper als ein Klangraum, der weitere Klang- und Echoräume aus sich hervorbringt.[3] Dabei geht es aber nicht etwa um spektakuläre Stimmen, die sich durch eine besondere Virtuosität und Perfektion oder auch durch Effekte der technischen Manipulation auszeichnen. Zu einer Inszenierung der Stimme im Theater Chétouanes kommt es vielmehr in dem speziellen Sinn, dass alles vorgeführt wird, was sich einer abbildhaften Verkörperung von Texten gewöhnlich entzieht: Atmen, Schweigen, Flüstern, Keuchen etc. Was gar nicht oder nur schlecht in die Darstellung einer jeweiligen Rolle zu integrieren ist, vielmehr die Körperlichkeit der Akteure spürbar macht, kann dabei ein Element der Inszenierung sein, ebenso wie das durch keine spezifische Ausbildung geformte Sprechen oder Singen von Laien. Daher ist auch der *Anblick* eines solchen Sprechens, die Sichtbarkeit der stimmlichen Artikulation in diesem Theater keineswegs verzichtbar. Die Intensität der Stimmen im Theater von Chétouane setzt jedenfalls eine besondere Spannung im Körper voraus, den Verzicht auf illustrative Selbstbehauptung, stattdessen Spielweisen, an denen sich auch Schwächen und Unsicherheiten zeigen können. Exemplarisch dafür ist seine ebenfalls mit Fabian Hinrichs erarbeitete Inszenierung von Georg Büchners Erzählung *Lenz* (Premiere war im Juni 2005 am Hamburger Schauspielhaus).

Die Aufführung lässt manche geläufige Passagen des Textes aus, beginnt selbstreferentiell mit dem imaginären Gespräch über die Kunst, mit Lenz' gleichzeitiger Zurückweisung von Idealismus und Realismus. Zuvor hat Hinrichs in einer Regenjacke die fast leere Bühne betreten, sich an einem Schrank mit der Tonanlage umgezogen und ein Fenster nach draußen geöffnet, um Geräusche von der Straße hereinzulassen. Viele seiner präzise choreografierten Gänge im Raum wirken, als ob sie von einer starken Gegenkraft zurückgehalten würden, beinahe als ginge er rückwärts. Und häufig zieht der Darsteller die Kraft seiner Stimme erst aus der Fixierung des Körpers in einer Position – am Boden kauernd, ausgestreckt liegend oder mit starrem Blick unmittelbar vor den Zuschauern stehend. So wird auch der Wahnsinn von Lenz nicht vorgespielt, vielmehr in einer Energie der Situation verdichtet. Immer wieder entsteht der Eindruck, dass die Stimme sich teilt, indem Hinrichs sich selbst zuhört. So schafft die Stimme einen Klangraum, antizipiert ein Zuhören und spielt mit der Stille wie auch mit den Geräuschen der Umgebung. Davon ausgehend greift das Spiel mit großer Komik auf die Ge-

---

3 Vgl. insgesamt auch Günther Heeg: »Die geräuschlose Revolution. Der Regisseur Laurent Chétouane und seine Abbrucharbeiten am Körper der Kulturnation«, in: Theater der Zeit 3 (2007), S. 23-26; außerdem: »»Ein Schauspieler ist immer peinlich – deshalb muss er bleiben‹. Laurent Chétouane über seine Arbeit mit Schauspielern«, in: Patrick Primavesi/Olaf A. Schmitt (Hg.), AufBrüche. Theaterarbeit zwischen Text und Situation, Berlin: Theater der Zeit 2004, S. 284-291.

genstände und auf den Raum über, etwa wenn Hinrichs aus dem Fenster springt, um kurz darauf wieder grinsend hereinzuschauen; wenn er einen Stuhl seltsam kraftlos zertrümmert oder wenn er mit heruntergelassenen Hosen einen Lautsprecher umarmt. Der heftige Kampf mit der vorgestellten Katze ist ebenfalls so ein Moment, in dem aus stimmlichen Lauten und Geräuschen eine ganze Szene entsteht.

Exemplarisch zeigt diese *Lenz*-Aufführung, dass Chétouane gezielt an Textstellen arbeitet, die mit der Stimme und dem Hören zugleich eine räumliche Situation, ein Verhältnis von Akteuren und Zuschauern reflektieren. So auch, wenn Lenz Oberlin mitteilt, was ihn ständig bedroht: »Hören Sie denn nichts, hören Sie denn nicht die entsetzliche Stimme, die um den ganzen Horizont schreit, und die man gewöhnlich die Stille heißt.«[4] Momente wie dieser, in dem Hinrichs starr ins Publikum schaut und sein Schreien plötzlich unterbricht, riskieren eine Verdopplung zwischen dem Text und seiner Artikulation, lenken damit die Aufmerksamkeit aber um so mehr auf den Akt des Sprechens, der immer weniger selbstverständlich erscheint. Dieser Prozess, der ständig die Grenzen zwischen Schauspiel und Performance überschreitet und in Frage stellt, reicht bis zum letzten Moment der Aufführung: Hinrichs legt sich im dunklen Raum auf den Boden und nach längerer Stille ist nochmals seine Stimme zu hören, die mehrfach fast fragend »black!?« ruft, als wäre dieser Lenz gleichzeitig er selbst und viele andere gewesen, Darsteller und Publikum in einem.

Goethes *Iphigenie* als Theater der sprechenden Schatten

Im Text von Goethes *Iphigenie* gibt es ebenfalls viele Passagen, die auf das Sprechen und die Stimme hindeuten und die dem Theater Chétouanes in besonderer Weise entgegenkommen, indem sie das ›Leben‹ ihrer Figuren in Frage stellen und fremd wirken lassen. Die Stimme erscheint dabei nicht als Ausdruck eines organischen Lebens, das durch die dramatischen Figuren verkörpert würde, vielmehr als Signal aus einer jenseitigen Welt der Schatten. Die das Stück durchziehende Auseinandersetzung mit dem antiken Mythos reflektiert eine tiefgreifende Krise der symbolischen Ordnung, die Ende des 18. Jahrhunderts im Kontext von Aufklärung und Humanismus an die Stelle des kultischen Opfers der ›Barbaren‹ treten sollte. Mit den Schatten geht es in Goethes *Iphigenie* aber auch bereits um die spezifische Situation des Theaters, in der sich

---

4 Henri Poschmann (Hg.): Georg Büchner. Sämtliche Werke. Bd. 1, Frankfurt/Main: Deutscher Klassiker Verlag 1994, S. 249.

die Stimme der Schatten als Medium und phantasmatisches Objekt eines
geteilten, kollektiven Begehrens erweist. Diese komplexe Selbstreflexion
der Stimme im theatralen Prozess eröffnen schon die ersten Worte des
Dramas, gesprochen von Iphigenie als einer Priesterin bei den Taurern:
»Heraus in eure Schatten [...]«[5].

Die Schatten sind in diesem *Schauspiel* von Anfang an konnotiert
mit Geistern, (Un-)Toten, mythischen Vorfahren und dabei zugleich mit
Prozessen des Fremdwerdens, der Ent- und Verfremdung. Die bald auf
den Anfangsmonolog folgenden Wiederholungen des Wortes *Schatten*
unterstreichen diese Bedeutung: »Selbst gerettet, war / Ich nur ein
Schatten mir« (89f.) und »Welch Leben ist's, das an der heil'gen Stätte /
Gleich einem Schatten um sein eigen Grab, / Ich nur vertrauern muß?«
(107ff.) Noch der von Pylades formulierte Impuls zur Rettung vor Tod
und Wahnsinn greift auf diesen Sinn des Wortes zurück, indem er den
Schatten der Toten nicht nur seinen lebendigen Körper, sondern auch die
Stimme, das vernehmliche Wort, entgegensetzt: »Faß' uns kräftig an; wir
sind nicht leere Schatten. Merk auf mein Wort! Vernimm es!« (1335ff.)
Das Wort Schatten steht hier für die Erscheinung von (Un-)Toten, von
denen sich die *dramatis personae* zu unterscheiden suchen, auf die sie
aber immer wieder verweisen. Durch ihre mysteriöse Errettung vor dem
Opfertod in Aulis hat Iphigenie schon innerhalb des Mythos ein unwirk-
liches Dasein. Sie ist ähnlich wie Helena in der gleichnamigen Tragödie
des Euripides aus dem Geschehen des trojanischen Krieges entrückt, lebt
die ganze Zeit auf einer Insel, während anderswo nur ein Fantasma von
ihr existiert hat. Für Iphigenie ist aber gerade das Leben auf Tauris unei-
gentlich, schattenhaft, näher am Tod als am wirklichen Leben, vergleichbar auch der Proserpina-Gestalt aus Goethes Melodram, deren unabläs-
sige Klage um das verlorene Leben die Unterwelt erfüllt.

Iphigenies Heraustreten in die Schatten hat allerdings mehrere, einander durchkreuzende Bedeutungen: Sie tritt in die Schatten der Wipfel
des alten Haines immer noch mit Schaudern, als würde sie hier vor unmittelbarer Todesgefahr zurückschrecken. Dabei wird zumal der Gegensatz von Innen und Außen relativiert: das Heraustreten in die Schatten ist
zugleich ein Eintreten in das Heiligtum der Göttin, wie es in der Prosa-
fassung noch explizit heißen konnte: »Heraus in eure Schatten [...], hinein ins Heiligtum der Göttin.«[6] Mit den Schatten der Toten in
Verbindung zu treten ist die ebenso religiöse wie staatliche Pflicht der

---

5   Johann Wolfgang Goethe: »Iphigenie auf Tauris« (Versfassung von 1786),
     in: Dieter Borchmeyer (Hg.): Johann Wolfgang Goethe. Sämtliche Werke.
     Band 5, Frankfurt/Main: Deutscher Klassiker Verlag 1988, S. 555-619.
     Diese Ausgabe wird im Folgenden durchgängig mit Angabe der Verszäh-
     lung zitiert.

6   Ebd., S. 151.

Priesterin. Als erste Äußerung der allein auftretenden Theaterfigur hat der Satz aber auch die Funktion, das *Publikum* zu adressieren. Das Moment des Heraustretens auf die Bühne, das zugleich ein Hineintreten in den Raum des Spiels ist, verweist bereits auf die Gegenwart von Zuschauern als Schatten im Halbdunkel des Theaters. Ähnlich wie im *Faust* verbindet sich die Thematik des existentiellen Grenzgangs von Iphigenie und Orest, zwischen einem schattenhaften, uneigentlichen Leben und dem stets gegenwärtigen Tod, mit Goethes Äußerungen über die »fernen Gestalten«, »Geister« und »Erscheinungen« dieses *Schauspiels*, dessen Aufführungen er durchaus scheute: »Denn ich leide entsetzlich, wenn ich mich mit diesen Gespenstern herumschlagen muß, die nicht so zur Erscheinung kommen, wie sie sollten.«[7] Zu den exponierenden Funktionen der Anfangsverse zählt jedenfalls, das Heraustreten eines Akteurs oder einer Akteurin vor die Zuschauer diesen auch bewusst zu machen. Goethes *Iphigenie* reflektiert sich als Werk des Theaters gerade in der Vergegenwärtigung von Schatten und Tod, in der Reflexion einer gesteigerten Scheinhaftigkeit seiner Hauptfiguren. Was die Darstellung des Schicksals von Iphigenie mit einer Reflexion über die Situation (und das Schicksal) des Darstellens selbst verknüpft, ist aber vor allem die Thematik des Opfers. Mit dem Opfer geht es hier ähnlich wie mit dem Theater überhaupt um einen »Dialog mit den Toten«,[8] der für Iphigenie und Orest schließlich sogar zur Obsession wird, als Voraussetzung sowohl ihres gegenseitigen Wiedererkennens als auch ihrer Befreiung aus den mythischen Zwängen ihrer Familiengeschichte, aus dem Fluch des Tantaliden-Geschlechts.

So ereignet sich in Goethes *Iphigenie* keineswegs nur die Überwindung eines barbarischen Kultes durch eine im Sinne der bürgerlichen Aufklärung verstandene Idee von Toleranz und Menschlichkeit. Gerade in der Perspektive des um 1800 kultivierten Klassizismus und seiner Vorliebe für die Tragödie wurde das Opferritual als ein Vorgang der *Darstellung* kenntlich. »Dargestellt zum Opfer« ist die Formel, mit der Goethes *Iphigenie* mehrfach die Abgründe sowohl des Humanitätsideals als auch des Ideals antiker Kultur zum Ausdruck bringt. Die Szene ist zwar auf Tauris, könnte aber – wie die Vorgeschichte von Iphigenies ei-

---

7   Johann Wolfgang Goethe: »Gespräch mit Eckermann (1.4.1827)«, zitiert nach Sämtliche Werke, Bd. 5, S. 1298, vgl. ebd., S. 1009, 1013 und 1288 mit ähnlichen Formulierungen.

8   Heiner Müller hat diese Formel häufig für seine Arbeit als Dramatiker im Umgang mit alten Stoffen und Texten verwendet, dabei aber auch vom Theater, insbesondere der Tragödie, als »Totenbeschwörung« gesprochen. Vgl. bes. Heiner Müller: Gesammelte Irrtümer, Frankfurt/Main: Verlag der Autoren 1986, S. 138 und ders.: Zur Lage der Nation, Berlin: Rotbuch Verlag 1990, S. 87.

gener Opferung in Aulis zeigt – auch in Griechenland sein. Die Versetzung auf den fremden Schauplatz erlaubt es allerdings, das Verhältnis von Barbarei und Zivilisation umzukehren, die Dialektik der Aufklärung am griechischen Menschen selbst vorzuführen.[9] Vor allem, dass dabei der rituelle Akt des Opferns und der Vorgang der künstlerischen, theatralen Darstellung als Einheit erscheinen, macht Goethes Text unheimlich. Der Ausdruck »dargestellt zum Opfer« (1221, vgl. auch 843) erscheint symptomatisch für eine doppelte Kontamination, die den Schrecken des rituellen Menschenopfers durch die Schönheit der Geste und des Verses noch steigert und zugleich die künstlerische Praxis als einen dem Opfer strukturell verwandten Vorgang erweist. Dass die kultische Darstellung des Opfers vor den Göttern und vor der Gemeinde dazu dient, den Erfolg der symbolischen Handlung zu gewährleisten, lässt sich auch auf den Theatervorgang beziehen: Theater als eine Form des symbolischen Opfers zielt auf eine Entfremdung, Verwandlung und Restitution von Identität. Andererseits geht es im Theater um eine Gabe an die Zuschauergemeinde, der das Spiel dargebracht wird. Diese anthropologischen Aspekte des Theaters sind auch für die Stimme relevant, die zugleich als Medium und als Gabe der zeremoniellen Darbietung erscheinen kann. Entscheidend ist aber die Frage, inwieweit die Ersetzung des wirklichen, blutigen Opfers durch das symbolische Geschehen des Spiels ›gelingen‹ kann, und ob nicht auch der Prozess der symbolisierenden Darstellung jene Gewalt fortsetzt, die er angeblich zu bannen vermag. Wenn das Opfer bereits ein Schauspiel ist (für die Götter ebenso wie für die Gemeinschaft der Stadt), wie ließe sich dann gerade im Schauspiel und durch das Schauspiel des Theaters eine symbolische Ordnung etablieren, die das Opfer ein für alle Mal überwunden hätte?

Nicht von ungefähr ist die Reflexion des Zusammenhangs von Opferkult und theatraler Darstellung in Goethes Schauspiel verknüpft mit einer Thematisierung der Stimme. Iphigenie verleiht dem sonst stummen, der mythischen und rituellen Gewalt ausgesetzten Opfer eine Stimme.[10] Diese Stimme ist jedoch keineswegs nur, wie es eine dem Stück oft unterstellte Verklärung ›humanistischer‹ Gesinnung wollte, das Medium einer authentischen, wahrhaft gefühlten Menschlichkeit, sondern zwiespältig, dem Verdacht der Heuchelei ausgesetzt. So versucht Iphigenie,

---

9 Theodor W. Adorno: »Zum Klassizismus von Goethes Iphigenie« (1967), in: ders., Noten zur Literatur, Frankfurt/Main: Suhrkamp 1981, S. 495-514, hier bes. S. 499, 507 und 512ff.

10 Vgl. Hans-Thies Lehmann: Theater und Mythos. Die Konstitution des Subjekts im Diskurs der antiken Tragödie, Stuttgart: J.B. Metzler 1990, S. 33-50. Zur Verlagerung der Opferthematik in die Sprache siehe Gerhard Neumann: »Iphigenia: Sacrifice and Ritual in Drama«, in: The World of Music 40 (1998), S. 101-117, hier S. 107ff.

den Opferkult auf Tauris zu unterbrechen, dabei aber ihre Rolle der für das Opfer unerlässlichen Priesterin fortzuspielen. In sich vereint sie beide Positionen und Perspektiven des Opfervorgangs, geopfertes Objekt und opferndes Subjekt zu sein. In Aulis wurde sie durch ihren Vater Agamemnon selbst geopfert, dann aber von der Göttin Artemis nach Tauris gebracht, wo sie nun als Priesterin andere Fremde opfern soll. Als sie sich der Werbung des Königs Thoas widersetzt, verlangt er von ihr, den Brauch wieder zu erneuern und auch an ihrem gerade eingetroffenen Bruder Orest zu vollziehen. Den durch eine Intrige fast geglückten Fluchtplan durchkreuzt sie jedoch, indem sie Thoas unter Berufung auf ihre weibliche Schwäche alles verrät. Diese Preisgabe, mit der sie sich und die Mitgefangenen ausliefert, bewirkt eine moralische Verpflichtung, die von Goethe so dargestellt ist, dass sie immer noch an die Gewalt des Opfers erinnert, die sie überwinden soll.

Wie vielfach bemerkt wurde, führt Goethes Bearbeitung des Stoffes zu einer *Verinnerlichung* des Konflikts, vom politischen Streitfall, wie ihn das antike Theater noch öffentlich austragen konnte, zu einer psychologisch motivierten Krise: es gibt keinen Chor mehr; der Wahnsinn von Orest ist als eine Art psychischer Kur dargestellt; die Beziehung zwischen Iphigenie und Thoas ist um das persönliche Motiv der Brautwerbung erweitert.[11] In den *Geschwistern auf Taurien* von Johann Elias Schlegel (1737) wird das Menschenopfer sogar durch ein Orakel verboten. Das Motiv des Widerstands gegen den Opferbrauch hat Guimond de la Touches Version von 1757 geprägt, die dann auch Gluck zur Vorlage für seine Oper diente (1779).[12] Während in Euripides' *Iphigenie bei den Taurern* der fliehende Orest von Athene beauftragt wird, zur Sühne seines Muttermordes in Griechenland den Brauch eines Volksfestes mit Menschenopfer einzurichten, steht der Schluss von Goethes *Iphigenie* für die Überwindung des Opferkultes. Und wenn bei Euripides die Priesterin Iphigenie den Fluchtplan selbst betreibt, deshalb als Beispiel für die *Treulosigkeit* der Weiber geschmäht wird, hat Goethe sie – im Geschmack seiner Zeit – zur Verkörperung höchster weiblicher Tugend erhoben. Zur Darstellung dieses emanzipatorischen Gehalts diente nicht

---

11 Dafür konnte sich Goethe auf die Version Joseph de La Grange Chancels (1697) stützen, deren deutsche Nachbildung von Christoph Friedrich von Derschau als ein höfisches Festspiel 1758 in Wien aufgeführt wurde.

12 Zu den Quellen des Iphigenie-Stoffs vgl. den Kommentar von Dieter Borchmeyer in: Johann Wolfgang Goethe. Sämtliche Werke. Bd. 5, S. 1017ff. sowie Werner Frick: »Die Schlächterin und der Tyrann: Gewalt und Aufklärung in europäischen Iphigenie-Dramen des 18. Jahrhunderts«, in: Jochen Golz/Bernd Leistner/Edith Zehm (Hg.), Goethe-Jahrbuch. Band 118, Weimar: Verlag Hermann Böhlaus Nachfolger 2001, S. 126-141.

zuletzt die Transformation des Konflikts in die Sprache des Hofes,[13] wie es denn auch von Bedeutung ist, dass Goethe *Iphigenie* für die Aufführung am Weimarer Liebhabertheater (1779) verfasste, bei der neben ihm selbst als Orest und Corona Schröter als Iphigenie vor allem höfisches Personal, später sogar der Herzog Carl August beteiligt war.

Die für Goethes *Iphigenie* prägende Idee der Versöhnung wurde öfters in der Tradition von Voltaires Verbindung des klassischen Dramas mit den Ideen der Aufklärung gesehen und interpretiert als Fortschreibung des bürgerlichen Ideals des ›guten Fürsten‹. Zwischen dem der antiken Tragödie möglichen Einspruch gegen die Gewaltherrschaft bei Göttern und Menschen und der höfisch geprägten Form des Dramas blieb aber ein Widerspruch, der im Theater (schon zu Goethes Zeit) am stärksten auffallen musste. Ist doch die Repräsentationskritik des Stückes grundsätzlicher Art, indem sie mit der vorgeführten *Darstellung zum Opfer* die Verstrickung der Kunst selbst in die Machtstrategien der höfischen Kultur reflektiert. Auch aus diesem Grund musste Goethe sein *gräzisierendes* Schauspiel »ganz verteufelt human« vorkommen.[14] Indem es das Opfer in Frage stellt, kritisiert das Schauspiel gleichzeitig seinen eigenen Status als Repräsentation, und umgekehrt: indem es darstellt, erweist es sich selbst als Opfer, als Preisgabe von Identität. So wenig aber dieser Akt der Entäußerung zur Stiftung einer einmütigen Gemeinschaft der Zuschauer dienen konnte (darüber hatte Goethe weit weniger Illusionen als Schiller), so wenig vermag das Ideal der »schönen Seele« über die Brüche der Figur und des Stückes insgesamt hinwegzutäuschen. Die bereits im Kontext der Entstehung und Uraufführung von Goethes Schauspiel offenkundige Zwiespältigkeit der Lösung zwischen aufgeklärtem Absolutismus und bürgerlicher Doppelmoral manifestiert sich aber besonders an der Thematik des Sprechens und der Stimme.

Adornos Essay, der die Bedeutung von Goethes *Iphigenie* gerade im Einspruch gegen die von jeglicher Zivilisation ausgeübte Gewalt der Versöhnung sieht, betont die Spannung zwischen formaler Perfektion und dem zivilisationskritischen Gehalt des Werkes. Goethes besondere Leistung läge demnach in der Transformation der im Sturm und Drang

---

13 Vgl. Erika Fischer-Lichte: »Probleme der Rezeption klassischer Werke – am Beispiel von Goethes ›Iphigenie‹«, in: Karl Otto Conrady (Hg.), Deutsche Literatur zur Zeit der Klassik, Stuttgart: Reclam 1977, S. 114-140, hier S. 132. Siehe dazu auch schon Th. W. Adorno: »Zum Klassizismus von Goethes Iphigenie«, S. 504ff.

14 Vgl. Goethes Brief an Schiller vom 19.1.1802, zitiert nach Sämtliche Werke. Bd. 5, S. 1289. Zu der in Goethes Iphigenie thematisierten Kritik höfischer Repräsentation vgl. Patrick Primavesi: Das andere Fest. Repräsentationskritik und Theaterentwürfe um 1800, Frankfurt/Main: (Habil.-Schrift, Ms.) 2007, bes. S. 358ff.

noch propagierten Idee von Unmittelbarkeit und »natürlicher Rede« zu einer Gebärde der *Ohnmacht*, mit der sich am Ende nicht nur der Wille zur Humanität, sondern auch das Werk in Frage stellt.[15] Eben diese Infragestellung vollzieht sich, so bleibt Adornos Auffassung von Dialektik weiter zu denken, vor allem auf dem Feld der Stimme – »beredt über alle Worte hinaus«, aber nicht diesseits der gesprochenen Sprache, sondern in der Subversion der symbolischen Ordnung, im Schweigen oder in ihrer Annäherung an Musik, etwa wie in Mozarts Opern: »In der gegenstands- und begriffslosen Sprache Mozarts verbindet sichtbar vollendet aufgeklärte Luzidität sich mit einem vollendet säkularisierten Sakralen, das sich im Rauschen der gegenständlichen und begrifflichen Sprache Goethes versteckt.«[16] So schließt Adorno paradox an dem Punkt, der letztlich dem Theater vorbehalten bleibt – der Inszenierung einer in sich widersprüchlichen Gebärde des wortlosen, musikalischen Sprechens, in dem sich die Brüche in Goethes Werk als ihr eigentlicher Gehalt zu erweisen hätten. Darauf deuten aber bereits jene Stellen des Schauspiels hin, die das Verhältnis von Stimme und Gewalt vorführen.

Wo die menschliche Stimme in Goethes Text explizit erwähnt ist, geht es um die symbolische Ordnung der Sprache, der die Individuen unterworfen sind, andererseits um das in ihnen angelegte ›Gewissen‹, moralische Skrupel und verinnerlichte Zwänge. So ertönt neben der »süßen Stimme« der Muttersprache, die Pylades von Iphigenie hört, auch die Stimme des »vergossnen Mutterblutes« und der Furien, die Orest verfolgen (803f. und 1164). Schließlich hält Thoas der wortbrüchig gewordenen Iphigenie vor, die »Stimme der Wahrheit und der Menschlichkeit« für sich und die Griechen zu beanspruchen, die sie doch immer wieder missachtet hätten (1937f.). Nachdem sie die Interessen der Griechen durch »der Billigkeit gelinde Stimme« (2029f.) durchgesetzt hat, versucht Iphigenie am Ende noch, über den ihr vertrauten »Ton der Stimme« im Sinne der von Thoas gesprochenen Sprache das Band einer zukünftigen Gastfreundschaft zwischen Griechen und Skythen zu knüpfen (2158ff.). Bis zuletzt scheint es, als solle die Beschwörung der Stimme in Goethes Drama die Krisen und Widersprüche des humanistischen Anspruchs auf Versöhnung verdecken. Der immanenten Logik dieses Anspruchs gemäß erscheint die Sprache als Instanz der Disziplinierung, der Ausübung von psychischer Gewalt und moralischem Druck. Die davon bedingte Ambivalenz von Iphigenies Rede reflektiert sich aber auch selbst, zumal auf der Ebene des Versprechens, des gegebenen Wortes. Das von ihr stets verlangte »gute Wort« verwandelt sich plötz-

---

15 Vgl. Th. W. Adorno: »Zum Klassizismus von Goethes Iphigenie«, bes. S. 498, 502ff. und 513f.
16 Ebd., S. 514.

lich in das ebenso kluge wie falsche, lügnerische Wort, zu dem sie sich ihren Freunden zuliebe genötigt sah (1405f. und 1420). Zwar kommt in Iphigenie die Wirkung der ›schwachen‹ weiblichen Stimme zum Ausdruck, die eine umso größere Macht sei es der Besänftigung, sei es der Überzeugung und der Intrige auszuüben vermag. Gegen die an der Oberfläche der Handlung vorherrschende Instanz einer ›Stimme des Herzens‹, die sich auch als Rhetorik des Gefühls und der Moral bezeichnen ließe, produziert der Text jedoch Widerstände, Störungen, welche gerade die *Stimme* der Versöhnung in Frage stellen.

Der Dialog, der diese Infragestellung am deutlichsten artikuliert, findet sich in der Szene von Orests Wahnausbruch, vor der Wiedererkennung, die damit ihrerseits zweideutig erscheint:

»*Iphigenie*: O wenn vergossnen Mutterblutes Stimme / Zur Höll' hinab mit dumpfen Tönen ruft: / Soll nicht der reinen Schwester Segenswort / Hülfreiche Götter vom Olympus rufen? *Orest*: Es ruft! Es ruft! So willst du mein Verderben? / Verbirgt in dir sich eine Rachegöttin? / Wer bist du, deren Stimme mir entsetzlich / Das Innerste in seinen Tiefen wendet?«(1164-1171)

Adorno zufolge ist diese Szene des Wahnsinns das *Zentralstück*, die »avancierteste Stelle« von Goethes Werk, die gegen den Mythos *und* gegen die Gewalt der Humanität »die Stimme von Utopie« artikuliert, durch die visionäre Versetzung der Szene in die Unterwelt. Nur weil Orest sich von Wahnvorstellungen verblendet für tot hält, für einen *Schatten* unter anderen, kann er die Versöhnung mit den mythischen Vorfahren aussprechen. Damit aber wird seine Stimme zum Medium der verfluchten Ahnen.

Diese szenische Konstruktion, die Orest die Stimmen der Toten hören und sprechen lässt, weist eine Parallele auf zu den Beobachtungen von Nicolas Abraham, der ausgehend von Freud das Phantom als *metapsychologisches* Faktum deutet, welches über die Psyche des Individuums ebenso wie über einen bloßen Aberglauben hinausreicht: »nicht die Gestorbenen sind es, die uns heimsuchen, sondern die Lücken, die aufgrund von Geheimnissen anderer in uns zurückgeblieben sind.«[17] Das Stimmen-Hören erscheint als Ausagieren eines dem Individuum fremden

---

17 Nicolas Abraham: »Aufzeichnungen über das Phantom. Ergänzungen zu Freuds Metapsychologie«, in: Psyche 8 (1991), S. 691-698, hier S. 693. Zur Analyse der Phantomstimmen von Toten vgl. ausgehend von den Studien Michel Poizats auch Sigrid Weigel: »Die Stimme als Medium des Nachlebens: Pathosformel, Nachhall, Phantom. Kulturwissenschaftliche Perspektiven«, in: Doris Kolesch/Sybille Krämer (Hg.), Stimme. Annäherung an ein Phänomen, Frankfurt/Main: Suhrkamp 2006, S. 16-39, hier S. 32ff.

Konfliktes seiner Vorfahren, als szenische Auseinandersetzung mit dem Mythos. Als Stimme zwischen Leben und Tod bringt Iphigenie zur Sprache, was ansonsten *versteckt* bleibt. Und wie ein Gewitter »mit Donnerstimmen und mit Windes-Brausen« die Atmosphäre reinigt, so glaubt Orest plötzlich die rächenden Eumeniden »fernabdonnernd« die Tore der Unterwelt hinter sich zuschlagen zu hören (1346, 1361f.). So zeigt sich erneut, dass die Stimmen in Goethes Schauspiel stets auch die Stimmen der Toten sind, die als sprechende Schatten ihr theatrales, vom Hören anderer bedingtes Spiel entfalten.

Windmaschinen und Stimmen hören – Chétouanes Inszenierung des Rauschens

Gegen die Manifestation einer symbolischen Ordnung, die im klassizistischen Gefüge des Versmaßes ihren stärksten Rückhalt findet, ist – wie sich an der Inszenierungsgeschichte der *Iphigenie* zeigen ließe – durch Zerstörung der Form weit weniger als durch deren bewusste Affirmation zu erreichen. Verkehrt sich der Drang nach Unmittelbarkeit (im Sprechen wie im Vorgang des Inszenierens und Darstellens) allzu leicht in die Gewalt, die er entlarven und durchbrechen wollte, bleibt als Kritik an den Zwängen von Zivilisation, kultureller und symbolischer Ordnung nur die Auseinandersetzung mit ihrer jeweiligen Form. Davon geht auch Chétouanes Arbeit aus, ähnlich wie seine früheren Inszenierungen von Schillers *Kabale und Liebe*, *Don Karlos* und Hölderlins Übersetzung der *Antigone* des Sophokles. Wie schon angedeutet, lässt er die in Goethes Stück angelegte Kompromittierung der »schönen Seele« zunächst an der Körperlichkeit des Hauptdarstellers hervortreten. Hinrichs' Iphigenie hat etwas Kindliches, ihre Tanzschritte, aber auch ihr Verkleiden und Schminken. Wenn sie sich gegenüber Orest (Sebastian Weber) als Schwester und Opferpriesterin zu erkennen gibt und dieser sich bereits zu einem »Schauspiel« der Furien an die Schwelle der Unterwelt versetzt sieht, ist aus dem Film *Last Days* von Gus van Sant der mit Gitarre begleitete Song *Death to Birth* zu hören. Iphigenie geht ab, kommt zurück mit einer Puderdose und schminkt sich blass. Während der Puderstaub von den beschleunigten Windmaschinen aufgewirbelt wird, malt Hinrichs sich die Lippen rot, dadurch selbst schon markiert wie zu einem rituellen Opfer oder zum Auftritt als trauriger Clown. Indem Iphigenie sich daraufhin neben den träumenden Bruder legt, wird auch der Wahnsinn zur gemeinsamen Sache, die Begegnung mit den Schatten der Toten. Dass sie von da an *kontaminiert* erscheint, nicht etwa als die reine und heilende Priesterin, legt die Abgründe von Goethes Schauspiel frei.

Abbildung 1: Fabian Hinrichs in ›Iphigenie auf Tauris‹

Die von Chétouanes Inszenierung bewirkte Irritation über die Identität der vorgestellten Figuren geht allerdings weit über Iphigenie hinaus. So wie Hinrichs sind auch die übrigen Rollen gegen die geläufigen Klischees besetzt und inszeniert – der langhaarige Thoas von Wolfgang Pregler, der wie alle Männer dieser Aufführung einen Rock trägt, ebenso wie die mit Anzug und Habitus am meisten männlich erscheinende Figur, der von Annette Paulmann gespielte Arkas. Zwischen Hinrichs und Christoph Luser, dessen Pylades als fanatischer Rationalist erscheint, gibt es eine starke erotische Affinität: So wird Iphigenie von Pylades zur Intrige *verführt*; und wenn die verzweifelte Priesterin um »ein männlich Herz« bittet, zieht er ihr/ihm das Kleid von den Schultern bis zum Bauch herab. Die Gratwanderung zwischen Wahnsinn und Komik erreicht ihren Höhepunkt, wenn Iphigenie sich nach dem im Liegen gesungenen ungeheuren *Lied der Parzen* ein kurzes geblümtes Kleidchen anzieht, später dann um den Hals legt oder wie ein Fähnchen im Wind flattern lässt.

Die Windmaschinen, welche die ansonsten leere Bühne den ganzen Abend lang in Bewegung halten, sind zugleich als ein Konzert von Stimmen hörbar. Das Rauschen dieser Stimmen, ihr Surren, Pfeifen, Jaulen und Heulen, ist allerdings komponiert und weitgehend unabhängig von der Drehung der Ventilatoren, die sich gelegentlich auch fast ohne Geräusch vollzieht. Ein nahe liegendes Modell für diese Maschinen ist der Chor der antiken Tragödie, der in Goethes *Iphigenie* fehlt und auf diese Weise zumindest als Musik aus stimmenähnlichen Geräuschen supplementiert wird. Eigentlich war *Iphigenie* immer schon ein Stück über den Wind, der sich ja bereits der mythischen Vorgeschichte eingeschrieben hat: um günstige Winde für den Aufbruch der Flotte nach Troja zu ermöglichen, sollte Iphigenie geopfert werden, heißt es. Dabei hat die Göttin Diana sie durch eine Wolke verhüllt und auf Winden heimlich nach Tauris gebracht. Pylades sieht den Betrug an Thoas durch die lispelnd aufkommenden Winde von Apoll legitimiert und schließlich bittet Iphigenie um ein freundliches Abschiedswort, auf dass der Wind die Segel ihres Schiffes sanfter anschwelle. Die damit schon absehbare Mehrdeutigkeit der Winde, deren Gewalt für die Furien der Unterwelt ebenso wie für die Macht der olympischen Götter stehen kann, wird in Chétouanes Inszenierung durch die großen Ventilatoren sinnlich wahrnehmbar: ihre Bewegung kann die Stimmen der Akteure unterstützen oder übertönen, zum Schreien oder zum Schweigen bringen.

Abbildung 2: Fabian Hinrichs in ›Iphigenie auf Tauris‹

Durch das Rauschen der Windmaschinen wird die Artikulation der Stimme bei den Akteuren herausgefordert und zugleich die Aufmerksamkeit des Auditoriums verstärkt. Wie in Goethes Text hören die Sprechenden auf ihre eigenen und auf *fremde* Stimmen. Aufschlussreich dafür sind auch Roland Barthes' Hinweise auf den komplexen Akt des *Zuhörens*. So unterscheidet er neben dem tierischen, auf Indizien von äußerer Bedrohung gerichteten Hinhören und dem menschlichen, auf Zeichen gerichteten hermeneutisch-kommunikativen Zuhören die von der Psychoanalyse eröffnete Dimension eines Hörens auf intersubjektive

Übertragungen, bei dem sich Passivität und Aktivität die Waage halten.[18] Dieses Zuhören geht jedoch ein Risiko ein, da es selbst *spricht*, aus der Stimme als der Körperlichkeit des Sprechens die Geschichte des Subjekts zu rekonstruieren sucht. Erhellend für den Prozess des Stimmen-Hörens im Theater ist besonders die Schlussfolgerung, die Barthes aus seiner Beschreibung dieser drei Hörarten zieht. So entwirft er jenseits der traditionellen Diskurse der Religion, des Wissens und der Psychoanalyse die Idee eines *freien Zuhörens*, »das zirkuliert, permutiert und durch seine Beweglichkeit das starre Netz der Sprechrollen auflöst«.[19] Das damit verbundene Risiko, die Effekte der Stimme und des Hörens nicht restlos kontrollieren zu können, die »Intimität« dem Begehren des anderen auszuliefern, prägt auch das Theater Chétouanes. Indem seine Akteure jenseits ihrer Sprechrollen auf sich selbst und aufeinander hören, versetzen sie das Publikum gleichfalls in die Lage, Wahrnehmungsgewohnheiten zugunsten eines »freien«, nicht bloß entziffernden oder einfühlenden Zuhörens verändern zu können.

Abbildung 3: Fabian Hinrichs in ›Iphigenie auf Tauris‹

Iphigenie ist gewiss einer der Texte des klassischen deutschsprachigen Repertoires, die diese Veränderung am meisten ermöglichen und erfordern. Wie sich bereits gezeigt hat, bildet das Motiv des Stimmen-Hö-

---

18 Vgl. Roland Barthes: »Zuhören«, in: ders., Der entgegenkommende und der stumpfe Sinn, Frankfurt/Main: Suhrkamp 1990, S. 249-263.
19 Ebd., S. 262.

rens bei Goethe einen intermittierenden Subtext zum Diskurs der symbolischen Ordnung. Die Art von Überschreitung, die Barthes mit der Auflösung jenes starren Netzes der Sprechrollen angedeutet hat, begegnet im Drama überall da, wo von Wahnsinn die Rede ist. Davon geht Chétouane aus, wenn er das Stimmen-Hören als zentrales Problem des Stückes erscheinen lässt. Die Wahrnehmung des Angesprochenseins führt auf ein Begehren des anderen, das sich der Berechnung entzieht. In der Szene, in welcher Orest sich nach der Begegnung mit Iphigenie den Schatten überlässt, stehen die Ventilatoren plötzlich still. Im Wechsel mit den imaginierten Trugbildern seiner Ahnen erscheinen ihm Iphigenie und Pylades ebenfalls als Gespenster. Chétouane lässt sie nun wie zwei Clowns auftreten, Fratzen aus einem anderen Theater. Und er lässt eine historische Aufnahme von 1956 mit Maria Wimmer, Rolf Henninger und Hannes Riesenberger einspielen, deren Stimmen die in dieser Szene schweigenden Darsteller von Orest, Iphigenie und Pylades doubeln. Nicht nur die Zuschauer der Kammerspiele, auch die Akteure auf der Bühne hören Schatten-Stimmen, die ihnen umso fremder sind, als sie ihren eigenen Text sprechen.

Genau in dem Moment, in dem die Windmaschinen schweigen, werden die ›Ahnen‹ der gerade auf der Bühne befindlichen Schauspieler hörbar. So klangen Goethes Hauptrollen bei den Ruhrfestspielen vor 50 Jahren. Im Unterschied zur damaligen Deutungstradition wird aber bei Chétouane die ›Heilung‹ zum eigentlichen Problem. Iphigenies Seelenruhe ist dahin, und so murmelt sie (nach der Theaterpause fortgesetzt) vom Fluch der ihr aufgedrängten Lüge. Von da an entfacht Hinrichs eine exaltierte Performance, schreit und tobt, wirft mit Plastikstühlen um sich, zieht sein Kleid über den Kopf und tanzt wieder. Indem Iphigenie mehr noch als Orest verrückt spielt, wird die Idee allgemeiner Versöhnung vollends fragwürdig. Daher hat Chétouane die Linearität von Goethes Text vor allem am Ende aufgebrochen, beim prekären Abschied der Griechen. Wenn Iphigenie Thoas den geheimen Rettungsplan verrät, spricht sie launisch, leiernd direkt zum Publikum. So ist es abermals die Stimme, die das Pathos der Szene durchkreuzt und einen größeren Echoraum schafft. Nachdem die anderen schon gegangen sind, kehrt Iphigenie wieder zurück, ruft noch mehrfach ihr:»Nicht so!«, mit dem sie Thoas' Segen und die Versöhnung trotz ihrer Abreise erzwingen wollte. Allein mit den Windmaschinen bleibt Hinrichs Iphigenie nur die Rückkehr zum Anfang, zur Anrufung der Toten/Zuschauer. Die Stimme Iphigenies verhallt, indem sie schließlich das»Heraus in eure Schatten« eher singt als spricht, aus dem Netz ihrer Sprechrolle befreit. So vollzieht sich bei Chétouane in der Inszenierung des Rauschens, im Oszillieren zwischen Sprache, Geräusch und Gesang, eine Musikalisierung des Schauspielers, die das Publikum herausfordert, andere Formen des Zuhörens im Theater auszuprobieren.

Allein Sprechen / Bildbeschreibung

Auch in seinen Inszenierungen von Jon Fosses *Schatten* (Münchner Kammerspiele 2006) und Heiner Müllers *Bildbeschreibung* (Pact Zollverein Essen 2007) hat Chétouane das Agieren der Stimme als Performance ausgestellt. Voraussetzung dafür war weiterhin die genaue Arbeit mit dem Text in der Organisation von Atem, Betonungen, Körperhaltungen etc. und eine bewusste Tendenz zum Monolog, mit dem ganzen Risiko der Verausgabung, Überschreitung und Erschöpfung, die das *Allein Sprechen*[20] auf der Bühne bedeutet – getragen nur von der Präsenz des Körpers, abgelöst von dem Halt, den ansonsten die dramatische Rolle und das Zusammenspiel im Dialog mit anderen Akteuren bieten. Nicht von ungefähr spielt bereits bei den zugrunde liegenden Texten die Gegenwart von Toten als Schatten eine wichtige Rolle, wie sie hier am Hören fremder Stimmen in Büchners *Lenz* und Goethes *Iphigenie auf Tauris* zu beschreiben war. Das monologische Sprechen (ähnlich wie der Chor der Tragödie) sprengt das dramatische Gefüge, schafft Lücken für die Wahrnehmung von Präsenzen, die über den Status individueller Charaktere hinausgehen. Wenn auch Fosses Drama den familiären Alltag auf eine Weise entwirft, die weniger an Lebende als an Zombies denken lässt, so entspricht das einem gespenstischen Element des gesamten bürgerlichen Theaters. Chétouane zeigt seinerseits, dass die Auseinandersetzung mit der Gegenwart von (Un-)Toten ein immenses Potenzial europäischer Dramatik ist, das auch auf die Situation des Theaters mit Zuschauern bzw. -hörern verweist. Gleichzeitig reflektieren seine Inszenierungen aber eine Entwicklung, welche die Fixierung auf Illusion, Einfühlung und Rollenverkörperung zugunsten von postdramatischen Texten und Theaterformen, Schreib- und Spielweisen durchbrochen hat. Dieser Aspekt von Chétouanes Arbeit sei wenigstens noch kursorisch an seiner Produktion *Studie I zu ›Bildbeschreibung‹ von Heiner Müller* (2007) angedeutet.

Ebenso wie Müllers Text nicht in der Beschreibung eines singulären Bildes aufgeht, sondern durch Anhäufung zahlreicher Bilder und Per-

---

20 So auch der Titel eines szenischen Projekts, das Chétouane mit Studierenden der Theaterwissenschaft und des Masterstudiengangs Dramaturgie an der Frankfurter Universität im April 2006 durchgeführt hat, mit Monologen u. a. von Shakespeare, Georg Büchner, Jean Genet, Sarah Kane und Heiner Müller.

spektiven das Genre der Bildbeschreibung selbst in Frage stellt, ist es ein Theatertext voller Szenen, der aber keinen Dialog von Rollenfiguren enthält, explizit ein postdramatisches Stadium markiert, als »Explosion einer Erinnerung in einer abgestorbenen dramatischen Struktur«.[21] So entfaltet *Bildbeschreibung* ein komplexes Theater der Mehrstimmigkeit im Monolog. Wieder geht es um ein Theater der Toten, deren Auferstehung der Text inszeniert, indem sich die Instanz der Beschreibung aufspaltet: »Zuletzt wird der Betrachter selbst in Frage gestellt, also auch der Beschreiber des Bildes. Insofern ist es ein Autodrama, ein Stück, das man mit sich selbst aufführt, mit sich selbst spielt. Der Autor wird sein eigner Darsteller und Regisseur.«[22] Müllers späterer Kommentar verdeutlicht, dass das Theater der *Bildbeschreibung* ein Theater der *Vorstellung* ist, das eine monologisch generierte Stimme in verschiedene Instanzen spaltet, zersplittert.

In seiner *Studie I* hat Chétouane darauf verzichtet, diese paradoxe Mehrstimmigkeit durch verschiedene Akteure vorzuführen. Der Tänzer Frank Willens spricht allein, aber so, dass sein körperliches Agieren zu einer eigenen Stimme wird. Das theatrale Potenzial des Monologs kommt ähnlich intensiv zur Geltung wie bei *Lenz**, nur verschiebt sich die Aktivität noch stärker auf die Seite des Körpers. Gerade indem die Stimme fast durchgängig den selben Ton hält, kaum moduliert, bringt sie die Struktur des Textes zum Ausdruck, der ja aus einem einzigen, über mehrere Seiten nur durch Kommata und Doppelpunkte unterteilten Satz besteht. Der Körper des Tänzers dagegen spricht mit extremer Variabilität, wie mit mehreren Stimmen, wechselndem Geschlecht, als Mensch, Tier, Pflanze, Maschine, als Stuhl oder auch als die »dunkle Flüssigkeit, Wein oder Blut«, die sich »ihren Weg in den Boden sucht«. So scheint er die gleichförmig gesprochenen Worte zu illustrieren, mimetisch nachzuvollziehen. Zumeist geht dabei aber der Körper dem Text voraus, *beschreibt* eine Geste (im Sinne von Ausführung) noch bevor das Bild von der Stimme aufgerufen wird. Dann ist aber auch das Sprechen ein Beschreiben als Vollzug und körperliche Aktion. Gegen Ende des Textes hebt Willens die Stimme zum ersten Mal deutlich an, spricht minutenlang jedes Wort abgehackt und mit gleicher Betonung, die Lautstärke immer noch steigernd. Insgesamt aber ist die Stimme, ansonsten eine der flüchtigsten Äußerungen des Menschen, hier gleichsam zum Körper geworden, während die einzelnen Glieder des Tänzers (eben darin besteht seine Leistung) sich völlig verselbständigen, sich keiner dauerhaften

---

21 Heiner Müller: »Bildbeschreibung«, in: Frank Hörnigk (Hg.), Heiner Müller Material, Leipzig: Reclam 1990, S. 8-14, hier S. 14.
22 Heiner Müller: Krieg ohne Schlacht, Berlin: Kiepenheuer & Witsch 1992, S. 342f.

Ordnung mehr zu fügen scheinen, um so flexibler die Bewegungen des Textes ›beschreiben‹ zu können. So kommt auch die ›andere‹ Stimme des Textes, das (Mit-)Sprechen der Toten, zur Geltung: Die in Versalien gesetzten Worte »ICH HABE DIR GESAGT DU SOLLST NICHT WIEDERKOMMEN TOT IST TOT« spricht Willens mit dem Kopf nach unten, im Schulterstand auf dem Stuhl, die Arme frei in der Luft schwebend. Von diesem Extrem her zeigt sich ein weiteres Mal, dass Chétouanes Arbeit mit der Stimme die Grenze zwischen Theater und Performance durchkreuzt, indem er mit den Stimmen und Geräuschen des Körpers ebenso wie mit der Körperlichkeit der Stimme zu spielen vermag.

Literatur

Abraham, Nicolas: »Aufzeichnungen über das Phantom. Ergänzungen zu Freuds Metapsychologie«, in: Psyche 8 (1991), S. 691-698.

Adorno, Theodor W.: »Zum Klassizismus von Goethes Iphigenie« (1967), in: ders., Noten zur Literatur, Frankfurt/Main: Suhrkamp 1981, S. 495-514.

Auslander, Philip: From Acting to Performance. Essays in Modernism and Postmodernism, London, New York: Routledge 1997.

Barthes, Roland: »Zuhören«, in: ders., Der entgegenkommende und der stumpfe Sinn, Frankfurt/Main: Suhrkamp 1990, S. 249-263.

Borchmeyer, Dieter (Hg.): Johann Wolfgang Goethe. Sämtliche Werke. Band 5, Frankfurt/Main: Deutscher Klassiker Verlag 1988.

Fischer-Lichte, Erika: »Probleme der Rezeption klassischer Werke – am Beispiel von Goethes ›Iphigenie‹«, in: Karl Otto Conrady (Hg.), Deutsche Literatur zur Zeit der Klassik, Stuttgart: Reclam 1977, S. 114-140.

Frick, Werner: »Die Schlächterin und der Tyrann: Gewalt und Aufklärung in europäischen Iphigenie-Dramen des 18. Jahrhunderts«, in: Jochen Golz/Bernd Leistner/Edith Zehm (Hg.), Goethe-Jahrbuch. Band 118, Weimar: Verlag Hermann Böhlaus Nachfolger 2001, S. 126-141.

Heeg, Günther: »›Ein Schauspieler ist immer peinlich – deshalb muss er bleiben‹. Laurent Chétouane über seine Arbeit mit Schauspielern«, in: Patrick Primavesi/Olaf A. Schmitt (Hg.), AufBrüche. Theaterarbeit zwischen Text und Situation, Berlin: Theater der Zeit 2004, S. 284-291.

Heeg, Günther:»Die geräuschlose Revolution. Der Regisseur Laurent Chétouane und seine Abbrucharbeiten am Körper der Kulturnation«, in: Theater der Zeit 3 (2006), S. 23-26.

Goethe, Johann Wolfgang:»Iphigenie auf Tauris« (Versfassung von 1786), in: Dieter Borchmeyer (Hg.): Johann Wolfgang Goethe. Sämtliche Werke. Band 5, Frankfurt/Main: Deutscher Klassiker Verlag 1988, S. 555-619.

Lehmann, Hans-Thies: Theater und Mythos. Die Konstitution des Subjekts im Diskurs der antiken Tragödie, Stuttgart: J.B. Metzler 1990.

Lehmann, Hans-Thies: Postdramatisches Theater, Frankfurt/Main: Verlag der Autoren 1999.

Müller, Heiner: Gesammelte Irrtümer, Frankfurt/Main: Verlag der Autoren 1986.

Müller, Heiner: Zur Lage der Nation, Berlin: Rotbuch Verlag 1990.

Müller, Heiner:»Bildbeschreibung«, in: Frank Hörnigk (Hg.), Heiner Müller Material, Leipzig: Reclam 1990, S. 8-14.

Müller, Heiner: Krieg ohne Schlacht, Berlin: Kiepenheuer & Witsch 1992.

Neumann, Gerhard:»Iphigenia: Sacrifice and Ritual in Drama«, in: The World of Music 40 (1998), S. 101-117.

Poschmann, Henri (Hg.): Georg Büchner. Sämtliche Werke. Band 1, Frankfurt/Main: Deutscher Klassiker Verlag 1994.

Primavesi, Patrick:»Stimme ± Körper. Interferenzen zwischen Theater und Performance«, in: Gabriele Klein/Wolfgang Sting (Hg.), Performance. Positionen zur zeitgenössischen szenischen Kunst, Bielefeld: transcript 2005, S. 165-179.

Primavesi, Patrick: Das andere Fest. Repräsentationskritik und Theaterentwürfe um 1800, Frankfurt/Main: (Habil.-Schrift, Ms.) 2007.

Weigel, Sigrid:»Die Stimme als Medium des Nachlebens: Pathosformel, Nachhall, Phantom. Kulturwissenschaftliche Perspektiven«, in: Doris Kolesch/Sybille Krämer (Hg.), Stimme. Annäherung an ein Phänomen, Frankfurt/Main: Suhrkamp 2006, S. 16-39.

Whispering Room:
Janet Cardiffs erzählerische Räume

Philip Ursprung

Die kanadische Künstlerin Janet Cardiff, geboren 1957, prägt die Kunstwelt seit den frühen 1990er Jahren mit ihren Stimminstallationen sowie mit ihren Audio- und Video-Walks. Seit 1995 arbeitet sie zusammen mit dem Künstler George Bures Miller, geboren 1960. Die beiden leben in Berlin. Bekannt wurde Cardiff in Kanada zuerst durch den *Whispering Room* (1991), ein verdunkelter Raum mit 16 Lautsprechern, aus denen kaum hörbar Monologe und Dialoge drangen, die die Besucher in verschiedene Geschichten involvierten. In Deutschland wurde sie dank ihrer Beteiligung an der Ausstellung *Skulptur Projekte Münster* (1997) bekannt. Dort zeigte sie *Walk Münster*, bei dem es sich um ein zweiteiliges Werk handelte. Aufsehen erregte vor allem die Audiotour in der Art einer didaktischen Museumsführung, nur dass sie die Besucher in die Gegend um das Museum führte und ortsspezifische mit künstlich fabrizierten Geräuschen und Erzählungen mischte. Den internationalen Durchbruch brachte ihre Ausstellung im Kanadischen Pavillon an der Biennale Venedig (2001). Dort zeigte sie *The Paradise Institute*, eine Installation, welche jeweils etwa zwanzig Besucher auf einmal betreten konnten. Im Inneren befand sich ein perspektivisch verjüngtes Miniaturkino, das an die großen Paläste der 1920er Jahre erinnerte. Auf der Leinwand war ein etwa 15-minütiger Film zu sehen, eine Mischung aus Krimi, Autorenfilm und Künstlervideo. Die Handlung wurde unterbrochen durch das Klingeln von Handys und das Flüstern von den Nachbarsitzen. Verschiedene Fiktionsebenen überlagerten und vermischten sich.

Meine erste Begegnung mit Cardiffs Werk fand 1995 in der Ausstellung *A Night at the Show* in Zürich statt. Es handelte sich um eine Gruppenausstellung, die der Kurator Harm Lux in einem alternativen Ausstellungsraum, einer aufgelösten Montagehalle, eingerichtet hatte. Der Kurator und andere Besucher der Ausstellung hatten mich bereits darauf vorbereitet, dass die größte Überraschung in dieser Ausstellung ein unscheinbarer, zerkratzter Tisch sei, der in einer Ecke stehe. Ich solle mich diesem einfach nähern und mich nicht scheuen, ihn anzufassen. Tatsächlich fand ich bald den Tisch von Janet Cardiff mit dem Titel *To Touch* (1993). Er war von einem Scheinwerfer beleuchtet wie ein Schauspieler auf einer Bühne. Die Oberfläche war zerkratzt und abgenutzt. Sie rief gleichsam danach, mit den Händen darüberzufahren. Fotosensoren waren in den Ritzen versteckt, unter der Tischplatte sah ich einige Drähte heraushängen. Diese waren mit einer Reihe von kleinen Lautsprechern verbunden, die an den Wänden angebracht waren. Als ich den Tisch berührte, reagierte er. Eine angenehm klingende weibliche Stimme sagte leise, fast im Flüsterton:»I want you to touch me.« Andere Besucher näherten sich neugierig, und wir tasteten halb amüsiert, halb verlegen die Oberfläche des Tisches ab, die Tischplatte, die Beine, die Unterseite. Der Tisch gab unterschiedliche Antworten je nach der Stelle, an der man ihn streichelte, etwa:»Hang onto my wrist«, oder von einer männlichen Stimme gesprochen:»Your skin is so soft« und:»I can feel your pulse and sweat and the lines from your scars.«

Abbildung 1: Janet Cardiff: ›To Touch‹, 1993

Die Begegnung mit diesem Werk hat sich mir ins Gedächtnis eingegraben. Was unterschied *To Touch* von anderen Kunstwerken, die ich in jenen Jahren sah, so dass es in der Erinnerung so lebendig bleibt? Welche Art von Räumlichkeit produzierte *To Touch*? Wie hängt diese spezifische Räumlichkeit mit der menschlichen Stimme zusammen?

Ein zentrales Element ist zweifellos das Moment der Überraschung. Ich habe im Lauf der Jahre eine Fülle von interaktiven Kunstwerken gesehen, die darauf basieren, dass ein Prozess durch eine Handlung der Betrachter ausgelöst wird. Außer den Licht-Installationen von Angela Bulloch, die durch Bewegung und Berührung aktiviert werden, haben mich allerdings die wenigsten davon berührt. Meistens nutzte sich der Überraschungseffekt sehr schnell ab und die anfängliche Verblüffung über die technische Leistung wich schon beim zweiten Versuch der Langeweile. Anders im Falle von *To Touch*. Ich erinnere mich, dass die Betrachter oder Benutzer gar nicht genug bekommen konnten und manche sich wünschten, diesen Tisch mit nach Hause nehmen zu dürfen.

Das lag zunächst daran, dass eine Grundvoraussetzung von Bildender Kunst, nämlich das Verbot, die Objekte zu berühren, außer Kraft gesetzt wurde. Das »Don't Touch« ist den Betrachtern von Ausstellungen in den Industrieländern eingeschrieben, spätestens seit die Organisatoren der ersten Weltausstellung im Crystal Palace in London 1851 entschieden, dass keines der ausgestellten Objekte berührt werden und dass zugleich kein Objekt – sei es ein Rohstoff, eine laufende Maschine oder ein Kunstwerk – ein Preisschild tragen durfte. Wir sind es gewohnt, Objekte, auch solche, die wie Maschinen in Bewegung sind, ästhetisch distanziert zu betrachten, aber nicht unmittelbar involviert und buchstäblich Teil der Performance zu werden. Kinetische Kunstwerke, etwa die Assemblagen von Jean Tinguely aus den frühen 1960er Jahren, durfte man durch Berühren eines Schalters aktivieren, so wie man eine Nähmaschine durch Antippen eines Fußpedals in Gang setzt. Aber niemand käme auf die Idee, das Objekt selber anzufassen. Im Fall von *To Touch* musste eine Grenze überschritten, eine Hemmung überwunden werden, was bereits einige Emotionen freisetzte.

Und umgekehrt überschritt auch das Kunstwerk seinerseits eine Grenze, indem es uns direkt ansprach. Es ist bekanntlich leichter wegzusehen als wegzuhören. Gerade im Kontext einer Kunstwelt, die ganz klar vom Visuellen dominiert ist, ist die medial vermittelte menschliche Stimme im Sinne von Marshall McLuhan ein »unwiderstehlicher Eindringling«[1]. Vermittels der menschlichen Stimme ist der Körper von jemand anderem unmittelbarer anwesend als mittels eines technisch reproduzierten Bildes. Roland Barthes spricht in seinem Text »Von der Rede zum Schreiben« davon, dass es »ganz einfach der Körper ist, der in der Niederschrift verloren geht.«[2] Kaum jemand ist in der Lage zu unterscheiden, ob die Stimme real oder technisch reproduziert ist. Oder

---

1 Marshall McLuhan: Die magischen Kanäle, Düsseldorf: Econ 1968, S. 296.
2 Roland Barthes: »Von der Rede zum Schreiben«, in: ders., Die Körnung der Stimme, Frankfurt/Main: Suhrkamp 2002, S. 9–13, hier S. 11.

besser gesagt: Wir wissen durch den Kontext der Ausstellung, dass die Person nicht real anwesend ist und die Stimme von einer CD kommt. Und gerade dieses Spiel zwischen Realität und technischer Imitation macht den Genuss des Kunstwerks noch größer, weil es, wie beispielsweise auch bei einem *Trompe-l'œil*-Gemälde, den Betrachtern Befriedigung bietet, die Täuschungsmechanismen zu durchschauen. In Cardiffs Worten: »There is a sense of wonder and shock when scenes described on the audio tape coincidently happen in the physical world.«[3]

Noch wichtiger als der schiere Klang der Stimmen in *To Touch* war natürlich das, was sie sagten. Indem sie auf unsere Berührungen reagierten und daran Gefallen fanden, überschritten sie die Grenze zwischen dem Intimen und dem Öffentlichen. Was der Beginn einer Telefonsexsitzung hätte sein können, füllte unvermittelt den Ausstellungsraum. Nicht laut, aber doch so, dass alle etwas hören konnten. Die Besucher wurden zu Komplizen dieser spielerischen Grenzüberschreitungen, bewegten sich gemeinsam in einem Zwischenraum, ertappten sich beim Lauschen, beim Fantasieren, exponierten sich und beobachteten zugleich die Exponiertheit der anderen. Auf manche Berührung antwortete der Tisch mit einer weiblichen, auf andere mit einer männlichen Stimme. Die Atmosphäre im Halbdunkel knisterte buchstäblich vor Spannung. Die einzelnen Besucher ahnten sicherlich, was in den Köpfen der anderen ungefähr vorging und dass sich niemand der Ambivalenz der Situation ganz entziehen konnte. Die Besucher waren abwechselnd in den Rollen der Sadisten, die dem Tisch Wünsche versagen oder sie wieder und wieder erfüllen konnten, und der Dominierten, die sich dem herrischen Verlangen der Stimmen unterwarfen. Zugleich löste sich die Spannung immer wieder in befreiendem Gelächter. Es war alles nur ein harmloses Spiel. Die Mechanik der Illusion war jederzeit durchschaubar. Voyeure waren wir nicht, denn es gab keine Körper, die wir, geschützt im Dunkel der Ausstellungshalle, betrachten konnten. Und letztlich waren die erotischen Fantasien, die den Raum füllten, nicht Produkt einer Sexmaschine, sondern eben doch die verklemmten Tagträume und Sehnsüchte eines alten, schmutzigen kanadischen Tisches, von dem Drähte herunterhingen.

Für mich öffnete diese Arbeit von Cardiff neue, bisher verschlossene Türen. Mittels der menschlichen Stimme, technisch reproduziert, sprach die Arbeit mich als Adressaten direkt an. Sie zog mich, um noch einmal Barthes zu paraphrasieren, zu sich herüber, »sogar im prostitutiven Sinn

---

3 Janet Cardiff: »Walk Münster«, in: Klaus Bussmann/Kasper König/Florian Matzner (Hg.), Contemporary Sculpture. Projects in Münster 1997, Stuttgart: Verlag Gerd Hatje 1997, S. 83-85, hier S. 84.

des Wortes«, um mich im »Zustand als Partner zu erhalten.«[4] Das hatte bisher – Rezeptionsästhetik hin oder her – kein Werk bei mir erreicht. Was die Künstlerin mir genau sagen wollte, wusste ich nicht. Aber ich konnte mich dem nicht entziehen, was das Kunstwerk mir sagte. Mit anderen Worten, die Intention der Künstlerin trat hinter den Effekt des Werkes zurück. Die Anwesenheit der menschlichen Stimme war kein Accessoire von etwas anderem, keine Kulisse für eine Situation, sondern der Stoff, aus dem das Werk geformt war.

Cardiff reiht sich damit in eine längere Tradition von Künstlern ein, welche sich seit den späten 1950er Jahren mit dem Problem auseinandersetzen, spezifische Betrachter mittels aller Sinne direkt anzusprechen, sie in die Struktur des Werkes zu involvieren. Ich will drei Beispiele geben: Allan Kaprows *18 Happenigs in 6 Parts* vom Oktober 1959 ist einer der frühesten Versuche, die Betrachter in ein synästhetisches Ambiente einzubeziehen und sie gleichsam den nächsten Schritt nach Jackson Pollock tun zu lassen. Nämlich nicht nur virtuell, sondern buchstäblich ins Bild zu treten und mit allen Sinnen, Gesichts-, Tast-, Geruchs- und Hörsinn, einbezogen zu werden. Er füllte den Galerieraum mit Fragmenten von Malerei auf Papier, opaken Plastikfolien, Maschendraht, Zeitungspapier, zerbrochenen Spiegeln, Lichteffekten, Akteuren sowie Tönen, Geräuschen und gesprochener Sprache, die er über Lautsprecher abspielte. Ein Jahrzehnt später interessierte sich Bruce Nauman dafür, wie er mittels Kunstwerken die Betrachter unmittelbar erreichen konnte. Er zielte, wie er in seinen Statements sagte, auf eine Kunst, die beim Betrachter wirkt wie ein Handkantenschlag ins Genick bzw. wie ein Baseballschläger ins Gesicht. Am prägnantesten gelang ihm dies in der Installation *Anthro/Socio, Rinde Facing Camera* (1991). Wer die *documenta* 9 (1992) in Kassel besucht hat, wird sich zweifellos daran erinnern, wie das Museum Fridericianum erfüllt war von dem unerträglichen Schrei eines Mannes.

Kaprow und Nauman sind Künstler, ohne welche die Arbeit von Cardiff schwer denkbar wäre. Zugleich ist ihr Einsatz von Geräuschen und menschlichen Stimmen grundsätzlich verschieden von demjenigen Cardiffs, denn es geht bei Kaprow um die Funktion des künstlerischen Autors als Lehrmeister. Und bei Nauman wird das Thema der Sprachlosigkeit, der Unmöglichkeit der Kommunikation verhandelt. Näher bei Cardiffs Intention ist zweifellos das Werk von Vito Acconci, namentlich seine Performance *Seedbed*, die er im Januar 1972 in der Sonnabend Gallery in New York durchführte. Hier setzt der Künstler die Stimme ein, um die erotische Beziehung zwischen Künstler und Betrachter zu artikulieren. Acconci hat seine Karriere als Dichter begonnen bzw. mit

---

4 R. Barthes: »Von der Rede zum Schreiben«, S. 11.

literarischen Performances. Die gesprochene Sprache, die Intonation und Rhythmik der eigenen Stimme blieben aber auch nach den 1960er Jahren ein zentrales Element seiner Kunst. Für *Seedbed* hatte er eine schiefe Ebene in den Galerieraum eingebaut. Er selber, das erfuhren die Besucher, war unter dem Boden versteckt und onanierte. Er verteilte, wie er sagte, seinen Samen über den Boden als Reaktion auf die Bewegungen der Besucher über ihm. Zwei Lautsprecher übertrugen seine Fantasien. Die Besucher hörten seine Stimme, die sagte: »You're on my left [...] you're moving away but I'm pushing my body against you, into the corner [...] you're bending your head down over me [...] I'm pressing my eyes into your hair.«[5] Acconci schrieb in dem Zusammenhang: »The way I want space to work is not so much viewer on one side, me on the other, as a kind of mingling that involves me moving around the space, being at different points.«[6] In der Kunstzeitschrift *Avalanche* publizierte er seine Notizen zu *Seedbed* unter dem Titel »Power Field – Exchange Points-Transformation«[7]. In unserem Zusammenhang ist vor allem der Begriff des Power Field interessant. Acconci war als künstlerischer Autor anwesend, vermittels seiner Stimme, wie ein Geist, ein Untoter, der sich nicht vom Werk trennen kann. Er brachte die Besucher über ihm in Bedrängnis, vielleicht auch zum Lachen. Obwohl unsichtbar und ohne die Möglichkeit, direkt Einfluss zu nehmen, übte er Kontrolle aus. Die Räumlichkeit war also einerseits definiert durch die architektonische Gestalt der Galerie, durch den Einbau, und andererseits durch das Macht- und Einflussfeld, dem die Besucher unterworfen waren.

Zurück zu Janet Cardiffs Installation *To Touch*: In dieser Arbeit ist angelegt, was Cardiffs Kunst seit einem Jahrzehnt prägt. Ein Überraschungseffekt. Eine vage, offene, verschwommen erotische Handlung. Die Präsenz von verführerischen menschlichen Stimmen. Die Präsenz einer Hightechapparatur. Die Installation verführte die Betrachter in mehrerer Hinsicht: Einerseits als technische Spielerei, als Gadget, das mit einfachem Einsatz ein komplexes Resultat produziert. Andererseits durch den schieren optischen Effekt, den hellen Tisch in undurchdringlichem Dunkel. Und schließlich durch das Ritual der Annäherung: Man hatte von dem Tisch gehört, war bemüht, ihn ja nicht zu verpassen, war besorgt, möglicherweise nicht jede Reaktion zu hören. Was, wenn der Tisch von Besuchern belagert würde oder wenn die Technik ausfiel?

---

5   Kate Linker: Vito Acconci, New York: Rizzoli 1994, S. 44.
6   Zitiert nach Acconci, vgl. ebd., S. 46.
7   Vgl. Vito Acconci: »Power Field – Exchange Points-Transformation«, in: Avalanche 6 (1972), S. 62-63, hier S. 62f.

Abbildung 2: Janet Cardiff: ›Münster Walk‹, 1997

Dieses Ritual spielte eine große Rolle bei *The Paradise Institute* auf der Biennale Venedig, wo die Besucher oft lange Zeit in Schlangen in der Sonne Venedigs warten mussten, bis sie in kleinen Gruppen eingelassen wurden. Das Warten lohnte sich, sie wurden mit einem ebenso komplexen wie unterhaltenden Spektakel belohnt. Im Unterschied zu *To Touch* erhielten die Besucher dort individuelle Kopfhörer, welche die Beziehung, die erotische Relation der Akteure zu den Zuhörern, noch verstärkte. Diese lief einerseits auf der Ebene des Films ab, ein eklektisches Hybrid aus Film Noir und Künstlervideo, gewürzt mit einer Prise Atom Egoyan und einem Hauch Andrej Tarkowskij, gedreht unter anderem im Künstlerhaus Bethanien.[8] Andererseits meinte man, in den Lautsprechern die Sitznachbarn zu hören. Das Hereinhasten der verspäteten Besucher, nachdem das Licht im Saal bereits ausgegangen war. Hüsteln, das Klingeln eines Handys. Die Frage der Nachbarin an ihren Nachbarn (oder uns?), ob wir den Herd ausgeschaltet hätten. Wer hat diese Frage nicht selber von seinem Partner gehört? Und wer kennt nicht das erwartungsvolle Gefühl am Beginn eines Films, wenn sich die erotische Spannung des Plots auf der Leinwand mischt mit der erotischen Spannung, im Dunkeln zu sitzen, unsichtbar zu werden und während ein bis zwei Stunden auf Tuchfühlung zu gehen mit seinen bekannten und unbekannten Sitznachbarn. Hauptträger der Spannung waren stets die Stimmen, in erster Linie die leise flüsternde weibliche Stimme der Sitznachbarin.

---

8   Vgl. Atom Egoyan: »Janet Cardiff«, in: Bomb Magazine 79 (2002), S. 60-67.

Abbildung 3: Janet Cardiff & George Bures Miller: ›The Paradise Institute‹, 2001

In den meisten Werken handelt es sich dabei, so scheint es, um die Stimme der Künstlerin. Am prägnantesten geschieht dies in den Audio- und, seit es erschwingliche kleine Video-Kameras gibt, den Video-Walks, beispielsweise *The Telephone Call* (2001) im San Francisco Museum of Modern Art. Auch hier ist das Eingangsritual untrennbar mit dem Effekt des Werks verbunden. Hin zum Informationsschalter. Abgeben des Passes. Eintragen auf eine Liste. Aushändigen der Kamera, die mit einem Riemen ums Handgelenk befestigt wird. Dann folgt man den Instruktionen, die über Kopfhörer kommen und blickt auf den Bildschirm und zugleich auf die tatsächliche Umgebung. Die Reise dauert etwa eine Viertelstunde. Sie führt unter anderem durch einen Notausgang in eine normalerweise nicht zugängliche Hintertreppe des Museums – leichtes Herzklopfen – dann zurück, vorbei an Kunstwerken, Blick in die Lobby, wo eine männliche Person Kontakt mit einem aufnimmt – Ein Ex-Lover der Künstlerin? Ein Gangster? Ein Perverser? – leichte Beklemmung, bis die Stimme im Ohr dann durch ein Fenster auf die Stadt blicken lässt, wo sie auf ein Stück Wald aufmerksam macht, welches die Stadtgrenze markiert.
    Die reale Bewegung im Raum verschwimmt mit dem erzählten Raum, den die Erzählerstimme in der Fantasie evoziert, mit dem gefilm-

ten Raum, der auf dem Bildschirm aufscheint, sowie mit den imaginierten Räumen unserer eigenen Erinnerungen, Hoffnungen etc., die
trotz der spannenden Handlung nicht unterdrückt werden können. So wie
die meisten Menschen bei Konzerten sich der Verschiedenartigkeit dieser
Räume stets besonders bewusst werden und gleichsam ein Schuldgefühl
haben, nicht ganz im Hier und Jetzt zu sein, so wie die meisten
Menschen bei Vorträgen im Halbdunkel in imaginierte Räume ab-
schweifen, so entfaltete sich auch hier eine komplexe Architektur von
Raumfolgen, die alle zusammengehalten wurden durch die menschliche
Stimme beziehungsweise ganz konkret durch die Laute, die Atempausen,
die Bewegungen der Zunge im Mund, die Geräusche der Lippen, Zähne
und Stimmbänder.

Abbildung 4: Janet Cardiff: ›The Missing Voice‹, Case Study, 1999

Als Kunsthistoriker interessiert mich natürlich die Frage, ob Cardiffs
Kunst charakteristisch ist für eine generelle gesellschaftliche Veränderung – bzw., ob sie uns eine solche Veränderung besser wahrnehmen
lässt. Vereinfacht gesagt, können wir spekulieren, dass sich nach dem
iconic turn, der, wenn man so will, in den 1980er Jahren auf den *lingu-
istic turn* folgte, also die Wahrnehmung und Darstellung der Welt als
Bild, welche deren Wahrnehmung und Darstellung als Text ablöste, dass
also auf den *iconic turn* nun so etwas wie ein *acoustic turn* folgen werde.
Folgt man der Theoretikerin Mieke Bal, dann kann das Potenzial der
narrativen Präsenz – allerdings untrennbar mit der erzählerischen Ko-
härenz verwoben – gar nicht hoch genug eingeschätzt werden. In ihren

Worten: »Narrative's presence, its performance, and its performativity – in short, its presence as a cultural force that affects the lives of subjects – cannot be overestimated. It is both an indispensible tool and a dangerous weapon.«[9] Diese Ambivalenz – die Erschließung neuer Räumlichkeiten und künstlerischer Möglichkeiten einerseits, das Beruhen auf virtuosen Effekten andererseits – lässt sich in der jüngsten Entwicklung von Cardiffs Kunst verfolgen. Es fällt zwar leicht, ihre Kunst im Kontext der Immersion zu sehen, also einer Tendenz, die Betrachter möglichst vollständig im Werk zu umfassen, und sie neben die Videoinstallationen und die großformatigen Environments zu setzen. Aber dennoch ist es auffallend, dass Cardiffs Kunst sich dort am wirkungsvollsten entfaltet, wo sie mit einer Vielzahl anderer Werke kontrastieren kann und vom Überraschungseffekt profitiert.

Die Grenzen der Möglichkeiten ihrer Kunst wurden mir im Januar 2006 bewusst, als ich die Ausstellung *The Secret Hotel* im Kunsthaus Bregenz besuchte. Im Rahmen dieser Architektur, welche darauf angelegt ist, räumliche Kunstwerke zur Geltung zu bringen, verloren die Installationen einen großen Teil ihrer Wirkung. Der Aufwand, beispielsweise für Cardiffs Installation *Opera for a Small Room* (2005), ist zwar beträchtlich und die technische Leistung verblüffend. Aber die Installation funktioniert in erster Linie visuell. Musik – in dem Raum stapeln sich Tausende von Schallplatten eines Musikliebhabers aus der kanadischen Provinz, welche die Künstlerin angeblich in einem Altwarenladen gefunden hat – ist bloßes Attribut, die Stimmen werden zu Nebensachen, die Atmosphäre wird mühsam über ein Arsenal von Lichteffekten aufrechterhalten und die direkte Verbindung zu den Adressaten fehlt. Es scheint notwendig zu sein für das Funktionieren von Cardiffs Kunst, dass die Stimmen uns direkt ins Ohr hineinflüstern bzw. dass wir alleine, oder fast alleine mit ihr konfrontiert sind. Wird die Lautstärke aufgedreht, das Licht angedreht, so rückt das künstlerische Dispositiv die Betrachter auf Distanz. Die Aura zerstiebt und das fragile Gewebe, das uns und die Kunstwerke miteinander verbindet, zerreißt.

---

9 Mieke Bal: Travelling Concepts in the Humanities. A Rough Guide, Toronto: Toronto University Press 2002, S. 196f.

Literatur

Acconci, Vito: »Power Field – Exchange Points-Transformation«, in: Avalanche 6 (1972), S. 62-63.

Bal, Mieke: Travelling Concepts in the Humanities. A Rough Guide, Toronto: University of Toronto Press 2002.

Barthes, Roland: »Von der Rede zum Schreiben«, in: ders., Die Körnung der Stimme, Frankfurt/Main: Suhrkamp 2002, S. 9-13.

Cardiff, Janet: »Walk Münster«, in: Klaus Bussmann/Kasper König/ Florian Matzner (Hg.), Contemporary Sculpture. Projects in Münster 1997, Stuttgart: Verlag Gerd Hatje 1997, S. 83-85.

Egoyan, Atom: »Janet Cardiff«, in: Bomb Magazine 79 (2002), S. 60-67.

Linker, Kate: Vito Acconci, New York: Rizzoli 1994.

McLuhan, Marshall: Die magischen Kanäle, Düsseldorf: Econ 1968.

VOKALIQUID.
ÜBER STIMMEN

HOLGER SCHULZE

Wir hören eine Stimme. Ist sie echt? Kann sie echt sein? So wie sie klingt, muss sie es sein. Doch andererseits: Wie befremdlich dieses Knicksen und Knacken darin. Das Stolpern und Haken. Brechen und Bröckeln in sich drin.

I remember when, I remember, I remember when I lost my mind: There was something so crazy about that place. Even your emotions had an echo in so much space ...

Und ihre Übersteuerung? Ihr Sich-selbst-Überschlagen? Darf das sein? Darf/Kann so eine menschliche Stimme klingen?

And when you're out there, without care: Yeah, I was out of touch. But it wasn't because I didn't know enough: I just knew too much!

Ich höre noch einmal genauer hin, vergleiche die Stimme mit anderen Stimmen – ähnlich artifiziell, ähnlich gestaltet und dargestellt. Und ich bleibe verwundert:
Diese Stimme muss wirklich sein, will sagen: Es muss wohl doch einen Menschen geben – so scheint mir – der oder die genau *so* spricht. Doch in dieser Gestalt?
Und womöglich nach jahrelangem Training? Oder zumindest nach stundenlanger Nachbearbeitung? – Und von welcher Herkunft? Welchem biologischen und/oder sozialen Geschlecht zugehörig? Lebt die Sprecherin, der Sprecher überhaupt noch? Welche Körperlichkeit, Farbigkeit trägt dieser Körper, der sich da äußert?

Does that make me Crazy? Does that make me Crazy? Does that make me Crazy? Possibly...

Hypercorporeal

Welches Imaginarium der Körperlichkeit schwebt uns vor, schwebt mir vor wenn Sie oder ich solchen Gedanken nachhängen? Das Imaginarium eines festen Körpers ist es, eines festgestellten Körpers. Eines Körpers aus materiell unverrückbaren Bestandteilen – möglichst vielleicht aus hart gegossenem Plastik oder geschnitztem Holz, Schulmodelle innerer Organe: Körper als Ansammlung undurchlässiger Container, Black Boxes ohne Austausch und Bezug zueinander (und kaum zu Ihnen selbst und den Menschen um Sie herum), die tun und arbeiten und leben.

Bin ich solch ein Ameisenstaat? Sind Sie eine Fabrik? Oder doch lieber eine Netzwerkarchitektur, ein anderes, neuerdings bevorzugtes Imaginarium dieser Gegenwart. Eine obsessiv immer wieder gern übergestülpte Mastermetapher, ein Denkmuster dieser Zeit.

And I hope that you are havin' the time of your life. But think twice – that's my only advice ...

Vielleicht aber ist auch diese Metapher zu dünn? Vielleicht wäre auch sie zu ersetzen durch eine reichere? Eine, die Ihrer und meiner Erfahrung eigener und anderer Körperlichkeit viel näher kommt?

Stimmen sind keine statischen Artefakte. Schon wenn Sie oder ich uns allein auf eine so oder so geartete bestimmte Eigenschaft irgendeiner Stimme beziehen, bedeutet dies sofort eine – recht eigentlich unzulässige – Vernachlässigung der fürderhin möglichen Wandelbarkeit jeder Stimme: ein individuelles Herausgreifen und Überbetonen einzelner Momente der Äußerung und Wahrnehmung dieser Stimme. Wie äußert sie sich aber morgen? Oder gleich? Ich habe keine Ahnung.

My heroes had the heart to live their lives out on a limb. And all I remember is thinkin' I wanna be like them.

Wie also der Beweglichkeit, der Wandelbarkeit einer Stimme in der Beschreibung und Erzählung ihrer Körperlichkeit nahe kommen, ohne die Grenzen ihrer Wandelbarkeit, eine tatsächlich ja stets bestehende Unverrückbarkeit, eine Wahrscheinlichkeit der Wandlungen zu unterschlagen? Formanten und Parameter einer Stimme?

»Ein Körper ist folglich eine Spannung [*tension*]. Und die griechische Wurzel des Wortes ist tonos, der Ton. Ein Körper ist ein Ton. Und damit sage ich nichts, dem ein Anatom nicht zustimmen könnte: Ein Körper ist ein Tonus.«[1]

---

1   Jean-Luc Nancy: Corpus, Berlin: Diaphanes Verlag 2003, S. 124.

Entgegen den Vorschlägen philosophischer und anthropologischer Theorien zum Verständnis des Körperhandelns und Körpererlebens wie sie in den 1990er Jahren entwickelt und in letzter Zeit veröffentlicht worden sind, schlägt der französische Philosoph Jean-Luc Nancy einen Begriff des Körperlichen vor, der sich der Aporie stellt, die Wandelbarkeit und Unverrückbarkeit eines körperlichen Erlebens und Handelns zu beschreiben, zu vermitteln und somit nachvollziehbar zu machen.

Diese Aporie allerdings ist allein eine im Zusammenhang mit einer Philosophie der statisch definierten Begriffe, der nicht-kontextuell-situativen und nicht-erfahrungsbezogenen Generalisierung. Dieser entzieht Nancy sich forciert – und wendet sich einem Denken zu, das die Gegenwart, die Wucht, die materiell-sensuelle Erfahrung eines Körpers zu begreifen versucht. Eine Hypercorporealisierung des Sprechens von diesem Empfinden.

Die bestimmte Spannung, die Sie und ich spüren, wenn wir uns nicht sprachlich bewegen, sondern körperlich, diese hypercorporeal uns unglaublich nahe kommende Spannung ist nicht statisch. Sie ist ein dynamisches Spannungsgebilde, eine eher kohäsive Tektonik, deren Wandelbarkeit genuin ist. Eine Kohäsion, die als Bauform, als fortwährende, allmähliche tektonische Verschiebung gleichfalls jede Stimme charakterisiert. Diese spezifische Spannung der Kohäsion ist der Charakter einer Stimme.

Ein kohäsiver Fluss, eine durchdringende Flüssigkeit des lautlichen Sich-Äußerns.

»Wenn ein Körper nicht mehr lebendig ist, keinen Tonus mehr hat, geht er entweder in den *rigor mortis* [die Leichenstarre] oder in die Inkonsistenz der Verwesung über. Ein Körper sein, heißt ein bestimmter Ton sein, eine bestimmte Spannung. Ich würde sogar sagen, dass eine Spannung auch eine Haltung [*tenue*] ist.«[2]

Vokalfixierungen

Das Schreiben über die Stimme hat einiges hinter sich. Unter den Gegenständen philosophischen oder mindestens theoretisch anspruchsvollen Schreibens ist es die bevorzugte Wahl, wenn klangliche Erscheinungen untersucht werden sollen. Doch was wird hier mit der Stimme gemeint, wenn Jacques Derrida etwa sie als ein Anderes der Schrift begreift? Wird sie tatsächlich in ihrer Eigengesetzlichkeit anerkannt und gedacht – oder nicht lediglich als ein wiederum im Feld des Sprechens und der Sprache konstruierter Gegensatz zum Kerker der Zeichen? Die Sprechstimme

---

2   Jean-Luc Nancy: Corpus, Berlin: Diaphanes Verlag 2003, S. 124.

(um die es ihm dann auch immer geht) als Kerker der anderen Zeichen? In diesem Sinne ist damit eine legitime Partnerin der auralen Fixierung gefunden, die die physikalisch begründete Akustik prägt – spätestens seit ihrer ersten, verdienstvollen Formulierung durch Hermann von Helmholtz vor gut anderthalb Jahrhunderten.

Ever since I was little, ever since I was little it looked like fun. And there's no coincidence I've come. And I can die when'm done.

Gibt es einen guten Grund für diese Fixierung? Es kann kaum genügen – wie nicht selten nahe gelegt –, eine wissenschaftliche Bevorzugung der Sprechstimme allein aus dieser menschlich nächsten Weise eines akustischen Austausches herzuleiten. Anthropozentrismus ist eine eingeborene Droge. Ein Gutteil gegenwärtig lebender und künftig noch geborener Theorieautoren – wohl auch ich selbst – werden noch lange Zeit in einer Entzugsklinik verbringen. Könnte es aber ein triftiges Argument geben für unsere Sammlung um stimmliche Äußerungen herum?

Die stimmliche Äußerung ist nach der fotografischen raumgebundenen Abbildung die erste Medialisierung in Gestalt einer zeitgebundenen *Aufzeichnung*: Laute, die Sie oder ich hören, werden anders, als wir sie hören, technisch übersetzt in eine Spur, die dann allerdings wiederum weitgehend zeichenhaft und technisch ausgelesen und wiedergegeben wird. In der Wiedergabe hören wir immer etwas anders, als was wir vor Ort hätten hören können, wir hören einen Zeichenübertrag. Die Aufzeichnung erfasst damit nicht nur einen punktuellen Raumzeitpunkt, sondern einen Zeitverlauf menschlichen Handelns und Äußerns. Schrift ermöglicht dies ähnlich – durch Zuhilfenahme von Werkzeugen und Maschinen rückt jedoch die hier stattfindende Artifizialisierung weitaus deutlicher in den Fokus unserer Aufmerksamkeit; zudem erscheint das Spektrum an variablen Parametern und graduierbaren Ausdrucksmöglichkeiten uns weitaus geringer: im Gegensatz zu der Ihnen und mir seit vielen Jahren oder Jahrzehnten naturalisierten und gut eingeübten Gewohnheit des Sprechens, Skandierens oder Singens.

Come on now who do you, who do you, who do you, who do you think you are, ha ha ha: Bless your soul! You really think you're in control?

Die Stimme ist in europäisch geprägten Kulturen begrifflich ausgebildet worden als eine deutungsoffene, aufschlussreiche Signatur jedes einzelnen, so noblen, männlichen und weißen, christlich gläubigen Menschen. Ein kurzer Moment scheint mir und Ihnen zu genügen – und schon zeigt sich das Numinosum dieses gesellschaftlichen Imaginariums, dem un-

willkürlich höchste Erhabenheit zugeschrieben wird: *Das Individuum.*
Diese individualistische Sonderung der Stimme – auch hier wiederum als
*Sprech*stimme wohlgemerkt! – wurde im vergangenen Jahrhundert durch
die neu erfundenen Apparaturen zur technischen Aufzeichnung und
Wiedergabe noch verstärkt: »Ich will wenigstens *nur einmal kurz* Deine
Stimme hören!«

Als eine besondere Ausprägung des Anthropozentrismus und des
Logozentrismus durchsetzt die Fixierung auf das Vokale damit auch das
kulturwissenschaftliche Denken und Schreiben über akustische Kommunikation. Die Sammlung des Sprechens über den Klang der Sprechstimme ist also weniger begründet als bezeichnend: bezeichnend für die
Gestalt des kulturell-historischen Gefüges, in dem ich und Sie uns in
diesen Jahren die meiste Zeit bewegen.

*Well, I think you're Crazy. I think you're Crazy. I think you're Crazy.
Just like me!*

Transhistorisch

Über den Tellerrand des heutigen Tages hinausgeblickt, sind die sich
zunehmend verflüssigenden Stimmverläufe auch gegenwärtig kaum die
vorherrschenden; diese Stellung halten nach wie vor und wohl auf
unabsehbare Zeit (von einem »für immer« zu sprechen, verbietet mir die
absehbare Wahrscheinlichkeit) die artifizialisierten Verhärtungen öffentlich medialisierter Rede: Rhetorinnen und Rhetoren im Mikrofonierungs-
Schraubstock und unter den objektiven Okularen bedrängender Mi-
kroskope gegenwärtiger und künftiger medialer Bühnen. Näherungs-
weise leblos zugerichtete Stimmhüllen der Alltagstauglichkeit und
Kommunikationsprofessionalität, ideale Insektensammlerobjekte als
vokale Chitinpanzer. Exoskelette, hervorgebracht zum Schutze eines
Weichtiers.

Könnte es jemals geschehen, dass die liquiden, die biegsamen und
offenherzig beweglichen Stimmen zu den vorherrschenden werden
könnten? Vielleicht, wenn die Verbreitung von Klangbearbeitungs-
software weiterhin anhält – wie zu vermuten ist. Wenn das Wissen und
die Ahnung darum, wie gemacht jedwede akustische Aufzeichnung und
Aussendung mittlerweile sind und wie sie womöglich gemacht sein
könnten, wenn dieses Wissen sich weiterhin ebenfalls verbreitet, so
erscheinen die starren Stimmführungen der Gegenwart alsbald wohl
ähnlich verlachenswert und steif überkommen wie Aufzeichnungen

akademisch-gesellschaftlicher Vorträge aus der jüngeren Antike vor dem Beginn der Ausbreitung popkultureller Nähedarstellungen.

Ihre Stilmerkmale einer Medialisierung auf Augenhöhe und in Ohrennähe als Weisen der Intimitäts-Darstellung und der Ermöglichung eines zumindest imaginär-intimen Austausches zu einem Protagonisten media isierter Vorstellung, diese Stilmerkmale sind gegenwärtig schon weit ausgebreitet. Sie durchziehen die öffentlich-medialen Darstellungen und werden genutzt – auch hier gern kalkuliert instrumentalisiert –, um einen stärkeren Zugang zu einem Auditorium zu finden.

Doch was, wenn diese Weise des offenen, sich verflüssigenden Stimmäußerns nicht nur zur rhetorischen Wirkungssteigerung benutzt, sondern als ein Medium der Darstellung gefüllt wird? Wenn die Stimme medial nicht mehr nur zugerichtet wird, sondern Sie und ich es gewohnt wären, medial zu leben? Wenn es unseren Nachkommen merkwürdig scheinen könnte, dass wir wohl in einer Zeit und Welt gelebt haben, in der es uns noch merkwürdig, oft störend vorkam, unsere Äußerungen unaufhörlich medial ausgesendet zu erleben?

But maybe I'm Crazy. Maybe you're Crazy. Maybe we're Crazy. Probably?[3]

Literatur/Musik

Barkley, Gnarls: »Crazy«, in: ders., St. Elsewhere, New York: Warner Music Group 2006, Track 2.
Nancy, Jean-Luc: Corpus, Berlin: Diaphanes Verlag 2003.

---

3   Alle Zitate aus: Gnarls Barkley: »Crazy«, in: ders., St. Elsewhere, New York: Warner Music Group 2006, Track 2.

MEDIALE SPHÄREN.
PHONOGRAFIE – HÖRSPIEL – MEDIENKUNST

MEDIALE SPHÄREN.
ZUR EINFÜHRUNG IN DAS KAPITEL

VITO PINTO

Klangereignisse besitzen die Eigenschaft, flüchtige und somit zeitliche Phänomene zu sein: Ertönt die Stimme eines Redners oder eines Sängers, gehört sie sogleich der Vergangenheit an. Die Wahrnehmung akustischer Phänomene findet also immer in der Gegenwart, im Jetzt statt. Dies gilt sowohl für die in einer Live-Situation zu hörende Stimme wie zweifelsfrei auch für die in technischen Medien erklingende Stimme, um die es in der Folge gehen soll.

Akustische Ereignisse zeichnen sich außerdem dadurch aus, dass sie räumliche Phänomene sind und auf einen bestimmten Ort hindeuten. Stimmen verweisen immer schon auf die Lokalisation des Sprechers; dabei kann es sich um festgelegte und sichtbare Orte handeln – wie etwa ein fiktiver Schauplatz im Film oder auf einer Bühne – sowie um imaginäre oder abstrakte Orte – wie etwa der visuell unbestimmbare Ort im Hörspiel oder der einer Konzertaufzeichnung. Stimmen erscheinen dem Wahrnehmenden zudem im Hier, das heißt im Raum seiner leiblichen Anwesenheit – ganz gleich, ob er sich in einem Theatersaal oder zu Hause vor dem Radioapparat befindet.

In einer medial erzeugten »Sonosphäre«[1] öffnet sich ein Spannungsfeld zwischen technisch realisierter Stimme und Zuhörer, zwischen dem medialen Apparat[2] – dem, um mit Gernot Böhme zu sprechen, »Raum im

---

1 Vgl. Doris Kolesch: »Natürlich künstlich. Über die Stimme im Medienzeitalter«, in: dies./Jenny Schrödl (Hg.), Kunst-Stimmen, Berlin: Theater der Zeit 2004, S. 19-38, hier S. 36 sowie Peter Sloterdijk: Sphären. Mikrosphärologie, Bd. 1: Blasen, Frankfurt/Main: Suhrkamp 1999, S. 487-531. Die Sonosphäre bezeichnet den Wahrnehmungsraum, der – wie eine bewegliche Hülle (in etwa in der Form einer Blase oder akustischen Glocke) – das Schallereignis und dessen Rezipienten umgibt. Als Teil der atmosphärischen Wahrnehmung, in der jeder Sinn zugleich involviert ist, fokussiert der Begriff der Sonosphäre die Rezeption akustischer Phänomene.

2 Zum medialen Apparat zähle ich hier die Stimme sowie – je nach Einsatz – die technischen Medien zur Verstärkung bzw. zur Aufnahme und Speiche-

Medium der Darstellung« – einerseits und dem »Raum der leiblichen Anwesenheit« des Wahrnehmenden andererseits.[3]

Klangphänomene generieren so – als ein Teilaspekt der Sonosphäre – einen Zwischenraum, der die räumliche Trennung zwischen Sprecher und Zuhörer tendenziell überwindet. Dieser Zwischenraum wird bestimmt durch die klingende Erscheinung auf der einen Seite und die leibliche Disposition des Rezipienten auf der anderen Seite. Solche sphärischen medialen Ereignisse können beim Hörer bestimmte Emotionen erzeugen, Assoziationen und Erinnerungen evozieren. Auf das Dargebotene bzw. Inszenierte kann der Zu-Hörer in unterschiedlicher Weise reagieren. Er kann sich auf das Hör-Ereignis einlassen, indem er, je nach Stimmung, mit Freude oder Trauer, mit Zustimmung oder Ablehnung, mit äußerster Konzentration (Konzert) bzw. mit einer Quasi-Ignoranz im Nebenbeihören (Radio) usw. dem Gehörten begegnet.

Diese medialen (Sono-)Sphären hüllen den flüchtigen und in seiner Fülle unbestimmbaren Ort zwischen medialer Produktion und leiblicher Wahrnehmung ein, sie überwinden die Distanz zwischen Objekt und Subjekt. Fast unbemerkt schleichen sie sich in die Wahrnehmung eines scheinbar distanzierten Klangereignisses ein. Mediale Sphären sind Teil der Atmosphäre, die ein Ereignis oder eine spezifische räumliche Konstellation bedingen kann, und zugleich Teil des Rezipienten, der mit seiner jeweiligen Stimmung bzw. Befindlichkeit seinen Teil zum sphärischen Ereignis beiträgt: »Ich bin also in den Raum meiner leiblichen Anwesenheit in dreifacher Hinsicht involviert: als handelnder, als wahrnehmender und als atmosphärisch spürender Mensch. Dieser Raum ist insofern mein Raum, als er die Ausdehnung meines Handelns, Wahrnehmens und Spürens ist«.[4]

---

rung. Im Fall der einfachen technischen Übertragung (Rede, Theater, Live-Konzert) sind dies Mikrofon, Verstärker, evtl. zwischengeschaltete Effekte und Lautsprecher; im Fall der Speicherung, Bearbeitung und Distribution (Aufzeichnungen, etwa von Konzerten oder Hörspielen) sind dies Mikrofon, Verstärker, evtl. zwischengeschaltete Effekte, Aufnahmegerät, Hardware und Software zur Bearbeitung, Speichermedien (Tonband, Festplatte), Reproduktion (z. B. im Radio) bzw. Distribution (etwa durch Verleih und Verkauf).

3 Gernot Böhme spricht diesbezüglich von einem Stimmungsraum und definiert ihn wie folgt: »Der Stimmungsraum ist einerseits der gestimmte Raum, d. h. eine bestimmte Atmosphäre oder Tönung, die über der jeweiligen Umgebung liegt, wie auch die räumlich ergossene Atmosphäre, an der ich mit meiner Stimmung partizipiere.« Ders.: »Der Raum leiblicher Anwesenheit und der Raum als Medium von Darstellung«, in: Sybille Krämer (Hg.), Performativität und Medialität, München: Wilhelm Fink Verlag, 2004, S. 129-140, hier S. 134.
4 Ebd., S. 135.

Medienumbrüche

Es sind vor allem die beiden großen Medienumbrüche im 20. Jahrhundert, die eine entscheidende Wende in den Formen der akustischen Kommunikation mit sich bringen.[5] Der erste Medienumbruch vollzieht sich um 1900 mit der Erfindung von Telefonie, Phonografie, Kinematografie und des Radios – also der Erfindung der elektrischen Medien, die wir heute gemeinhin als analoge Medien bezeichnen. Der zweite Medienumbruch findet gegen Ende des 20. Jahrhunderts mit der Etablierung von Computern und rechnergestützten Systemen statt, die heute unter dem Label digitale Medien firmieren.[6] Die Stimme und ihre technischen Realisierungen spielen in diesem Kontext eine entscheidende Rolle. Sie erscheinen in einem Medienverbund, der in der Regel ihrer Verstärkung (Übertragung), Aufzeichnung (Speicherung), Bearbeitung (Verarbeitung) und Reproduktion (Distribution) dient.

Im Zuge der Erfindung und Verbreitung der analogen Medien wird die Stimme Teil des jeweiligen technischen Apparats, des medialen Dispositivs.[7] Je nach Einsatzgebiet kann es sich dabei um die Mikrofonierung und Amplifizierung der Stimme über Mikrofon, Verstärker, Effektgeräte und Lautsprecher handeln, wie etwa in einer öffentlichen Rede-Situation oder auch im Theater: als physikalische Unterstützung bzw. effektvolles Hilfsmittel, um bestimmte Stimmungen oder auch Atmosphären zu erzeugen. Stimmen werden so direkt in ihrer Verlautbarung ohne Zeitverzögerung erfahren. Die spezifische Räumlichkeit, die über die jeweilige Anordnung der Lautsprecher im Plenar-, Konzert- oder im Theatersaal generiert wird, schafft die mediale Sphäre, die gänzlich anders erfahren wird als bei der unverstärkten Rede. Es kann etwa über das Mittel der akustischen Großaufnahme eine besondere

---

5 Vgl. hierzu Helmut Schanze (Hg.), Metzler Lexikon Medientheorie – Medienwissenschaft, Stuttgart, Weimar: J.B. Metzler 2001, insbesondere S. 255-257 sowie Gebhard Rusch/Helmut Schanze/Gregor Schwering: Theorien der Neuen Medien. Kino – Radio – Fernsehen – Computer, München: Wilhelm Fink Verlag (UTB) 2007. Zum ersten Medienumbruch um 1900 siehe auch Friedrich Kittler: Grammophon, Film, Typewriter, Berlin: Brinkmann und Bose 1986.

6 Vgl. zu Erscheinungsweisen und ästhetischen Implikationen digitaler Medien aktuell die Untersuchungen u. a. von Claudia Giannetti: Ästhetik des Digitalen. Ein intermediärer Beitrag zu Wissenschaft, Medien- und Kunstsystemen, Wien, New York: Springer 2004; Petra Missomelius: Digitale Medienkultur: Wahrnehmung – Konfiguration – Transformation, Bielefeld: Transcript 2006 sowie Lev Manovich: The Language of New Media, Cambridge, London: MIT Press 2001.

7 Erstaunlich bleibt dennoch – dies sei hier nur am Rande bemerkt – die medienhistorisch interessante Tatsache, dass der Film über dreißig Jahre nach der Erfindung des Kinematografen ohne Stimme auskommt.

Nähe zwischen Sprecher und Rezipient hergestellt werden. So wird es bspw. möglich, ein intimes Flüstern oder ein leises Wimmern hörbar zu machen und den Wahrnehmenden in besonderem Maß ins Geschehen zu involvieren, was ohne die Mikrofonierung nicht oder nur bedingt möglich wäre.

Stimmen können jenseits der akustischen Verstärkung in einer Live-Situation auch – seit der Erfindung des Phonografen – Teil eines Speichermediums werden: als aufgezeichnete Stimmen auf einem Tonträger, der beliebig reproduzierbar und immer wieder abspielbar ist. Dies impliziert u. a., dass aufgezeichnete Stimmen Zeit und Raum überwinden können. Besonders explizit wird diese prinzipielle Qualität, wenn die vergangenen stimmlichen Äußerungen inzwischen verstorbenen Personen ›angehören‹, jedoch mittels eines Speichermediums allgemein verfügbar sind. Das Vergangene kann in das genuin Gegenwärtige der akustischen Wahrnehmung zurückgeholt werden: Ist das gespeicherte Ereignis im Hören auch ein flüchtiger Vorgang, so ist es dennoch möglich, diesen Vorgang unendlich oft zu wiederholen. Stimmen können auf diese Weise Teil des kulturellen Gedächtnisses werden. Solche Möglichkeiten der Stimmenübertragung, Aufzeichnung und Wieder-Holung bzw. Reproduktion durch analoge Medien revolutionierten – in medienhistorischer Hinsicht – die Wahrnehmungsbedingungen von Klangereignissen, die bis zur Erfindung des Phonografen immer nur im Rahmen einer face-to-face-Kommunikation erzeugt wurden.

Mit der Etablierung der digitalen Medien verändert sich die Übertragungs- bzw. Aufnahmesituation nur wenig, auch wenn sich sicherlich die Qualität etwa der Mikrofone und der Aufnahmegeräte, mit denen Stimmen übertragen und aufgenommen werden können, verbessert. Hinsichtlich der Speicherung und der Bearbeitung jedoch ändern sich die Bedingungen in einem größeren Maße. Stimmen – wie auch selbstverständlich andere Informationen – können nun seit geraumer Zeit (Kosten und Platz sparend) auf Festplatten, mp3-Sticks und virtuellem Speicher im Internet archiviert werden und sind somit jederzeit und an fast jedem Ort verfügbar. Bzgl. der Bearbeitung von Stimmen sind der Kreativität heutzutage keine Grenzen mehr gesetzt. Jenseits der Modifikation von menschlichen Stimmen – etwa im Hörspiel oder in den anderen auditiven Künsten – kommt die Möglichkeit hinzu, von Computern erzeugte Stimmen herzustellen, die etwa in Call-Centern zum Einsatz kommen.

Es ändert sich also im digitalen Zeitalter einerseits die Materialität des jeweiligen Mediums, auf dem Stimmen gespeichert werden, zu Gunsten der einfacheren Verfügbarkeit auf Festplatten. Andererseits wird die Materialität der Stimmen verändert, deren analoges Ausgangsmaterial in digitale Codes umgewandelt wird, was vor allem die Bearbeitung mit rechnergestützen Effekten erleichtert und ins Unendliche potenziert.[8] Die Rezeption modifiziert sich – verglichen mit den Umwälzungen im Kontext der Erfindung der analogen Medien und der damit einhergehenden veränderten Rezeptionshaltung – jedoch nicht in grundlegender Weise. Für die aufgezeichneten Stimmen, die von einer Festplatte abgerufen werden, gelten weiterhin die Bedingungen, wie ich sie oben schon ausgeführt habe (Überwindung von Raum und Zeit durch Speicherung, Erzeugung bestimmter Stimmungen durch akustische Großaufnahmen über Mikrofone und Lautsprecher etc.).

Die folgende Sektion behandelt die beiden großen Medienumbrüche des letzten Jahrhunderts – die Erfindung der analogen Übertragungs-, Speicher- und Reproduktionsmedien einerseits und die digitalen rechnergestützten Systeme andererseits – in dreifacher Perspektive: Jochen Hörisch betrachtet in seinem medienhistorischen Beitrag die Entwicklung der Phonografie, Frank Schätzlein fokussiert die Theorie des Hörspiels. Johanna Dombois' Beitrag schließlich zeigt aus produktionsästhetischer und medientheoretischer Sicht die Möglichkeiten der digitalen Bearbeitung und Kreierung neuartiger medialer Sphären im Bereich der Medienkunst.

Phonografie

Mit der Erfindung der Phonografie lassen sich Stimmen speichern, und zeitliche wie räumliche Distanzen können infolgedessen überbrückt werden.[9] Jochen Hörisch weist in *Der Sinn und die Sinne* auf die Spezifik der Etablierung der Phonotechnik zu Beginn des 20. Jahrhunderts hin: »Mit der Erfindung der Phonografie (und in visueller Hinsicht: Fotogra-

---

8   Vgl. Wolfgang Coy: »Analog/Digital. Schrift, Bilder und Zahlen als Basismedien«, in: Detlev Schöttker (Hg.), Mediengebrauch und Erfahrungswandel, Göttingen: Vandenhoeck & Ruprecht 2003, S. 188-197 sowie weiterführend zur Debatte zwischen analogen und digitalen Medien Jens Schröter (Hg.), Analog – digital, Opposition oder Kontinuum? Zur Theorie und Geschichte einer Unterscheidung, Bielefeld: transcript 2004.

9   »Die Phonographie gewährt uns hingegen Zugänge zu Stimmen und Klängen, die ›eigentlich‹ schon lange verklungen sind. Daß Medien Absenz-Überbrücker sind, daß Medien in all ihrer Technik Dimensionen haben, die sie zauberbergtauglich machen, demonstriert die Phonographie mit schwer zu überbietender Eindringlichkeit. Verfliegende Töne, Stimmen, Klänge verfliegen immer wieder, in alle Ewigkeit. Verklingende Stimmen werden, so als wollten sie den alten Satz *verba volant* und ihre sterblichen Produzenten verhöhnen, unsterblich.« (Jochen Hörisch: Der Sinn und die Sinne, Frankfurt/Main: Eichborn 2001, S. 249, Herv. i. O.; vgl. zu *Der Zauberberg* auch D. Kolesch: »Natürlich künstlich«, S. 19-38.

fie) kann das Speicher- und Übertragungsmonopol der Schrift gebrochen werden. Akustische und visuelle Wahrnehmungen werden als Sinneswahrnehmungen speicherbar«.[10] Es wird außerdem, so Doris Kolesch, »eine Verbindung von Abstraktion und Sinnlichkeit ermöglicht«, dadurch dass »die Stimme *als Stimme* vom Apparat isoliert wird«.[11] Und dies brachte entscheidende Veränderungen in der Wahrnehmung solch isolierter Stimmen mit sich. Die Rezeption musste sozusagen neu erlernt werden, denn jene neuartigen, bis dahin nicht gehörten und nie da gewesenen – körperlosen – Stimmen, die ja zudem von Toten stammen konnten, wurden zunächst häufig als unheimlich bzw. als beängstigend wahrgenommen. Die medial erzeugte Sonosphäre, wie ich sie zuvor beschrieben habe, nötigt den Rezipienten des neuen Phänomens der phonografischen Aufzeichnung dazu, etwas als ganz nah und unmittelbar zu empfinden, was eigentlich längst vergangen ist und nicht zum direkt erfahrenen Raum gehört. Es ist nicht mehr die Aufführungssituation, die die Atmosphäre bestimmt, sondern es ist die Reproduktion eines medialen Artefakts, die das sphärische Ereignis evoziert und entscheidend beeinflusst: »Die Apparatur der technischen Reproduktion erzeugt eine Aura, die als paradoxe Erfahrung einer Reduktion, die sich zugleich als Erweiterung, als Steigerung darstellt, präzisiert werden kann«.[12]

Jochen Hörisch zeichnet in seinem vorliegenden Beitrag zur Geschichte der Phonografie und Telephonie die Entwicklung dieser analogen Medien der Übertragung und Speicherung von Stimmen nach, die auf der Schwelle zum 20. Jahrhundert entwickelt worden sind. Er beschreibt einerseits die ungewöhnliche Wirkung der Überwindung von Raum und Zeit durch die Technik der Klang-Speicherung (Phonografie), indem er die Erfindung des Grammophons in den Kontext von Thomas Manns Roman *Der Zauberberg* stellt. Andererseits zeigt Hörisch die Entwicklung der Technik der Stimm-Übertragung (Telephonie) auf und perspektiviert sie im Kontext ihrer mediengeschichtlichen sowie medientheoretischen Relevanz.

Hörspiel

Im Falle der Erfindung des Radios können Distanzen bis ins Unbestimmbare des Äthers in Echtzeit überbrückt werden. Es bleibt jedoch in den meisten Fällen bei einer Einweg-Kommunikation: Das frühe Postulat Brechts, den reinen »Distributionsapparat« Rundfunk »in einen Kommu-

---

10 Jochen Hörisch: Der Sinn und die Sinne, S. 88.
11 D. Kolesch: »Natürlich künstlich«, S. 33, Herv. i. O.
12 Ebd.

nikationsapparat«[13] zu verwandeln, ist in der dort geforderten Konsequenz so nie eingetreten.[14] Auf die Speicherung von Stimmen und Klangereignissen auf Tonband musste man bis ins Jahr 1940 warten. Bis zu dieser Zäsur war die Radioproduktion aus technischen, aber vor allem aus Kostengründen daher zumeist ein reines Live-Medium der Übertragung. Von Beginn an jedoch gab es neben dem Nachrichtenprogramm und dem Abspielen von Musikschallplatten auch eine nicht unbeträchtliche Hörspielproduktion, die zu Anfang der deutschen Radio- und Hörspielgeschichte – in den meisten Fällen – live im Studio aufgeführt und – in den wenigsten Fällen – auf Schallplatte aufgezeichnet wurde.[15]

Mit dem Aufkommen der Hörspiel-Kunst in Deutschland zeichnen sich differierende Tendenzen ab, wie das neue Medium Radio künstlerisch zu nutzen wäre. Man versuchte u. a. zunächst, wie dies auch beim Film geschehen war, Theaterstücke ins Hörspielmedium zu übernehmen. Das Scheitern der Filmschaffenden sollte sich in den Erfahrungen der Radiopioniere bald wiederholen: Die Eins-zu-Eins-Transponierung von Theaterstücken in ein anderes Medium wird diesen nicht gerecht. Es musste folglich die genuin ›funkische‹ Ausgestaltung des Radio-Dramas entwickelt werden, die die eindimensionale Erzeugung und Ausstrahlung rein akustischer Phänomene sowie deren Rezeptionssituation als spezifische medial erzeugte Sonosphäre berücksichtigte. Der Hörer sollte etwa, so Rudolf Arnheim in seinem Essay *Lob der Blindheit*, der »Verlockung« widerstehen, »durch eigne Fantasie zu ›vervollständigen‹, was der Funksendung so offenbar ›fehlt‹«[16]. Er beschreibt in der Folge das idealisierte Verhältnis der jeweiligen akustischen Phänomene untereinander in der ›reinen Hörwelt‹ der radiophonen Kunst-Produktion:

»In dieser reinen Hörwelt vereinigen sich Klänge aus ganz getrennten Sphären der Körperwelt: aus Wirklichkeit, Bühne, Podium und Orchesterraum. ›Innere‹ Stimmen verhandeln mit ›körperlichen‹ Stimmen. Ein Satz, den die Stimme eines Menschen von Fleisch und Blut ausspricht, wird sogleich zum Thema eines abstrakten Sprechchors vieler Stimmen. Die Worte, die der Held selbst gespro-

---

13 Bertolt Brecht: »Der Rundfunk als Kommunikationsapparat«, in: Claus Pias u. a. (Hg.), Kursbuch Medienkultur. Die maßgeblichen Theorien von Brecht bis Baudrillard, Stuttgart: DVA 2000, S. 259-263.

14 Im Rahmen von Call-In-Sendungen oder Wunsch-Sendungen ist es zwar möglich, als Hörer ins Radiogeschehen zu intervenieren, dennoch bleiben die Möglichkeiten einer Mitbestimmung des Programms weit hinter den Forderungen Brechts zurück.

15 Walter Ruttmann etwa experimentierte mit der Aufzeichnung von Hörstücken auf Tonfilmstreifen; vgl. hierzu bspw. seine 1930 entstandene Toncollage *Weekend*.

16 Rudolf Arnheim: »Lob der Blindheit«, in: ders.: Rundfunk als Hörkunst, Frankfurt/Main: Suhrkamp 2001, S. 86-127, hier S. 87.

chen hat, werden ihm in der Szene der Vergeltung von einer fremden, kalten Stimme vorgehalten. [...] Oder die Musik übernimmt es, für eine Strecke die seelische Entwicklung des Helden zu schildern«.[17]

Anders als bspw. die Vertreter des Hörspiels der ›Innerlichkeit‹, wie vor allem 1932 Richard Kolb in seinem *Horoskop des Hörspiels*, stellt Arnheim keine bestimmte Hierarchie zwischen Geräusch, Sprache, Stimmen, Musik und Atmosphäre her. Arnheim präferierte also von Beginn an ein Zusammenspiel der akustischen Phänomene zur Ausgestaltung der ein-sinnigen Sonosphäre: Auf diese solle man sich als rein akustische einlassen, d. h. dass das Medium Radio nicht als ein defizitäres empfunden werden solle, dessen Kunst man durch Imaginieren vervollständigen müsse. Theoretikern wie Kolb hingegen ging es um die reine Psychologisierung des Hörspiels, um die Verinnerlichung durch das gesprochene Wort:»Das Wort an sich ist der unmittelbarste, primärste Ausdruck in der Bewußtseinssphäre. Es ist die Brücke zwischen dem rein Geistigen und dem Materiellen, zwischen dem Erkenntnissubjekt Ich und der dieses umgebenden Welt«[18]. Damit wird den akustischen Elementen kein eigener wesentlicher Status zugesprochen, sondern nur dem – gesprochenen – Wort.

In seinem Beitrag geht Frank Schätzlein insbesondere auf die Funktion und Wirkweise von Stimmen im Hörspiel ein. Er überprüft dabei frühe Hörspielkonzepte auf Konsistenz bzgl. des Phänomens der »körperlosen Wesenheit«[19] der Stimme und zeigt thesenhaft Alternativen zur klassischen, d. h. vor allem literatur- bzw. medienwissenschaftlich geprägten Auseinandersetzung in der Radio- und Hörspielforschung auf. Der Autor schlägt damit eine interdisziplinäre Auseinandersetzung mit den unter der Gattung Hörspiel eingeordneten Kunsterzeugnissen (literarisches Hörspiel, O-Ton-Hörspiel, Klangcollage etc.) vor. Er zeigt einen möglichen Weg auf, der literatur-, medien-, theater- und musikwissen-

---

17 R. Arnheim: »Lob der Blindheit«, S. 122.
18 Richard Kolb: Das Horoskop des Hörspiels, Berlin: Max Hesses Verlag 1932, S. 13.
19 Siehe hierzu neben den Ausführungen von Richard Kolb und Rudolf Arnheim v.a. die kritische Auseinandersetzung mit der Kolbschen Position: Wolfgang Hagen: »›Körperlose Wesenheiten‹. Über die Resonanz der Radio-Stimme« (Vortrag im Rahmen der Abschluss-Konferenz des Graduiertenkollegs ›Körper-Inszenierungen‹ in Berlin, 20. Mai 2006), http://www.whagen.de/vortraege/2006/20060518bis0520_Koerperwellen/Resona nzDerRadioStimme.htm?page=vortraege/2006/20060429AetherMedialeHis toriographien/vortrag.htm vom 16.11.2007 sowie ders.: »Die Stimme als körperlose Wesenheit. Medienepistemologische Skizzen zur europäischen Radioentwicklung«, in: Irmela Schneider/Peter M. Spangenberg (Hg.), Medienkultur der 50er Jahre, Wiesbaden: Westdeutscher Verlag 2002.

schaftliche bzw. aus den Sound Studies hervorgehende Positionen aufgreift und verbindet.[20]

Medienkunst

Mit der rasanten Entwicklung von leistungsfähigen Computersystemen und der Etablierung des Internets zum Ende des 20. Jahrhunderts vollzieht sich – wie zuvor erwähnt – der zweite große Medienumbruch. Klangphänomene können nun, für jeden erschwinglich, unendlich bearbeitet und modifiziert werden und stehen immer und überall zur Verfügung.[21] Zeichneten sich die analogen Medien in ihren Funktionen noch vor allem durch die Speicherung und Übertragung aus, dienen digitale Medien also insbesondere der Bearbeitung von Daten jeglicher Form. Dieses Potenzial schöpft auch die digitale Medienkunst[22] aus.

Lev Manovich arbeitet in seiner *Language of New Media* fünf Eigenschaften heraus, die die digitalen von analogen Medien unterscheiden. Diese Qualitäten des Digitalen sind (1) numerische Repräsentation, (2) Modularität, (3) Automation, (4) Variabilität und (5) Transcodierung von Objekten, die jeweils auf digitalen Informationen aufbauen.[23] Konkret heißt dies im Vergleich: Akustische oder visuelle Daten, die zuvor auf Tonbändern bzw. Film- und Videobändern gespeichert wurden, werden auf der Festplatte eines rechnergestützten Systems in digitale – also numerische – Signale umgewandelt. Ist das Ausgangmaterial einmal digi-

---

20 Vgl. zu den aktuellsten Positionen der Hörspielforschung vor allem Elke Huwiler: »80 Jahre Hörspiel. Die Entwicklung des Genres zu einer eigenständigen Kunstform«, in: Neophilologicus 89 (2005), S. 89-114 sowie dies.: Erzähl-Ströme im Hörspiel: Zur Narratologie der elektroakustischen Kunst, Paderborn: Mentis 2005 bzw. Götz Schmedes: Medientext Hörspiel. Ansätze einer Hörspielsemiotik am Beispiel der Radioarbeiten von Alfred Behrens, Münster: Waxmann 2002.

21 Das Internet hat wahrscheinlich erst das ermöglicht, was Brecht im Rundfunk-Apparat schon sehen wollte. Doch es gibt diesbezüglich einen klaren Unterschied: Der Rundfunk in Deutschland war – im Gegensatz zum Rundfunk in den USA etwa – bis weit in die 1980er Jahre rein staatlich reglementiert. Das Internet hingegen macht es grundsätzlich jedem möglich, sich auf Websites oder Blogs zu präsentieren und seine Meinung kundzutun – selbstverständlich mit der Problematik, die eine solche Freiheit, die in nicht demokratisch geführten Ländern dennoch in hohem Maße eingeschränkt werden kann, mit sich bringt.

22 Der Fokus ist hier dem Anlass entsprechend bewusst auf die digitale Medienkunst gerichtet – selbstverständlich jedoch arbeitet Medienkunst auch mit analogen Medien.

23 Vgl. hierzu L. Manovich: The Language of New Media, S. 18-48 sowie P. Missomelius: Digitale Medienkultur.

talisiert, ist es immer in derselben Qualität abrufbar, beliebig bearbeitbar und immer wieder in den Ausgangszustand rückführbar. Petra Missomelius hebt im Anschluss an Manovich insbesondere den Aspekt der Variabilität hervor:

»Die Variabilität digitaler Medien beinhaltet, dass Medienobjekte nie endgültig fixiert oder unveränderlich sind. Die Codierung macht es möglich, dass diese nur in unterschiedlichen Variationen existieren können. Buch, Fotografie, Film und Video werden als Artefakte ein Mal erstellt und sind schwer veränderbar, da die Information auf ein Trägermedium aufgebracht und dort fixiert wird. Die elektronische Speicherung auf digitalen Trägermedien hingegen flottiert, sie ist einfach veränderbar: ein solches mediales Objekt besteht aus einem dynamischen System von Variablen. Dadurch ist alles im Fluss, nichts ist endgültig: digitale Medien sind immer individuell variierbar«.[24]

Genau an jenem Punkt der Variabilität setzt die künstlerische Arbeit von Johanna Dombois an, deren vorliegender Beitrag aus produktions- und medienästhetischer Perspektive die von ihr inszenierte Multimedia-Performance-Oper *Fidelio, 21. Jahrhundert* präsentiert und reflektiert. Sie beschreibt die hierbei angewandten technischen sowie ästhetischen Verfahren der Stimmbearbeitung und der Erzeugung der spezifischen medialen Sphären: Über Virtualisierung und Digitalisierung von analogem akustischem Ausgangsmaterial generierte sie ein spektakuläres audiovisuelles Ereignis, welches den interagierenden und aktiv eingreifenden Teilnehmer und Wahrnehmenden quasi zu sich und in sich hineinzieht.

Literatur

Arnheim, Rudolf: »Lob der Blindheit«, in: ders.: Rundfunk als Hörkunst, Frankfurt/Main: Suhrkamp 2001, S. 86-127.

Böhme, Gernot: »Der Raum leiblicher Anwesenheit und der Raum als Medium von Darstellung«, in: Sybille Krämer (Hg.), Performativität und Medialität, München: Wilhelm Fink Verlag 2004, S. 129-140.

Brecht, Bertolt: »Der Rundfunk als Kommunikationsapparat«, in: Claus Pias/Joseph Vogl/Lorenz Engell/Oliver Fahle/Britta Neitzel (Hg.), Kursbuch Medienkultur. Die maßgeblichen Theorien von Brecht bis Baudrillard, Stuttgart: DVA 2000, S. 259-263.

Coy, Wolfgang: »Analog/Digital. Schrift, Bilder und Zahlen als Basismedien«, in: Detlev Schöttker (Hg.): Mediengebrauch und Erfah-

---

24 P. Missomelius: Digitale Medienkultur, S. 32.

rungswandel, Göttingen: Vandenhoeck & Ruprecht 2003, S. 188-197.

Giannetti, Claudia: Ästhetik des Digitalen. Ein intermediärer Beitrag zu Wissenschaft, Medien- und Kunstsystemen, Wien/New York: Springer 2004.

Hagen, Wolfgang: »»Körperlose Wesenheiten‹. Über die Resonanz der Radio-Stimme« (Vortrag im Rahmen der Abschluss-Konferenz des Graduiertenkollegs ›Körper-Inszenierungen‹ in Berlin, 20.05.2006), http://www.whagen.de/vortraege/2006/20060518bis0520_Koerperwe llen/ResonanzDerRadioStimme.htm?page=vortraege/2006/20060429 AetherMedialeHistoriographien/vortrag.htm, 16.11.2007.

Hagen, Wolfgang: »Die Stimme als körperlose Wesenheit. Medienepistemologische Skizzen zur europäischen Radioentwicklung«, in: Irmela Schneider/Peter M. Spangenberg (Hg.), Medienkultur der 50er Jahre, Wiesbaden: Westdeutscher Verlag 2002.

Hörisch, Jochen: Der Sinn und die Sinne, Frankfurt/Main: Eichborn 2001

Huwiler, Elke: »80 Jahre Hörspiel. Die Entwicklung des Genres zu einer eigenständigen Kunstform«, in: Neophilologicus 89 (2005a), S. 89-114.

Huwiler, Elke: Erzähl-Ströme im Hörspiel: Zur Narratologie der elektroakustischen Kunst, Paderborn: Mentis 2005b.

Kittler, Friedrich: Grammophon, Film, Typewriter, Berlin: Brinkmann und Bose 1986.

Kolb, Richard: Das Horoskop des Hörspiels, Berlin: Max Hesses Verlag 1932

Kolesch, Doris: »Natürlich künstlich. Über die Stimme im Medienzeitalter«, in: Dies./Jenny Schrödl (Hg.), Kunst-Stimmen, Berlin: Theater der Zeit 2004, S. 19-38.

Manovich, Lev: The Language of New Media, Cambridge, London: MIT Press 2001.

Missomelius, Petra: Digitale Medienkultur: Wahrnehmung – Konfiguration – Transformation, Bielefeld: transcript 2006.

Rusch, Gebhard/Schanze, Helmut/Schwering, Gregor: Theorien der Neuen Medien. Kino – Radio – Fernsehen – Computer, München: Wilhelm Fink Verlag (UTB) 2007.

Schanze, Helmut (Hg.): Metzler Lexikon Medientheorie – Medienwissenschaft, Stuttgart, Weimar: J.B. Metzler 2001.

Schmedes, Götz: Medientext Hörspiel. Ansätze einer Hörspielsemiotik am Beispiel der Radioarbeiten von Alfred Behrens, Münster: Waxmann 2002.

Schröter, Jens (Hg.): Analog – digital, Opposition oder Kontinuum? Zur Theorie und Geschichte einer Unterscheidung, Bielefeld: transcript 2004.

Slcterdijk, Peter: Sphären. Mikrosphärologie, Bd. 1: Blasen, Frankfurt/Main: Suhrkamp 1999.

PHONO-TECHNIKEN[1]

JOCHEN HÖRISCH

Ob die Fotografie oder die Phonografie die bedeutendere Erfindung sei – das ist schon im 19. Jahrhundert eine immer wieder diskutierte Modefrage. Thomas Mann, bekanntlich ein Mann des Wortes, hat sie mit seltsam unironischer Eindeutigkeit beantwortet: die Aufzeichnung von Schallwellen ist »nach Klasse, Rang und Wert« ungleich bedeutender als die der Lichtwellen. Neudeutsch formuliert: Phonografie toppt Fotografie. In den schönen Worten, die das Kapitel *Fülle des Wohllauts* aus dem *Zauberberg*-Roman einleiten:

»Welche Errungenschaft und Neueinführung des Hauses ›Berghof‹ war es, die unsern langjährigen Freund vom Kartentick erlöste und ihn einer anderen, edleren, wenn auch im Grunde nicht weniger seltsamen Leidenschaft in die Arme führte? Wir sind im Begriffe, es zu erzählen, erfüllt von den geheimen Reizen des Gegenstandes und aufrichtig begierig, sie mitzuteilen. / Es handelte sich um eine Vermehrung der Unterhaltungsgeräte des Hauptgesellschaftsraumes, aus nie rastender Fürsorge ersonnen und beschlossen im Verwaltungsratgremium des Hauses, beschafft mit einem Kostenaufwand, den wir nicht berechnen wollen, den wir aber großzügig müssen nennen dürfen [seltsame Häufung von Modalverben, J.H.], von der Oberleitung dieses unbedingt zu empfehlenden Instituts. Ein sinnreiches Spielzeug also von der Art des stereoskopischen Guckkastens, des fernrohrförmigen Kaleidoskops und der Kinematografischen Trommel? Allerdings – und auch wieder durchaus nicht. Denn erstens war das keine optische Veranstaltung, die man eines Abends [...] im Klaviersalon aufgebaut fand, sondern eine akustische; und ferner waren jene leichten Attraktionen nach Klasse, Rang und Wert überhaupt nicht mit ihr zu vergleichen. Das war kein kindliches und einförmiges Gaukelwerk, dessen man überdrüssig war und das man nicht mehr anrührte, sobald man auch nur drei Wochen auf dem

---

1   Bei dem vorliegenden Text handelt es sich um eine gekürzte Fassung des Kapitels »Phono- und Telegraphie« aus Jochen Hörisch: Der Sinn und die Sinne. Eine Geschichte der Medien, Frankfurt/Main: Eichborn 2001, S. 250-283.

Buckel hatte. Es war ein strömendes Füllhorn heiteren und seelenschweren künstlerischen Genusses. Es war ein Musikapparat. Es war ein Grammophon.«[2]

Die Passage ist kaum interpretationsbedürftig. Die »optischen Veranstaltungen« sind amüsant und in ihren Reizen schnell erschöpft – »leichte Attraktionen« eben. Die »akustische« Maschine hingegen, der Musikapparat, das Grammophon, ist von schwer zu überbietender Bedeutsamkeit.

»Die Sänger und Sängerinnen, die er hörte, er sah sie nicht, ihre Menschlichkeit weilte in Amerika, in Mailand, in Wien, in Sankt Petersburg, – sie mochten dort immerhin weilen, denn was er von ihnen hatte, war ihr Bestes, war ihre Stimme, und er schätzte diese Reinigung oder Abstraktion, die sinnlich genug blieb, um ihm, unter Ausschaltung aller Nachteile zu großer persönlicher Nähe [...] eine gute menschliche Kontrolle zu gestatten.«[3]

Die Pointe von Thomas Manns schönen Ausführungen ist klar und lässt sich leicht in stilistisch weniger schöne Theoriesprache übersetzen. Faszinierend ist die Phonografie, weil sie das traditionelle Zentrum der Sinnproduktion selbst, die Stimme, »sinnlich genug« reproduzierbar macht. Mit der Phonografie wird die Sphäre der Bedeutsamkeit und des Sinns, der »Reinigung« und der »Abstraktion« (etwa von Tinte und Blei) sinnlich aufzeichenbar und damit einer »guten menschlichen Kontrolle« unterworfen. Was auch heißt: die Phonografie ermöglicht »die Ausschaltung aller Nachteile zu großer persönlicher Nähe«, in Theoriesprache also: sie ermöglicht Interaktionsunterbrechung im Innersten der Kommunikation, der Stimme. Dass sie überdies eine ungeheure, zeitlich wie räumlich zu verstehende, Distanzüberwindung leistet, versteht sich gewissermaßen schon von selbst. Thomas Manns Roman aber besteht darauf, über dieser Selbstverständlichkeit die Ungeheuerlichkeit nicht zu vergessen, dass das Grammophon die Stimmen Verstorbener lebendig hält. Immer erneut wird der »musikalische Apparat« deshalb als »Schrein« apostrophiert. Ein Schrein ist er, weil sich in ihm, der Apparatur zur Aufzeichnung sinnlicher Tonwellen, zugleich Sinn inkarniert. Mit der Erfindung der Phonografie ist Technik endgültig nicht mehr nur körperliche Prothesen-, sondern eben auch Sinn-Technik, Logistik. »Le logiciel« sagen sprachstolze Franzosen, die Amerikanismen vermeiden wollen und sollen, für »software«.

Das Grammophon gelangt kurz vor dem Beginn des Ersten Weltkrieges auf den Zauberberg. Es ist noch ein teures bis exklusives Gerät mit einer

---

2   Thomas Mann: Der Zauberberg, Frankfurt/Main: Fischer 1981, S. 893f.
3   Ebd., S. 903.

vergleichsweise kurzen Vorgeschichte. In den Jahren um 1857 (ästhetisch seltsam produktive Jahre, in denen Wagner den Klangfarbenzauber des *Tristan* komponiert und die klassischen Werke der Moderne, *Madame Bovary* und *Les Fleurs du Mal*, erscheinen – Flaute herrscht allerdings, wenn man vom *Grünen Heinrich* absieht, auf dem Feld der deutschsprachigen Literatur) experimentiert Edouard Léon Scott de Martinville (1817-1879) mit einem Gerät, das er auf den schönen Namen »Phonautograf« tauft. Was nichts anderes meint als dies: ein Ton soll sich selbst aufzeichnen; Phonografie ist die Autobiografie von Schall und Ton. Die Bezeichnung ist präzise. Der Phonautograf zeichnet nämlich mittels eines Schweineborsten-Stiftes, der mit einer Membran verbunden ist, die Schallwellen registriert, die akustischen Wellenlinien auf einem rußgeschwärzten Papier-Zylinder auf. Das Ding funktioniert tatsächlich, hat allerdings keine große Haltbarkeit und leistet wohl beim Aufzeichnen, nicht aber beim Abspielen ordentliche Dienste – Lautsprecher sind noch nicht erfunden. Am 25. März 1857 erhält es ein französisches Patent, 1859 sorgt es bei einer Vorführung bei der Pariser Académie des Sciences für ein gewisses Aufsehen. Doch Léon Scott ist mit seinem noch nicht produktreifen Techno-Traum von der Tonaufzeichnung so wenig allein wie zwanzig Jahre zuvor Daguerre bei der Entwicklung der Fotografie. Auch das Grammophon hat viele Väter, die sich stärker noch als die Väter der Fotografie um die Vorrechte an ihrem Kind streiten.

Am 8. Februar 1877 meldet Thomas Alva Edison (1847-1931) – der Prototypus des rasenden Erfinders, dem Walt Disney mit der Comic-Figur des Daniel Düsentrieb ein ausbaufähiges Denkmal gesetzt hat – seinen »Embossy-Telegrafen« zum Patent an. Der Name ist ein wenig irreführend, doch produktiv irreführend auch: die Apparatur sorgt dafür, dass Telegrafierte Nachrichten gefrieren, eingestanzt werden bzw. eine dauerhafte Prägung erhalten (das etwa meint das englische Verb »emboss«). Das Gerät ist faktisch das, was man später Grammophon nennen wird, wurde aber – nomen est omen – entwickelt, um ein Problem der Telegrafie-Technik zu lösen: das der Impulsverstärkung bei Nachrichtenübermittlung auf langen Strecken. Edison hat eine Art auditiven Zwischenspeicher entwickelt. Wenige Wochen später meldet im fernen Paris unter ausdrücklicher Berufung auf Scotts Patentschrift und bei eingestandener Konkurrenz zu Edison (der gerne auf beiden Seiten des Atlantiks von sich reden macht und ein PR-Genie von Gnaden ist) ein mit Verlaine und Manet befreundeter Dichter und Wissenschaftler, Charles Cros (1842-1888), seinerseits ein Patent an. Der schöne Name seines Geräts lautet »Parléophone«. Es handelt sich dabei um eine Apparatur, die die Schallschwingungen mit Hilfe eines Stiftes auf eine Wachswalze ritzt und diese Engramme dann auch wieder in Töne zurückverwandeln kann.

Die Beschreibung ist hoch präzise, das Gerät aber funktioniert nicht recht. Anders am Jahresende, genauer am 6. Dezember 1877, der Phonograf Edisons. Die Worte des Kinderliedes »Mary has a little lamb«, die Edison der Vorweihnachtssaison gemäß auf die dünne Zinnfolie der mit zwei Membranen (je eine für Aufnahme und Wiedergabe) versehenen Kurbelwalze singt, sind tatsächlich wieder vernehmbar.

Die Walze aber erweist sich nicht als ein optimales Gebilde zur Registrierung von Schallwellen. Und so kommt auch ein deutscher Tüftler beim Versuch zum Zuge, einer der Väter von Phonografie zu sein. Am 26. September 1887 meldet der 1870 in die USA emigrierte Emil Berliner (1851-1929) ein Gerät, das endlich auch den überfälligen Namen »Grammophon« trägt, in Washington zum Patent an. »Grammophon« heißt nichts anderes als dies: die Phoné, die Stimme, wird zur Grammé, zur Einschreibung, zur Schrift. Berliner sorgt auch dafür, dass das unförmige Walzendesign aus dem Reich der Tonaufzeichnung verschwindet und stattdessen das klassische Scheibendesign seinen Einzug hält. Ob Münzen oder Hostien, ob Schallplatten oder CD-ROMs: die Welt der Medientechnik hat nicht Kugel-, sondern Scheibengestalt. Ihr technischer Vorteil liegt auf der Hand: scheibenförmige Kopien lassen sich deutlich leichter pressen, stapeln und archivieren als dosenförmige Walzen. Auf dem Markt aber setzt sich erst einmal der ein Jahr später vorgestellte »Improved Phonograf« Edisons durch. Die Walzen-Geräte »Class M« bzw. »Class E« haben einen batteriegetriebenen Elektromotor bzw. die Möglichkeit zum Anschluss an eine Lichtleitung. Und so kann Thomas Alva Edison seine beiden Erfindungen zusammen vermarkten – die 1879 zeitgleich mit, aber unabhängig von Joseph Wilson Swan erfundene Glühbirne, und den Phonografen. Beide Apparat-Varianten sorgen auf der Pariser Weltausstellung von 1889 für Aufsehen und werden zuerst in kleiner Serie, bald aber massenhaft produziert. Die 1895 marktreife Luxusvariante mit dem Namen »Triumph« kostet stolze 100 Dollar und ist stromunabhängig, denn sie wird von einem Federaufzug angetrieben. Der Prototyp des beweglichen Mediengeräts sorgt dafür, dass beim Frühstück im Grünen nun wirklich die pastorale oder laszive Musik erklingen kann, die man sonst nur halluzinierte.

Wozu die Phonografietechnik denn nützlich sei, wurde der rastlose Erfinder von vielen seiner Zeitgenossen gefragt. Edisons Antwort – er hat sie 1878 in einem Essay mit dem Titel *Das Grammophon und die Zukunft* festgehalten – verdient Aufmerksamkeit, weil sie ein Dokument unter vielen dafür ist, dass neue, frisch erfundene Medientechnik häufig lange Zeit nicht recht weiß, wozu sie eigentlich taugt. Wozu das Grammophon taugt? »Diktieren ohne die Hilfe eines Stenographen« – so die erstplatzierte Antwort des Erfinders. Edison denkt weiterhin daran, Analphabeten und Blinde mit Texten zu erfreuen. Was heute erst Konjunktur hat, das um 1980 in den USA und später auch in Europa Verbreitung findende Hörbuch, schwebt dem Erfinder als weitere wichtige Nutzung für seinen Phonografen vor. Noch nicht des Schreibens fähige Enkel könnten ihrer fernen Großmutter einen Weihnachtsgruß zukommen lassen. Ja, die Tonaufzeichnung könnte weitgehend den Briefverkehr ersetzen. Und so fantasiert Edison weiter, um endlich an weit abgeschlagener Stelle einzuräumen, man könne ja irgendwann vielleicht auch mal Musik aufnehmen. Man kann aus dieser Anekdote und anderen mehr zwar nicht ein Gesetz, wohl aber eine Tendenz gerade der neueren zivilen Medienerfindungen ablesen: sie resultieren nicht etwa aus Anforderungen von Nutzern, sondern suchen sich vielmehr, wenn sie erst einmal das Licht der Moderne erblickt haben, ihre genuine Nutzung. Es gibt das Grammophon – und erst nach der offenbar obligatorischen Phase anarchischen Ausprobierens von Nutzungsmöglichkeiten stellt sich heraus, dass Leute wie Hans Castorp mehrheitlich befinden, es solle primär der Speicherung von Musik dienen. Es gibt den Anrufbeantworter – und damit die Frage, ob man ihn zur Kommunikationsausweitung oder -verhinderung nutzt. Es gibt die Faxtechnologie – und es dauert eine Weile, um herauszufinden, ob die mit ihrer Hilfe versandten Texte so wie alte Einschreibbriefe behandelt werden dürfen, sollen oder müssen. Es gibt das Internet, das eindeutig für Zwecke wissenschaftlicher Kommunikation geplant war – und es wird noch lange dauern, um herauszufinden, ob es tatsächlich »für alles«: für Bankgeschäfte und rechtsradikale Publikationen, für Big-Brother-Life-Voyeurismus und wissenschaftliche Recherche, für E-Mails und Chat-Foren, für Musikkopien und Fotoversand, für Shopping und Zeitungslesen, für Börsenkurse und systematische Desinformation taugt, oder ob das Zauberwort Ausdifferenzierung auch beim Internet das vorletzte Wort (denn letzte Worte gibt es nicht) behält.

Gegen Ende des Jahres 1894 kommen Berliners erste Schallplatten auf den Markt. Die Hartgummikörper von 17 cm Durchmesser speichern ca. zwei Minuten Musik. Schon 1897 löst Schellack das Hartgummi ab. Als geeignete Abspielgeschwindigkeit setzt sich bald die Eichung 78 Drehungen pro Minute durch. Das Geschäft mit den Platten blüht; Berliner gründet in Philadelphia eigene Aufnahmestudios, muss aber bald gegen weltweite Konkurrenz ankämpfen. Wie denn überhaupt Medienerfindungen zunehmend für Beschäftigungsschübe bei Juristen sorgen, die sich um Patentvorrechte, Beteiligungen, Abgaben, Persönlichkeitsrechte am Bild etc. streiten. Zu einem bis heute berühmten Marken-Logo wird just in time zur Jahrhundertwende das Bild »His Master's Voice«, das der Maler Francis James Barraud der britischen Grammophone Company verkauft. Ein treuer Foxterrier hört aus dem Schalltrichter die Stimme seines verstorbenen Herrn. Nicht nur der grammophonsüchtige Hans Castorp will dem Tode keine Herrschaft einräumen über das Leben. So profan und so tiefsinnig können Reklamelogos für neue Medien sein. Profan ist auch, was die Mediencompany mit und an dem Bild vornimmt. Der auf ihm dargestellte Edison-Phonograf wird flugs durch das Grammophon Berliners, für dessen System man Platten produziert, ersetzt. Neue Standards für Schallplatten setzen sich ab 1948 durch. In diesem Jahr entwickelt Peter Goldmark für die US-Plattenfirma Columbia die LP (Langspielplatte) mit 33,3 Umdrehungen pro Minute und 224 bis 300 Rillen pro Inch statt bislang nur 85. Gepresst wird die LP aus neuem Material – Vinyl statt Schellack heißt die Devise. 1949 folgte von der Konkurrenzfirma RCA-Victor die Single mit 45 Umdrehungen pro Minute. Und es folgt ein »War of Speeds«. Der Ausgang dieses Krieges kennt zwei Sieger. Die schnelle Single setzt sich für Popmusik durch, die langsame LP für klassische Musik. So technisch lassen sich E- und U-Musik unterscheiden.

His Master's Voice: Die Stimmen verstorbener Herren und Herrscher erlangen bald kultische Dimensionen. Medienfreundlich ist nicht erst der TV-Papst Johannes Paul II. Schon 1903 lässt Papst Leo XIII, seinen bevorstehenden Tod ahnend, seine Hirtenworte phonografisch aufzeichnen. Der Stimmenstar Enrico Caruso ist ihm ein Jahr voraus. Er kassiert 1902 die unglaubliche Gage von hundert Pfund für zehn Arien, die er in einem Mailänder Hotel aufzeichnen lässt und die zu seinem Weltruhm erheblich beitragen. Handelt es sich doch um eine der ersten »perfekten« Grammophon-Aufnahmen. 1906 ist die Aufnahmetechnik so weit, dass sie Carusos Stimme und dem begleitenden Orchester gewachsen ist. Aufgenommen werden Passagen aus der »Macht des Schicksals«. Mit Caruso erscheint, noch vor dem Filmstar, der Typus des Kultstars mit Fangemeinde auf der Bühne der Mediengeschichte. Der Medienfan Hans Castorp ist in den Jahren vor dem Ersten Weltkrieg mit seiner Begeisterung für die Phonografie nicht allein. Allein in Deutschland werden im Jahr 1906 nicht weniger als 250.000 Grammophone und 1,5 Millionen Schallplatten verkauft. Und der Absatz steigt ständig. Erst die Einführung des Radios sorgt dann im Verbund mit der schlechten ökonomischen Lage nach dem Ersten Weltkrieg weltweit für beachtliche Gewinneinbrüche der Tonträgerindustrie. In den USA brach der Umsatz auf dem Tonträgermarkt nach der Einführung des Rundfunks regelrecht zusammen. Aus der Boombranche mit Vorkriegsumsätzen von weit über 100 Millionen Dollar wurde eine Krisenbranche. 1922 betrug der Plattenumsatz nur noch 92 Mill. US$, und nach der Weltwirtschaftskrise sank er 1933 auf das Rekordtief von 6 Mill. US$.

Nicht ganz so drastisch sah die Entwicklung auf der anderen Seite des Atlantiks aus. Dort setzte sich – siehe das Beispiel Caruso – früher als in den USA der Typus der krisenresistenten Kultplatte durch, der auch Thomas Manns Bildungsroman huldigt. Berühmtheit erlangt 1913 die von den Berliner Philharmonikern unter Arthur Nikisch ungekürzt eingespielte Fünfte Sinfonie Beethovens. Ihr ausschweifender Klang findet auf nur vier Platten Platz, die zusammen beträchtliche 48 Reichsmark kosten. Mit Aufnahmen wie diesen und bald auch mit Einspielungen ganzer Wagner-Opern sind endgültig die für uns heute kaum mehr ausdenkbaren psychischen Not-Zeiten vorbei, in denen es süchtigen Musikliebhabern wie Charles Baudelaire einfach versagt blieb, hören zu können, was sie hören zu müssen glaubten, um überhaupt weiterleben zu können. Baudelaire hatte in Paris Wagners *Tannhäuser* gehört, war süchtig nach diesen Klängen geworden und konnte sie, ein Medientantalus, doch nicht hören, weil der romantische Klangzauber nach dem Premierenskandal schnell vom Spielplan abgesetzt wurde – und weil es in der Mitte des neunzehnten Jahrhunderts noch keine Grammophone gab. Baudelaire soll häufiger mit dem Schrei »Ich muss jetzt Tannhäuser hören« durch Paris gelaufen sein. Aber er, der zu früh Geborene, konnte noch kein Café betreten, in dem die von der Firma Wurlitzer 1933 erfundene Jukebox stand (der Peter Handke später ein literarisches Denkmal setzte); und er konnte von Tonwiedergabequalitäten im HiFi-Bereich allenfalls träumen. 1926 wird der eingängige Werbeslogan HiFi erfunden – ein sprechender Begriff, der suggestiv die Linie des auf die Stimme seines Herrn hörenden Foxterriers weiterzieht: Treue, höchste Treue ist phono- wie fotografisch die Maxime dieser Epoche von Analogtechniken. High-Fidelity-Niveau erreicht 1940 der Walt-Disney-Streifen *Fantasia,* der erstmals erfolgreich die Stereophonie erprobt; die Klänge des großen Orchesters werden auf nicht weniger als acht Lichttonspuren gespeichert. Der symbolistische, virtuos Synästhesien herbeischreibende Lyriker Baudelaire aber konnte von all dem nur träumen. Keiner hat ihm in der Mitte des 19. Jahrhunderts mit einem profanen Walkman (er wird erst 1979 von der Firma Sony auf den Markt gebracht) und einer Kassette »Highlights aus Tannhäuser« das göttliche Geschenk machen können, das er ersehnte.

Die MC (MusicCassette) im Walkman miniaturisiert das Tonband, dessen Grundform 1928 von Fritz Pfleumer zum Patent angemeldet wurde. Ab 1934 wird dieses 1/40 Millimeter dünne mit Stahlpulver beschichtete, dann immer weiter perfektionierte Magnetband von der BASF massenproduziert. 1941 erfanden Braunmühl und Weber die Hochfrequenzmagnetisierung des Tonbandes, die eine erhebliche Ausweitung des Frequenz- und Dynamikbereichs ermöglichte. Mit dieser

HiFi-Medienschnitttechnik wird langsam, aber sicher eine bemerkenswerte Verkehrung der tradierten Verhältnisse zwischen Aufzeichnung und aufgezeichnetem Ereignis eingeleitet: seit der Magnetbandaufzeichnung gilt nicht mehr nur das Ideal, nach dem die Aufzeichnung am Live-Konzert gemessen wird. Umgekehrt müssen nun live auftretende Musiker versuchen, mit dem Niveau der vielfach korrigierbaren Aufzeichnung mitzuhalten. Die perfekte Studioaufnahme wird zur Terrorkonkurrenz der Konzertbranche (und der Playback-Trick wird ein häufig eingesetztes Mittel zur Überwindung der peinlichen Differenz zwischen Live-Performance und Studioqualität). Anders als die Schallplatte bleibt das Tonband ein Instrument der Profis und der gehobenen Amateure, die keine Fertigprodukte kaufen, sondern sich ihren Sound selbst zusammenstellen wollen. Dabei sind die Vorteile des Tonbands deutlich: Man kann nach Herzenslust, aber ohne hörbare Verluste schneiden und löschen. Der Nachteil: Tonbänder altern und zerfallen deutlich schneller als Platten. Wer nicht ständig umkopiert, den bestraft das Leben damit, dass unsterbliche Stimmen doch sterben. Um die Haltbarkeit neuer Speichermedien vom Tonband bis zur Diskette, vom säurehaltigen Papier bis zur Festplatte, vom vergilbenden Foto bis zur Videokassette ist es weniger brillant bestellt als um die des Rosetta-Stones. Schlechthin alle Medien haben testamentarische Qualitäten, aber nicht alle Testamente überdauern den reißenden Fluss der Zeit. An Ewigkeit sind die neuen Medien schon aus materiallogischen Gründen weniger interessiert als das alte Medium Schrift. Schrift und Buch sind von Ewigkeit zu Ewigkeit auf Sinn fixiert; die klassischen AudioVisions-Medien Phono- und Fotografie sind, nomen est omen, auf die Sinne dieser endlichen Welt fokussiert.

Das phonografische Medium, das es so brillant versteht, die flüchtige Stimme zu bannen, taugt nicht nur als ein Objekt der Traumbegierde für Baudelaire und als Kult für den jungen Ingenieur, der auf dem Zauberberg in tiefste Weisheiten um Liebe und Tod eingeweiht werden will – es gibt auch einem Philosophen wie Wittgenstein zu denken. Der Satz 4.014 seines in den Jahren vor 1914 begonnenen und 1921 erschienenen *Tractatus logico-philosophicus* lautet:

»Die Grammophonplatte, der musikalische Gedanke, die Notenschrift, die Schallwellen, stehen alle in jener abbildenden internen Beziehung zu einander, die zwischen Sprache und Welt besteht. / Ihnen allen ist der logische Bau gemeinsam. (Wie im Märchen die zwei Jünglinge, ihre zwei Pferde und ihre Lilien. Sie sind alle in gewissem Sinne Eins.)«[4]

---

4   Ludwig Wittgenstein: »Tractatus logico-philosophicus«, in: Peter Philipp (Hg.), Ludwig Wittgenstein. Tractatus logico-philosophicus. Philosophische Untersuchungen, Leipzig: Reclam 1990, S. 5–89, hier S. 26.

Sonderlich deutlich sind die Sätze des Denkers, der als Vater der analytischen Philosophie gilt, anderslautenden Gerüchten zum Trotz nicht. Vielmehr suchen sie offenbar die Nähe zum Tiefsinn des Märchens – so wie Hans Castorp die neue Medientechnik nicht als die kühle Alternative von, sondern als Schwellenüberwindungszauber hin zu sakramentalen Weisheiten begreift. Ähnlich Wittgenstein: »In gewissem Sinne« sind sie – die märchenhaften Jünglinge, ihre zwei Pferde und die Lilien – »Eins«. So wie der Wein und das Blut Christi, und so wie das göttliche Wort, das Fleisch ward, bis zum Grenzwert der Identität hin gleich, ja eins sind, so stehen die Grammophonplatte, die Notenschrift, die Schallwellen, ja noch der musikalische Gedanke unter- und zueinander in einer abbildenden, internen Beziehung. Gemeinsam ist ihnen »der logische Bau«. Das den Philosophen auf- und anregende Motiv aber wird allenfalls implizit deutlich: die Grammophonplatte ist, wie andere Medientechnik auch, Immanenztechnik; sie steht in einer »internen« Beziehung zur Welt, die alles ist, was der Fall ist. Und nicht etwa in einer transzendenten Beziehung zu metaphysischen Sphären. Ein im selben Jahr wie Wittgenstein (und Chaplin und Hitler, nämlich 1889) geborener Philosoph würde in solchen Kontexten von der »Verwindung der Metaphysik« sprechen. Dass diese »Verwindung der Metaphysik« ein Effekt neuer Medientechnik ist, haben so unterschiedliche Köpfe wie Wittgenstein und Heidegger mehr geahnt als ausgesprochen.

Definitiv hinter sich gelassen haben die Metaphysik mitsamt der ihr eigentümlichen Sinn- und Zeichenfixierung die Ton-Avantgardisten des 20. Jahrhunderts, die bewusst auf die Emanzipation des Geräuschs vom Sinn suchenden Klang setzen. Noise statt Musik, Sound statt Komposition, Sinne statt Sinn – so lautet die Maxime schon in Luigi Russolos 1913 erschienenem Manifest *Die Kunst der Geräusche*: »Wir finden viel mehr Befriedigung in der Geräuschkombination von Straßenbahnen, Auspufflärm und lauten Menschenmassen, als, beispielsweise, im Einüben der ›Eroica‹ oder ›Pastorale‹.«[5] Stockhausens These »Alle Geräusche sind Musik«[6] wird noch Jahrzehnte später an diese Traditionslinie der schnell gealterten Avantgarde anknüpfen. Erst durch die damals neuen Aufzeichnungstechnologien, die Straßenlärm und dergleichen einzufangen vermochten, wurde diese Avantgarde als eine, die sich im paradoxen Namen nichtssagender »Geräusche« von der sinnfixierten Tradition liturgischer bis programmatischer Musik emanzipiert, möglich. Dass der Musik und der Malerei neue Materialien zuwachsen (paradig-

---

5 Zitiert nach Philipp Anz/Arnold Meyer: »Die Geschichte von Techno«, in: Philipp Anz/Patrik Walder (Hg.), Techno, Reinbek bei Hamburg: Rowohlt 1999, S. 12.

6 Karlheinz Stockhausen: Kontakte, Kürten: Stockhausen-Verlag 1995, S. 48.

matisch gesprochen: Motorengeräusche bzw. Kunststoffe), unterscheidet im Rahmen eines modernen Systems der Künste die akustische und die visuelle Kunst einerseits von der Literatur andererseits: letzterer bleibt auch in neumedialen Zeiten nichts anderes übrig, als weiterhin 24-26 Lettern unterschiedlich zu kombinieren. Sie kennt kein neues Material, wohl aber neue Aufzeichnungssysteme. Ob mit dem Griffel, der Feder, dem Bleistift, dem Füller, dem Kugelschreiber, der Schreibmaschine oder dem PC – Schriftsteller sind Literaten. Ihr Geschäft ist es seit zweieinhalbtausend Jahren, eine beschränkte Letternzahl in unabzählbarer Variantenbreite aneinander zu reihen.

Durch die neueste digitale Tonaufzeichnungstechnik, die zugleich eben auch synthetische Tonproduktionstechnik ist, ist die musikalische Avantgardelinie einer Emanzipation des Noise vom Sinn ihrerseits obsolet geworden. Ein neudeutsches Lied gibt sich und seinen Hörern über den neuesten=digitalen Stand der phonografischen Dinge Rechenschaft: »Ich bin der Musikant mit dem Taschenrechner in der Hand. Ich addiere und subtrahiere – Ich kontrolliere und komponiere. Und wenn ich diese Taste drück', spielt er ein kleines Meisterstück.« So heißt es in einem Text einer Band, die 1968 von Studenten der Düsseldorfer Kunstakademie gegründet wurde und sich nach dem Erfolg ihres ersten Albums *Tone Float* in ›Kraftwerk‹ umbenannte. Ihre Gründer Ralf Hütter und Florian Schneider haben die Prinzipien, nach denen ihre Musik funktioniert, präzise, nämlich mit digitalen Begriffspaaren benannt: »Wir erfinden Geschichten und illustrieren sie mit Musik. [...] Unsere Musik ist folgendermaßen strukturiert: rauf/runter; vor/zurück; schnell/langsam; laut/leise; linear/vertikal; weich/hart; verdichtet/geöffnet; schön/häßlich; dumpf/hell.«[7] Digitale Musik kommt ohne Noise und Hintergrundrauschen daher, sie ist »ge- bzw. remastert«, nämlich von Lärm gereinigt – und eben deshalb weckt sie das Bedürfnis, den technisch ausgetriebenen Lärm wieder einzuführen. Und zwar überwertig einzuführen: Trashmusik.

Stille/Krach: Eine Soundwelt von schlagend übersichtlicher bzw. unüberhörbarer Binarität. Ob Wittgenstein seinen Hinweis auf den gemeinsamen »logischen Bau« von Aufzeichnungssystemen aller Art (von Zahlensystemen und Sätzen bis hin zum Phonografen) und der »Welt« auch noch angesichts digitaler Tonaufzeichnung aufrechterhalten hätte, ist zumindest fraglich. Denn Wittgensteins Denken steht an der Grenze, die die Analog- von der Digitaltechnik scheidet. Kristalline Wahrheitstafeln oder Hintergrundrauschen akzeptierende Sprachspiele – das ist die Frage. Gegen jedes Rauschen entscheiden sich die Compact-Discs. Sie

---

7   Zitiert nach P. Anz/A. Meyer: »Die Geschichte von Techno«, S. 14.

gibt es seit 1978, allerdings noch nicht zum allgemeinen Gebrauch. Die Laserstrahl-Technologie macht nämlich in diesen Jahren noch Abspielgeräte von enormer Größe erforderlich. Zu Beginn der 1980er Jahre aber kommen die ersten kompakten CD-Abspielgeräte (von Sony und Philipps) auf den Markt. Die großen Firmen haben sich diesmal (anders als bei der Videographie, die mit drei untereinander inkompatiblen Systemen startet) auf einen Standard geeinigt: MIDI (Musical Instrumental Digital Interface) heißt das Zauberwort für die digitale Schnittstelle zwischen allen Komponenten (incl. des Computers). Mit der CD, die nicht nur die LP verdrängt, setzt sich nach Hostie und Münze eine dritte kleine Scheibe durch, die für »alles« zuständig ist und alles mit allem zusammenbringt.

Im Zeichen einer Scheibe – genauer: einer Wählscheibe – steht auch das klassische Design der Kommunikationstechnologie, die zwar nicht alle mit allen, wohl aber zwei Münder und zwei Ohren zusammenbringt: das Telefon. Die Geschichte der Phonografie ist in einem viel radikaleren Sinne als die der Fotografie eine in sich gedoppelte Geschichte von Speicher- und von Übertragungsmedien. Edisons oben erwähnter »Embossy Telegraf« markiert eine der Schnittstellen zwischen diesen beiden Hauptströmen der Phonografiegeschichte. Die Technik der Klang-Speicherung wie die der Stimmen-Übertragung sind eng aneinander gekoppelt. Sie entspringen häufig denselben Erfinderhirnen bzw. denselben Laboratorien. Und sie entfalten einen ähnlichen Zauber. Dass ich mit jemandem sprechen kann, der einige tausend Kilometer weit von mir entfernt ist, ist fast so rätselhaft und faszinierend – um vom pragmatischen Nutzen vorerst zu schweigen – wie der Umstand, dass die Stimme eines ganz Fernen, eines Jenseitigen, eines Verstorbenen erschallt. Medien sind Abwehrzauber gegen Absenzen aller Art. Und das Telefon ist bis heute, also bis ins Handyzeitalter hinein (wie u. a. der Film *My Best Friend's Wedding* zeigt), das populärste unter diesen Abwehrzaubergeräten. Von vielen seiner frühen Zeitgenossen wurde es denn auch als magisches Gerät erfahren. »Ich bin in Cannes«, spricht ein alternder Fan in Peter Turrinis Stück *Die Reise nach Madagascar* ins Telefon, das ihn, den Besitzer eines schlecht laufenden Provinzkinos, mit dem angebeteten Schauspieler, der ihn schamlos ausnutzt, verbindet. »Ich bin im Koma« schallt die Stimme von Klaus Kinski zurück.

Eine der sachlichsten Schilderungen der Wirkungen des Telefons verdanken wir – wie sollte es anders sein? – einem Lexikon. »Die Anwendung des Telephons hat dem sozialen und öffentlichen Leben ein anderes Gesicht gegeben.« So heißt es ebenso nüchtern wie zutreffend im Artikel »Telephonverkehr« des Brockhaus von 1895[8]. Das dickleibige

---

8 Brockhaus: Bd. 15, Leipzig, Berlin, Wien: F. A. Brockhaus 1895, S. 682.

Lexikon, wunderbarer Repräsentant des papiernen Zeitalters, beobachtet offenbar aufmerksam die neuen Medien. Im Jahr 1895 (das auch das Geburtsjahr der Kinematografie ist) ist das Telefon bereits ca. 20 Jahre alt – oder 34, wenn man den berühmten Vortrag »Über Telephonie durch den galvanischen Strom«, den der hessische Lehrer Johann Philipp Reis (1834-1874) am 26. Oktober 1861 in Frankfurt am Main hielt, als Geburtsstunde des Telefons begreift. Die Apparatur von Reis (auch hier lohnt Aufmerksamkeit für den Namen des Erfinders, der Töne auf Reisen schicken will) imitiert noch direkt das menschliche Ohr. Eine dem Trommelfell nachgebildete Schweinsdarm-Membran wird durch den Schalldruck in Schwingungen gebracht – aber eben nicht so, dass man von verlässlicher Technik sprechen kann. Reis stirbt zwei Jahre zu früh, um den Erfolg seines amerikanischen Konkurrenten noch miterleben zu können bzw. zu müssen.

Dass neue Medientechnik mehrere Väter zu haben pflegt, ist eine sich hier erneut bewährende Grundeinsicht. Selten aber haben zwei erfinderische Männer so kurz nacheinander ihre Vaterschaftsrechte geltend gemacht wie im Fall des Telefons. Am 14. Februar 1876 verdichtet sich die Geschichte der medientechnischen Erfindungen zu einem legendären Ereignis. Im Abstand von nur zwei Stunden eilen zwei Amerikaner zum Patentamt. Der eine heißt Gardiner Greene Hubbard, ist Anwalt und vertritt Alexander Graham Bell (1847-1922). Ach, die Namen der Medienerfinder – Daguerre (Krieg), Lumière (Licht), Reis, Bell (Glocke, Klingel). Für seinen Mandanten Bell, der zu allem Überfluss auch noch Taubstummenlehrer ist, meldet Hubbard in Boston das Telefon zum Patent an. Zwei Stunden nach ihm betritt in Chicago Elisha Gray (1835-1901) das dortige Patentamt, um ebenfalls das Telefon anzumelden. Es kommt zum Patenstreit; Gray verliert, Bell gewinnt (wenn man die 600 Prozesse und Folgeprozesse so knapp resümieren darf). Dem Antrag Bells wird am 7. März entsprochen, obwohl sein Gerät noch nicht ganz funktionstauglich ist. Erst drei Tage nach der Patenterteilung kommt es im Haus Exeter Place 5 (heute erinnert dort eine Messingtafel an das Ereignis) zum ersten richtigen Telefonat. Sein Wortlaut: »Mr. Watson, come in, I want you.« So diktatorisch bzw. begehrlich sind die ersten Worte, die ein Menschenmund in die Muschel eines Telefonhörers spricht.

Grays Telefon »besteht auf Senderseite aus einem durch eine Membran gesteuerten elektrolytischen Widerstand und auf Empfängerseite aus einem elektromagnetischen Wandler. Der Sender besteht aus einem Glasgefäß, das mit einer Flüssigkeit gefüllt ist, und an dessen Boden sich eine Elektrode befindet, während die andere stabförmig ausgebildete Elektrode an einer Membran befestigt ist und in die Flüssigkeit eintaucht. Spricht man gegen die Membran, so bewegt sich die an ihr befestigte Elektrode entsprechend den Schallwellen der Sprache in der Flüssigkeit auf und ab.«[9]

Die vier Elemente Wasser, Erde, Feuer und Luft hörten, bevor technische Erfindungen diesen Begriff für sich okkupierten, auf das Wort ›Medien‹. Der Taubstummenlehrer (ab 1873 war er Professor für Stimmphysiologie und Sprecherziehung an der Universität Boston) mit dem schönen Namen Bell hat die Prozesse um die Telefonpatente in medienhistorischer Perspektive nicht ganz zu Unrecht gewonnen. Bell entkoppelt nämlich die neuen Medien von den alten Elementen. Er setzt ganz auf Ströme, die sich von den Elementen emanzipiert haben – auf Elektrizität. Sein Apparat bringt sowohl auf der Empfänger- als auch auf der Senderseite elektromagnetische Wandler zum Einsatz, die eine Membran in Schwingungen versetzen.

Die Elektrifizierung wird zum Epochenzeichen der Jahre vor 1900. Kaum ein zeitgenössischer Beobachter und Kommentator lässt die Möglichkeit ungenutzt, mit den semantischen Möglichkeiten von Worten wie Erleuchtung, Illumination, Aufklärung oder siècle de lumière zu spielen. Und natürlich gehört keine große spekulative Begabung dazu, um zu erkennen, dass ohne Elektroströme auch keine größeren Kommunikationsströme fließen. Nicht erst das Internet und der Computer, schon die Telegrafen und Telefone sind auf Strom angewiesen. Bells Telefon wird 1876, also just in time mit der Hundertjahrfeier der US-Unabhängigkeitserklärung, zur Sensation. Bei der Centennial-Ausstellung in Philadelphia erscheint auch der Kaiser von Brasilien, Dom Pedro de Alcântara. Er zählt zu den Ausstellungsbesuchern, die schnell das Telefon zum Highlight erklären und sich angesichts der Möglichkeiten des neuen Mediums kaum beruhigen können. Wiederum bewährt sich die mittlerweile (nämlich in Bill Gates' Zeiten) alte Einsicht, dass Medienerfolge nicht nur auf funktionierende Technik, sondern auch auf PR-Genies wie Edison angewiesen sind.

Das Telefon ist schnell erfolgreich. Einige Zahlen und Hinweise genügen, um den schnellen Siegeszug der neuen Technologie zu charakterisieren. 1884 gibt es die erste Telefonverbindung zwischen Boston und New York; mit der Erfindung der Induktionsspule durch den Mathematikprofessor an der New Yorker Columbia-University Michael I. Pupin wird es ab den neunziger Jahren möglich, die telefonisch überwindbaren Distanzen zügig zu vergrößern (Pupin wird durch das Patent auf die nach

9   Heinz Hiebler: »Akustische Medien«, in: Hans H. Hiebel/Heinz Hiebler/ Karl Kogler u. a. (Hg.), Große Medienchronik, München: Wilhelm Fink Verlag 1999, S. 541-782, hier S. 580.

ihm benannten Pupin-Spulen zum vielfachen Millionär); 1881 hat das Berliner Telefonamt (Konkurrenz macht der Hauptstadt damals nur das rheinische Köln) 48 registrierte Teilnehmer, im Jahr 1900 gibt es in 1550 deutschen Ortschaften Telefone und zwischen diesen Telefonen 500.000 km Kabel (im Film *Heimat* von Edgar Reitz gibt es mehrere wunderbare Szenen, die zeigen, wie das Telefon sogar im Hunsrückdorf Schabbach Einzug hält); und zu Beginn des Ersten Weltkrieges gab es in Deutschland eine Million Telefone. Und dies, obwohl die deutsche Reichspost an der Verbreitung des Telefons nicht sonderlich interessiert war. Fürchtete sie doch den Rückgang des Briefverkehrs und des hohe Einnahmen bescherenden Telegrafenwesens, in das sie zuvor kräftig investiert hatte. Trotzdem investiert auch die staatsmonopolistische Reichspost unter ihrem legendären »Generalpostmeister« Heinrich von Stephan (1831-1897) kräftig in den neuen Sektor – zuerst mit dem Ziel, telefonisch der Telegrafie zur Hilfe zu kommen: man liest dem Endverbraucher am Telefon vor, was das Telegramm beinhaltet. Bell hatte es zu seiner großen Verärgerung versäumt, in Deutschland ein Patent fürs Telefon anzumelden. Die Post und Siemens arbeiten glänzend zusammen.

Das angesichts solcher Entwicklungsdynamiken alt aussehende Medium der Presse ist von der neuen Konkurrenz besonders fasziniert. Die weitverbreitete Zeitschrift *Gartenlaube* heißt 1877 unter dem (auf den Namen Reis anspielenden Titel) *Die menschliche Stimme - auf Reisen* das Telefon in Deutschland mit den Worten willkommen:

»Eine Tonfolge, die als solche unterwegs verschwindet und drüben wieder auflebt, als sei sie nie verschwunden, Nüancen, welche die ganze Gluth der Empfindung einschließen, neu hervorgebracht durch einen seelenlosen mechanischen Apparat! Was will dagegen Münchhausen's Posthorn bedeuten, dessen unterwegs eingefrorene Töne am warmen Ofen des Wirthshauses aufthaueten und losschmetterten? So überflügeln die Leistungen der Wissenschaft die Fantasie des ärgsten Aufschneiders.«[10]

Die Telefonie lässt das Verschwinden verschwinden, sie entfernt (den schönen Doppelsinn des Wortes Ent-Fernung bewährend) die Entfernung, sie lässt Entfernte einander näher rücken und sorgt dafür, wie die *Gartenlaube* in kühner Vorwegnahme von McLuhans These vom »globalen Dorf« darlegt, dass die »ganze Welt [...] ein einziges großes Plauderstübchen zu werden.« sich anschickt. Damit es so weit kommen kann, müssen allerdings die Engpässe des Kabelwesens überwunden werden.

---

10 Zitiert nach Karl-Heinz Göttert: Geschichte der Stimme, München: Wilhelm Fink Verlag 1999. S. 412.

Aus der Frühzeit der Telefonie sind Fotos mit geradezu grotesk vielen städtischen Telefonleitungen überliefert – konnte jeder Draht doch nur ein Gespräch übermitteln. Erst 1910 brachte die Wechselstrom-Technik Abhilfe, die gleichzeitige Gespräche über einen Draht auf verschiedenen Frequenzen ermöglicht.

Nicht nur auflagenstarke Zeitschriften, auch Intellektuelle vom Format Walter Benjamins zeigen sich von der Telefonie fasziniert. In seinem Buch *Berliner Kindheit um Neunzehnhundert* hat Benjamin dem »neugeborenen« Telefon folgenden Gruß gewidmet:

»Es mag am Bau der Apparate oder der Erinnerung liegen – gewiß ist, dass im Nachhall die Geräusche der ersten Telephongespräche mir sehr anders in den Ohren liegen als die heutigen. Es waren Nachtgeräusche. Keine Muse vermeldet sie. Die Nacht, aus der sie kamen, war die gleiche, die jeder wahren Neugeburt vorhergeht. Und eine neugeborene war die Stimme, die in den Apparaten schlummerte. Auf Tag und Stunde war das Telephon mein Zwillingsbruder. Und so durfte ich erleben, wie es die Erniedrigung der Frühzeit in seiner stolzen Laufbahn überwand. Denn als Kronleuchter, Ofenschirm und Zimmerpalme, Konsole, Gueridon und Erkerbrüstung, die damals in den Vorderzimmern prangten, schon längst verdorben und gestorben waren, hielt, einem sagenhaften Helden gleich, der in der Bergschlucht ausgesetzt gewesen, den dunklen Korridor im Rücken lassend, der Apparat den königlichen Einzug in die gelichteten und helleren, nun von einem jüngeren Geschlecht bewohnten Räume. Ihm wurde er der Trost der Einsamkeit. Den Hoffnungslosen, die diese schlechte Welt verlassen wollten, blinkte er mit dem Licht der letzten Hoffnung.«[11]

Ein eindringlicher und seltsamer Satz, der dem Schlusssatz von Benjamins großem Essay über Goethes *Wahlverwandtschaften* korrespondiert, danach uns nur um der Hoffnungslosen willen Hoffnung gegeben ist: das Telefon erneuert die menschliche Stimme und lädt noch die Hoffnungslosen, die diese schlechte Welt verlassen wollen, zum Verweilen ein. So versteht Benjamin, der schon an der Fotografie rühmte, dass sie ganz »mit Wirklichkeit durchsengt ist«, das Telefon als ein Versprechen – als das Versprechen, die Sinne, die uns an diese schlechte Welt binden, möchten mehr wert sein als das Sinn-Versprechen der jenseitigen Welt. Mit Foto-, Phono-, Telegrafie und Telefonie sind wir im Reich diesseits der Zeichen, die auf Jenseitiges verweisen, ja überhaupt im Diesseits der metaphysiklastigen (Schrift-)Zeichen angekommen.

---

11 Walter Benjamin: »Berliner Kindheit um Neunzehnhundert«, in: Rolf Tiedemann/Hermann Schweppenhäuser (Hg.), Walter Benjamin. Gesammelte Schriften. Bd. IV/1, Frankfurt/Main: Suhrkamp 1972, S. 242f.

Literatur

Anz, Philipp/Meyer, Arnhold: »Die Geschichte von Techno«, in: Philipp Anz/Patrik Walzer (Hg.), Techno, Reinbek bei Hamburg: Rowohlt 1999, S. 10-27.

Benjamin, Walter: »Berliner Kindheit um Neunzehnhundert«, in: Rolf Tiedemann/Hermann Schweppenhäuser (Hg.), Walter Benjamin. Gesammelte Schriften. Bd. IV/1, Frankfurt/Main: Suhrkamp 1972.

Göttert, Karl-Heinz: Geschichte der Stimme, München: Wilhelm Fink Verlag 1999.

Hiebler, Heinz: »Akustische Medien«, in: Hans H. Hiebel/Heinz Hiebler/ Karl Kogler u. a. (Hg.), Große Medienchronik, München: Wilhelm Fink Verlag 1999. S. 541-782.

Mann, Thomas: Der Zauberberg. Frankfurt/Main: Fischer 1981.

Stockhausen, Karlheinz: Kontakte, Kürten: Stockhausen-Verlag 1995.

Wittgenstein, Ludwig: »Tractatus logico-philosophicus«, in: Peter Philipp (Hg.), Ludwig Wittgenstein. Tractatus logico-philosophicus. Philosophische Untersuchungen, Leipzig: Reclam 1990, S. 5-89.

Zwischen »Körperloser Wesenheit« und »Lautaggregat«. Anmerkungen zur Stimme im Hörspiel

Frank Schätzlein

Das Hörspiel wird – von Geräuschhörspiel und Soundscape abgesehen – im allgemeinen Sprachgebrauch nach wie vor als eine in erster Linie sprachliche und damit von der Stimme geprägte Kunstform definiert. Neben Sprache und Stimme bilden Geräusche, Musik und Stille das akustische Spielmaterial der Hörspielproduktion. Der Einsatz dieser Elemente radiophoner Kunst ist bereits in zahlreichen Publikationen zur Geschichte und Theorie des Hörspiels thematisiert worden.[1] Die folgenden Ausführungen konzentrieren sich auf einige Anmerkungen zur Geschichte der Stimme im Hörspiel.

Sprache und Stimme begegnen uns in den meisten Hörspielproduktionen als Figurenrede, beide können aber auch unabhängig von einer Figur als ›autonomes Wort‹ eines unbekannten Sprechers bzw. Erzählers zu hören sein. Oder wir hören eine Stimme bzw. mit den Sprechorganen erzeugte Geräusche, aber eben keine verbalen Äußerungen – insofern ist bei manchen experimentellen Hörspielarbeiten auch noch einmal zwischen Wort und Sprache einerseits und Stimme andererseits zu unterscheiden. In der historischen Entwicklung des deutschsprachigen Hör-

---

1 Vgl. Friedrich Knilli: Das Hörspiel. Mittel und Möglichkeiten eines totalen Schallspiels, Stuttgart: Kohlhammer 1961, S. 23-44; Armin Paul Frank: Das Hörspiel. Vergleichende Beschreibung und Analyse einer neuen Kunstform, durchgeführt an amerikanischen, deutschen, englischen und französischen Texten, Heidelberg: Winter 1963, S. 91-115; Eugen Kurt Fischer: Das Hörspiel. Form und Funktion, Stuttgart: Kröner 1964, S. 119-154; Birgit H. Lermen: Das traditionelle und neue Hörspiel im Deutschunterricht. Strukturen, Beispiele und didaktisch-methodische Aspekte, Paderborn: Schöningh 1975, S. 32-41 und 156-171; Werner Klippert: Elemente des Hörspiels, Stuttgart: Reclam 1977, S. 49-114; Armin Paul Frank: Das englische und amerikanische Hörspiel, München: Wilhelm Fink Verlag 1981, S. 78-100; Götz Schmedes: Medientext Hörspiel. Ansätze einer Hörspielsemiotik am Beispiel der Radioarbeiten von Alfred Behrens, Münster: Waxmann 2002, S. 71-83.

spiels finden sich zu diesen Erscheinungsformen der Stimme sehr unterschiedliche Konzepte, die parallel zur Entwicklung der allgemeinen Hörspieldramaturgie[2] im Rundfunk laufen:

Die Frühzeit[3] der Sendeform in den zwanziger Jahren ist geprägt vom experimentellen Nebeneinander unterschiedlicher Ansätze: Hörspiel als Theaterersatz (für Blinde), als Wortkunstwerk des Hörfunks oder als Klangphänomen und absolute Radiokunst.[4] In der Folge werden in diesen dramaturgischen Konzeptionen auch der Stimme verschiedene Rollen zugeschrieben.

In den dreißiger, vierziger und fünfziger Jahren überwiegt die Faszination der »körperlosen Stimme«, die durch das neue Medium Radio verbreitet wird. In den hörspieltheoretischen Schriften Richard Kolbs wird »die Stimme als körperlose Wesenheit«[5] zum Zentrum eines normativen Hörspiel-Verständnisses, das noch bis zum Ende der fünfziger Jahre/Anfang der sechziger Jahre die dramaturgische Praxis in den Rundfunkanstalten bestimmt. Kolb formuliert 1932:

Der Funk kann uns »das Immaterielle, das Überpersönliche, das Seelische im Menschen in abstrakter Form oder in Gestalt körperloser Wesenheiten näherbringen. Frei von aller äußeren Form wird das Wort gleich einer Eingebung zur zeugenden Kraft in uns«. – »Die entkörperte Stimme des Hörspielers wird zur Stimme des eigenen Ich«. – »Die Stimme des Hörspielers wirkt schon bei der Darstellung einer leiblich zu denkenden Person als Stimme an sich und damit

---

2   Vgl. Frank Schätzlein: »Veränderungen und Tendenzen der Hörspieldramaturgie. Zu den Strategien und Positionen der dramaturgischen Arbeit im öffentlich-rechtlichen Radio«, in: Golo Föllmer/Sven Thiermann (Hg.), Relating Radio. Communities, Aesthetics, Access. Beiträge zur Zukunft des Radios, Leipzig Spector 2006, S. 178-191.

3   Zur Vor- und Frühgeschichte der Stimme in Radio und Hörspiel siehe Gaby Hartel und Frank Kaspar: »Die Welt und das geschlossene Kästchen: Stimmen aus dem Radio – und über das Radio«, in: Brigitte Felderer (Hg.), Phonorama. Eine Kulturgeschichte der Stimme als Medium, ZKM Zentrum für Kunst und Medientechnologie Karlsruhe, Museum für Neue Kunst, München: Matthes & Seitz 2004, S. 133-144.

4   Die Stimme in Radiokunst-Theorien der Weimarer Republik untersucht Reinhart Meyer-Kalkus: Stimme und Sprechkünste im 20. Jahrhundert, Berlin: Akademie-Verlag 2001, S. 363-381 (vor allem Alfred Döblin, Ernst Hardt, Rudolf Arnheim, Bertolt Brecht und Walter Benjamin). Zur Vielfalt der Hörspieltheorie dieser Zeit vgl. August Soppe: Der Streit um das Hörspiel 1924/25. Entstehungsbedingungen eines Genres, Berlin: Spiess 1978, S. 88-119; Stefan Bodo Würffel: Das deutsche Hörspiel, Stuttgart: J.B. Metzler 1978, S. 18ff.

5   Vgl. Richard Kolb: Das Horoskop des Hörspiels, Berlin: Max Hesses Verlag 1932, S. 48ff.

als Stimme des eigenen Ich. Durch Abstrahierung jeglicher Illusion des Körperlichen wird sie in ihm zur körperlosen Wesenheit.«[6]

Das Wort (des ›Hörspieldichters‹) gilt im traditionellen Hörspiel als das wichtigste Element, auf seinem Stellenwert beruht die Einordnung der Form als literarische Gattung. Und auch die Konzeption der so genannten »inneren Bühne«[7] ist mit der regietechnisch erzeugten Illusionswirkung des gesprochenen Wortes in der monophonen Radioübertragung verbunden. Zu den bekanntesten Vertretern dieses Hörspielkonzeptes gehören u. a. die Schriftsteller Günter Eich, Ingeborg Bachmann, Wolfgang Weyrauch und Ilse Aichinger. Heinz Schwitzke, von 1951 bis 1971 Leiter der NDR-Hörspielabteilung und bekanntester Hörspieltheoretiker der fünfziger Jahre, bezieht sich bis in die sechziger Jahre direkt auf Kolbs Hörspiel der ›Innerlichkeit‹:

»Versteht man das Hörspiel – einerseits als Mischung von lautwerdenden und sogleich verlöschenden Worten und Klängen durch das Mittel der technisch-elektrischen Produktion – andererseits als ganz unkörperliche, bloß spirituelle ›Anschauung‹ im Innern des Zuhörers, so kennt man eigentlich bereits alle Gründe seines Reichtums und sein ganzes, wunderbar einfaches und einheitliches Kunstprinzip.«[8]

1961 bezieht Friedrich Knilli die Praxis der elektronischen Musik und der ›Musique concrète‹ systematisch in die Kritik des traditionellen Worthörspiels und in den Entwurf eines »Totalhörspiels« bzw. »totalen Schall-Spiels« mit ein. Mit Blick auf die Futuristen, Dadaisten und Lettristen fragt Knilli:

»Wo anders als im Hörfunk und damit im Hörspiel können diese Seufzer und Jauchzer, diese Laller und Lispler, diese UUUUU … und IIIII …, diese explosiven PTKBDG in ein dynamisches Spiel und Gegenspiel mit farbigem Rauschen, Sinustönen und anderen Schallgestalten treten? Aber dem herkömmli-

---

6   Ebd., S. 52, 55, 57. Ich verzichte hier auf eine ausführliche Kommentierung, die Hörspieltheorie Richard Kolbs ist bereits vielfach untersucht worden, u. a. in Wolfram Wessels: Hörspiele im Dritten Reich. Zur Institutions-, Theorie- und Literaturgeschichte, Bonn: Bouvier 1985, S. 355-364; Reinhard Döhl: Das Hörspiel zur NS-Zeit, Darmstadt: Wiss. Buchges. 1992, S. 36-40; Wolfgang Hagen: Das Radio. Zur Geschichte und Theorie des Hörfunks – Deutschland/USA, München: Wilhelm Fink Verlag 2005, S. 117-120.

7   Erwin Wickert: »Die innere Bühne«, in: Akzente 1 (1954), S. 505-514.

8   Heinz Schwitzke: »Bericht über eine junge Kunstform«, in: ders. (Hg.), Sprich, damit ich dich sehe. Sechs Hörspiele und ein Bericht über eine junge Kunstform, München: List 1960, S. 9-29, hier S. 18.

chen Hörspiel geht es nicht um diese Eigenwelt der Stimmen, nicht um farbige Sprechspektren, nicht um das Zischen der Konsonanten, den Purpur der Vokale, selbst dann nicht, wenn es sich ›Spiel der Stimmen‹ nennt [...].«[9]

Hier erweiterten sich die Gestaltungsmöglichkeiten des Hörspiels (und auch die Bezugspunkte der Hörspielanalyse) um weitere Ausdrucksformen, um die Praxis der elektronischen Klangerzeugung/-manipulation, der synthetischen Stimmen (künstlicher Kehlkopf, Vocoder) und der Lautpoesie. In der Produktionspraxis der meisten Hörspielredaktionen setzt sich dieses erweiterte Verständnis der eigenen Arbeit jedoch kaum durch (beim Bayerischen Rundfunk produziert Paul Pörtner[10] in den sechziger Jahren Schallspiele im engeren Sinne).

Im so genannten »Neuen Hörspiel«[11], das ab Ende der sechziger Jahre die Debatte über das ARD-Hörspiel bestimmt, dient die Sprache nicht mehr allein der Figurenrede (in Monolog und Dialog) zum Aufbau einer akustischen Illusionswelt, sondern vor allem als verbales Material für experimentell-literarische, technische und radiophone Bearbeitungen (»Wortoperationen«). Bekannte Autoren und Realisatoren des Neuen Hörspiels sind u. a. Franz Mon, Ernst Jandl, Friederike Mayröcker, Gerhard Rühm, Wolf Wondratschek, Jürgen Becker, Ludwig Harig, Paul Pörtner, Ferdinand Kriwet und Mauricio Kagel. Besonders in Radiocollagen wird der »Materialcharakter« von Sprache durch Schnitt und Montage hervorgehoben.[12] An die Stelle der »Rollen und Charaktere« treten hier »Typisierung und Abstraktion«[13] mit Hilfe entfigurierter Sprecherstimmen.[14]

»So wurden die zur Verfügung stehenden akustischen Materialien Sprache – Musik – Geräusch als gleichwertige nicht untermalende oder die Einfühlung

---

9 Friedrich Knilli: Das Hörspiel. Mittel und Möglichkeiten eines totalen Schallspiels, Stuttgart: Kohlhammer 1961, S. 35f.
10 Vgl. Paul Pörtner: »Schallspielstudien«, in: Klaus Schöning (Hg.), Neues Hörspiel. Essays, Analysen, Gespräche, Frankfurt/Main: Suhrkamp 1970, S. 58-70.
11 Vgl. Reinhard Döhl: Das Neue Hörspiel. Darmstadt: Wiss. Buchges. 1992.
12 Eine Analyse zur Stimme in »One Two Two« von Ferdinand Kriwet, »Häuser« von Jürgen Becker/Raoul Wolfgang Schnell und »Alea« von Paul Pörtner hat Ingo Kottkamp vorgelegt: Stimmen im Neuen Hörspiel, Münster: Univ. Diss. 2001, http://deposit.ddb.de/cgi-bin/dokserv?idn=970204701 vom 19 08.2007.
13 Birgit H. Lermen: Das traditionelle und neue Hörspiel im Deutschunterricht. Strukturen, Beispiele und didaktisch-methodische Aspekte, Paderborn: Schöningh 1975, S. 150.
14 Vgl. Hellmut Geißner: »Spiel mit Hörer«, in: Akzente 16 (1969), S. 29-42, hier S. 39f.

erhöhende Elemente kompositorisch eingesetzt. Vorgeführt wurde nicht die
›adäquate‹ sprachliche Interpretation des Textes, sondern verschiedene mögliche Sprachweisen. Dieser Akt der Verfremdung erweiterte die spielerischen
Möglichkeiten und ließ zudem Sprach- und Sprechklischees sowie die in sie
eingegangene Ideologie erkennbar werden. Die vom traditionellen Hörspiel ge-
forderte ›Einheit von Bild und Bedeuten‹ wurde als schöner Schein decouv-
riert.«[15]

Im O-Ton-Hörspiel der siebziger Jahre (Michael Scharang, Frank Göhre,
Hans Gerd Krogmann, Peter Faecke, Ferdinand Kriwet) werden durch
Aufzeichnungen außerhalb des Hörspielstudios unbekannte Stimmen aus
dem Alltag – mit allen Brüchen, Rauheiten und Überraschungen – hörbar
gemacht und die Äußerungen bekannter Stimmen (z. B. aus den Medien
oder der Politik) durch Collagetechnik in andere oder neue Zusammenhänge gestellt; es geht nicht um inszenierte ›Kunststimmen‹, sondern um
den dokumentarischen Charakter des Stimmeindrucks.

»Zu unterscheiden ist zwischen zwei gleichwertigen, aber unterschiedlichen
Qualitäten von O-Ton-Aufnahmen (eingeschränkt auf sprachliche Artikulation): einer offiziellen, vor allem durch die Medien Rundfunk und Fernsehen
veröffentlichten Sprache und ihrer zumeist bekannten Sprecher und einer nicht
offiziellen, nicht durch die Medien veröffentlichten Sprache der vielen anony-
men Sprecher. [...] In der Arbeit mit bereits veröffentlichten Materialien lassen
sich zwei Richtungen erkennen, die sich nicht klar voneinander abgrenzen:
Während einige Hörspielmacher sich mehr für das Phonetische, die rhyth-
misch-musikalische Strukturierung ihres Materials interessieren, wenden andere Montageverfahren an, die den täglichen akustischen Meinungs- und In-
formationsfluss der Medien aus ihrem Kontext herauslösen, isolieren, neu
zusammensetzen, um die zuweilen verdeckten Absichten dieser offiziellen
Sprache kenntlicher und überprüfbarer zu machen.«[16]

Seit den 1980er Jahren ist eine Vielfalt und Gleichzeitigkeit heterogener
dramaturgischer Ansätze zu beobachten. Im großen Spektrum des Ge-
genwartshörspiels (pro Jahr entstehen in der ARD mehr als 600 Neupro-
duktionen) stehen die unterschiedlichsten Ausprägungen von Hörspiel-
Stimmen nun nebeneinander: als inszenierte Figurenrede des konventionellen Illusionshörspiels, als O-Ton-Dokument rauer Alltagssprache, als

---

15 Klaus Schöning: »Hörspiel als verwaltete Kunst«, in: ders. (Hg.): Neues
    Hörspiel. Essays, Analysen, Gespräche, Frankfurt/Main: Suhrkamp 1970,
    S. 248-266, hier S. 259f.
16 Klaus Schöning: »Der Konsument als Produzent?«, in: ders. (Hg.), Neues
    Hörspiel O-Ton. Der Konsument als Produzent. Versuche. Arbeitsberichte,
    Frankfurt/Main: Suhrkamp 1974. S. 7-39, hier S. 24.

fiktiver O-Ton mit den Stimm- und Spracheigenarten einer bestimmten Sprechergruppe, als Gesangsstimme oder nach musikalischen Parametern bearbeitete Sprechstimme und als (nonverbales) Lautmaterial experimenteller akustischer Kunst. Beispielhaft für die Vielfalt in den 1990er und zweitausender Jahren sei hier u. a. auf die Arbeiten von Walter Filz, Paul Plamper, Hermann Bohlen, Eran Schaerf, Ulrich Bassenge, Michael Lentz, Grace Yoon, Michael Vetter, Ronald Steckel oder Heiner Goebbels verwiesen.

Losgelöst vom traditionellen Hörspielverständnis – oder eben als programmatischer Gegenentwurf hierzu – kann Stimme in der Radiokunst aber auch primär als Klangphänomen begriffen und gestaltet werden, beispielhaft sind dafür die Produktionen von Carlfriedrich Claus: »Lautaggregat« (WDR 1993) sowie »Basale Sprech-Operationsräume« (BR 1995). Claus schreibt zu seiner WDR-Produktion:

»Das Lautaggregat besteht aus 32 Sprechoperationen. Es wendet sich an die Fähigkeit des Gehörs, Schallquellen zu orten, also an das Raumhören. Wir verständigen uns jetzt in natürlicher Sprache, aber was in uns tatsächlich vorgeht, wissen wir nicht. Die Ränder der Informationen, die keine Bedeutung zum Erkennen des Sprachlauts haben, genau diese Ränder interessieren mich, das heißt: Diese Lautprozesse oder Sprechoperationen sind kein Sprechen im Sinne der Phonologie, wo jedem Sprechakt ein bestimmtes Gerüst einer bestimmten natürlichen Sprache vorausgehen muss; hier geht es gerade darum, dieses Gerüst zu durchbrechen, aus ihm heraus zu brechen. Es war tatsächlich die Überwindung, das Durchbrechen einer Barriere, die natürliche Sprache zu verlassen und zu völlig quasi freischwebenden Lautgebilden zu kommen. Letztlich will das Aggregat den Rezipienten auch dazu anregen, mit seinen eigenen Sprachorganen zu experimentieren, sich averbal zu hören, anders.«[17]

Klaus Schöning, bis 2001 Leiter des Studios Akustische Kunst (WDR), hat auf seiner »Klangreise« durch die Produktionsgeschichte seines Studios rückblickend »Voicings« von Henri Chopin, Gerhard Rühm, John Cage, Carlfriedrich Claus und vielen anderen zusammengestellt, in denen diese erweiterten Spielarten von Sprache und/oder Stimme in der radiophonen Hörkunst realisiert wurden.[18] Diese Sammlung mit Hörbeispielen »akustischer Kunst im Radio« vermittelt nach inzwischen über achtzig Jahren Hörspielgeschichte eine Vorstellung davon, welche Spannbreite

---

17 Westdeutscher Rundfunk (Hg.): Klangreise – Sound Journey. Studio Akustische Kunst. 155 Werke 1968-1997. Redaktion: Klaus Schöning. Köln: WDR 1997, S. 66f.

18 Klaus Schöning: Riverrun. Von der menschlichen Stimme, dem Universum der Klänge und Geräusche inmitten der Stille. Klangreise in das Studio Akustische Kunst des WDR (WDR 1998), Audio-CD, Mainz: Wergo 1999.

der Stimm-Arbeit in der Radiokunst – neben den Produktionen der ARD-
Hörspielabteilungen und der freien Hörspielszene – möglich ist.

Nach diesem Gang durch die bundesdeutsche Hörspielgeschichte möchte
ich abschließend einige Thesen formulieren, die zu einer weiterführen-
den Auseinandersetzung mit der Geschichte, Ästhetik und Analyse der
Stimme im Hörspiel anregen sollen:

1. Das deutsche Hörspiel steht nicht nur in einer Tradition der »Fetischisierung des gesprochenes Wortes«[19], wie Christian Hörburger
   es mit Blick auf die dreißiger bis fünfziger Jahre des letzten
   Jahrhunderts formuliert, sondern aufgrund der normativen Hör-
   spielästhetik des traditionellen »Worthörspiels« auch bis heute in
   einer Tradition der Fetischisierung der so genannten »Hörspieler«
   und ihrer Stimmen. Im Mainstream von Hörspiel und Hörbuch sind
   immer wieder die gleichen Stimmen zu hören; in den Radiopro-
   grammzeitschriften werden oft ausschließlich die Namen der Sprecher genannt, nicht der des Regisseurs; und auch auf dem Hörbuch-
   Markt stehen die Sprecher im Mittelpunkt des Marketings, von den
   Regisseuren ist hier nur selten die Rede. Diese Fokussierung der
   Hörspielpraxis (nicht der Hörspielforschung) auf die Stimme verstellt
   die intensive und genaue Beschäftigung mit den anderen akustischen
   Elementen des Hörspiels und den entsprechenden regietechnischen
   Verfahren.

2. Der Wertung in der Hörspielpraxis und dem Stellenwert der Stimme
   in der Ästhetik zeitgenössischer Radiokunst stehen keine entsprechenden Forschungsaktivitäten gegenüber. Es gibt zwar eine intensive und kritische Auseinandersetzung mit den Hörspiel- und Stimm-
   Konzepten von Kolb und Schwitzke, seit den neunziger Jahren auch
   jeweils eine größere Untersuchung zur Stimm- bzw. Dialogführung
   sowie zur Stimme im Neuen Hörspiel und in der akustischen Kunst,[20]
   insgesamt fehlt aber eine medienwissenschaftliche Fortschreibung
   der Geschichte und Dramaturgie der Hörspielstimme nach der Hoch-
   Zeit des Neuen Hörspiels. Dagegen nähern sich Untersuchungen zur
   Lautpoesie und zur zeitgenössischen Musik, Performance und Thea-
   terpraxis der Stimme immer weiter dem Hörspiel an, da in diesem

---

19 Christian Hörburger: Das Hörspiel der Weimarer Republik. Versuch einer
   kritischen Analyse, Stuttgart: Heinz 1975, S. 40ff.
20 Vgl. Annette Vielhauer: Welt aus Stimmen. Analyse und Typologie des
   Hörspieldialogs, Neuried: Ars Una 1999; Ingo Kottkamp: Stimmen im
   Neuen Hörspiel, Münster: Diss., Universität Münster 2002; Petra Maria
   Meyer: Die Stimme und ihre Schrift. Die Graphophonie der akustischen
   Kunst, Wien: Passagen-Verlag 1993.

Bereich vielfältige Überschneidungen in der künstlerischen Praxis zu beobachten sind.

3. Die Hörspielmacher waren – auch aufgrund ihrer Position innerhalb der öffentlich-rechtlichen Rundfunkanstalten – jahrzehntelang bemüht, ihre Kunstform von anderen Medien und Gattungen wie dem Drama, Film, Fernsehspiel, der Epik, Lyrik und Musik abzugrenzen, um den Status einer eigenständigen (literarischen) Form zu festigen. Diese Abgrenzung hat bis heute auch Auswirkungen auf die wissenschaftliche Beschäftigung mit dem Hörspiel; Medienkonkurrenzen wurden übernommen oder sogar verstärkt – nur selten werden die (scheinbaren) Grenzen zur Theater-, Musik-, Film- und Fernsehwissenschaft überschritten.[21] So wird beispielsweise die historische Entwicklung der Stimmgestaltung in der Hörspielpraxis bislang viel zu wenig in Bezug zur Entwicklung der Gesangsstimme und des Sprechens im Theater, Fernsehen oder Film gesetzt. Dabei liegen für die anderen Medien bereits Beschreibungskategorien und systematische Beobachtungen vor, die sich sicher gewinnbringend auf das Hörspiel anwenden lassen. An dieser Stelle könnten neue Untersuchungen ansetzen.

4. Das Instrumentarium der ›klassischen‹ Hörspielanalyse entstammt bislang fast ausschließlich der Literaturwissenschaft, Linguistik und Phonetik – über diese Bereiche hinausweisende Aspekte der Stimmgestaltung bleiben deshalb bislang zumeist unbeachtet oder werden zumindest nicht genauer analysiert. Die Ergänzung durch eine musikalische Perspektive auf den Gegenstand Hörspielstimme bzw. durch eine Orientierung an musikalischen Gestaltungsweisen könnte zukünftig zu einer Erweiterung des Untersuchungsbereichs beitragen.[22] Wer beispielsweise die Hörspiele von Heiner Goebbels ausschließlich mit den traditionellen sprach- und literaturwissenschaftlichen Methoden untersuchen will, stößt bald an die Grenzen seiner Analy-

---

21 Vgl. dazu – auf einer allgemeinen Ebene – auch Doris Kolesch: »Natürlich künstlich. Über die Stimme im Medienzeitalter«, in: dies./Jenny Schrödl (Hg.), Kunst-Stimmen, Berlin: Theater der Zeit 2004, S. 19-38, hier S. 36.

22 Vgl. die Beiträge aus dem Institut für Neue Musik und Musikerziehung, Darmstadt (Hg.): Stimme. Stimmen – (Kon)Texte, Stimme – Sprache – Klang, Stimmen der Kulturen, Stimme und Medien, Stimme in (Inter)Aktion, Mainz: Schott 2003. Darin vor allem Rudolf Frisius: »Stimmen der Medien«, in: ebd., S. 110-137 und Alexander Schwan: »Die Behandlung der Stimme in der Popularmusik«, in: ebd., S. 141-181. Eine andere Position vertritt Ingo Kottkamp in Bezug auf das »Neue Hörspiel«, er sieht Stimmen und auch die technische Gestaltung von Stimmen im Hörspiel als »Gegenstände der Philologie«, vgl. R. Kottkamp: »Stimmen im Neuen Hörspiel«, S. 7.

severfahren und wird zentrale Aspekte dieser Stücke unberücksichtigt lassen müssen.

5. Darüber hinaus schärft die Verwendung musikalischer Kategorien in der Hörspielanalyse auch den Blick auf den Zusammenhang von Stimme und Raum, da musikalische Raumgestaltung und Fragestellungen der Akustik selbstverständlicher Gegenstand musikwissenschaftlicher Analyse sind. Stimme und Raum(akustik) werden auf diesem Wege stärker im Zusammenhang betrachtet als bei der konventionellen Hörspielanalyse der Germanistik bzw. Literaturwissenschaft, die die Stimme – und oft das gesamte Hörspiel – auf sprachliche und literarische Aspekte reduziert.

In diesem Sinne liegen die vermutlich größten Entwicklungsmöglichkeiten der Hörspielanalyse in einem interdisziplinären Zugang zum Gegenstand (Medien-, Literatur-, Theater-, Sprach- und Musikwissenschaft sowie Sound Studies), da auf diese Weise die mediale, literarische, sprachliche, musikalische und technische Ebene der Kunstform in die Analyse integriert werden kann. Welchen Beitrag die weitere Entwicklung des Hörspiels bzw. der Hörspielpraxis sowie eine mögliche Etablierung der Sound Studies zur Hörspielforschung leisten wird, lässt sich zurzeit noch kaum einschätzen.

Literatur

Döhl, Reinhard: Das Hörspiel zur NS-Zeit, Darmstadt: Wiss. Buchges. 1992.

Döhl, Reinhard: Das Neue Hörspiel, Darmstadt: Wiss. Buchges. 1992.

Fischer, Eugen Kurt: Das Hörspiel. Form und Funktion, Stuttgart: Kröner 1964.

Frank, Armin Paul: Das englische und amerikanische Hörspiel, München: Wilhelm Fink Verlag 1981.

Frank, Armin Paul: Das Hörspiel. Vergleichende Beschreibung und Analyse einer neuen Kunstform, durchgeführt an amerikanischen, deutschen, englischen und französischen Texten, Heidelberg: Winter 1963.

Frisius, Rudolf: »Stimmen der Medien«, in: Institut für Neue Musik und Musikerziehung, Darmstadt (Hg.): Stimme. Stimmen – (Kon)Texte, Stimme – Sprache – Klang, Stimmen der Kulturen, Stimme und Medien, Stimme in (Inter)Aktion (2003), S. 110-137.

Geißner, Hellmut: »Spiel mit Hörer«, in: Akzente 16 (1969), S. 29-42.

Hagen, Wolfgang: Das Radio. Zur Geschichte und Theorie des Hörfunks – Deutschland/USA, München: Wilhelm Fink Verlag 2005.

Hartel, Gaby/Kaspar, Frank: »Die Welt und das geschlossene Kästchen: Stimmen aus dem Radio – und über das Radio«, in: Brigitte Felderer (Hg.), Phonorama. Eine Kulturgeschichte der Stimme als Medium, ZKM Zentrum für Kunst und Medientechnologie Karlsruhe, Museum für Neue Kunst, München: Matthes & Seitz 2004, S. 133-144.

Hörburger, Christian: Das Hörspiel der Weimarer Republik. Versuch einer kritischen Analyse, Stuttgart: Heinz 1975.

Institut für Neue Musik und Musikerziehung, Darmstadt (Hg.): Stimme. Stimmen – (Kon)Texte, Stimme – Sprache – Klang, Stimmen der Kulturen, Stimme und Medien, Stimme in (Inter)Aktion, Bd. 43, Mainz: Schott, 2003.

Klippert, Werner: Elemente des Hörspiels, Stuttgart: Reclam 1977.

Knilli, Friedrich: Das Hörspiel. Mittel und Möglichkeiten eines totalen Schallspiels, Stuttgart: Kohlhammer 1961.

Kolb, Richard: Das Horoskop des Hörspiels, Berlin: Max Hesses Verlag 1932.

Kolesch, Doris: »Natürlich künstlich. Über die Stimme im Medienzeitalter«, in: Doris Kolesch/Jenny Schrödl (Hg.), Kunst-Stimmen, Berlin: Theater der Zeit 2004, S. 19-38.

Kottkamp, Ingo: »Stimmen im Neuen Hörspiel«, Münster: Univ. Diss. 2001, http://deposit.ddb.de/cgi-bin/dokserv?idn=970204701 vom 19.08.2007.

Kümmel, Albert: »Innere Stimmen – Die deutsche Radiodebatte«, in: Albert Kümmel/Leander Scholz/Eckhard Schumacher (Hg.), Einführung in die Geschichte der Medien, Paderborn: Wilhelm Fink Verlag (UTB) 2004, S. 175-197.

Lermen, Birgit H.: Das traditionelle und neue Hörspiel im Deutschunterricht. Strukturen, Beispiele und didaktisch-methodische Aspekte, Paderborn: Schöningh 1975.

Meyer, Petra Maria: Die Stimme und ihre Schrift. Die Graphophonie der akustischen Kunst, Wien: Passagen-Verlag 1993.

Meyer-Kalkus, Reinhart: Stimme und Sprechkünste im 20. Jahrhundert, Berlin: Akademie-Verlag 2001.

Pörtner, Paul: »Schallspielstudien«, in: Klaus Schöning (Hg.), Neues Hörspiel. Essays, Analysen, Gespräche (1970), S. 58-70.

Schätzlein, Frank: »Veränderungen und Tendenzen der Hörspieldramaturgie. Zu den Strategien und Positionen der dramaturgischen Arbeit im öffentlich-rechtlichen Radio«, in: Golo Föllmer/Sven Thiermann (Hg.), Relating Radio. Communities, Aesthetics, Access. Beiträge zur Zukunft des Radios, Leipzig: Spector 2006, S. 178-191.

Schmedes, Götz: Medientext Hörspiel. Ansätze einer Hörspielsemiotik am Beispiel der Radioarbeiten von Alfred Behrens, Münster: Waxmann 2002.

Schöning, Klaus: »Der Konsument als Produzent?«, in: ders. (Hg.), Neues Hörspiel O-Ton. Der Konsument als Produzent. Versuche. Arbeitsberichte, Frankfurt/Main: Suhrkamp 1974, S. 7-39.

Schöning, Klaus: »Hörspiel als verwaltete Kunst«, in: ders. (Hg.), Neues Hörspiel. Essays, Analysen, Gespräche (1970), S. 248-266.

Schöning, Klaus (Hg.): Neues Hörspiel. Essays, Analysen, Gespräche, Frankfurt/Main: Suhrkamp 1970.

Schöning, Klaus: Riverrun. Von der menschlichen Stimme, dem Universum der Klänge und Geräusche inmitten der Stille. Klangreise in das Studio Akustische Kunst des WDR (WDR 1998), Audio-CD, Mainz: Wergo 1999.

Schwan, Alexander: »Die Behandlung der Stimme in der Popularmusik«, in: Institut für Neue Musik und Musikerziehung, Darmstadt (Hg.): Stimme. Stimmen – (Kon)Texte, Stimme – Sprache – Klang, Stimmen der Kulturen, Stimme und Medien, Stimme in (Inter)Aktion (2003), S. 141-181.

Schwitzke, Heinz: »Bericht über eine junge Kunstform«, in: ders. (Hg.), Sprich, damit ich dich sehe. Sechs Hörspiele und ein Bericht über eine junge Kunstform, München: List 1960, S. 9-29.

Soppe, August: Der Streit um das Hörspiel 1924/25. Entstehungsbedingungen eines Genres, Berlin: Spiess 1978.

Vielhauer, Annette: Welt aus Stimmen. Analyse und Typologie des Hörspieldialogs, Neuried: ars una 1999.

Wessels, Wolfram: Hörspiele im Dritten Reich. Zur Institutionen-, Theorie- und Literaturgeschichte, Bonn: Bouvier 1985.

Westdeutscher Rundfunk (Hg.): Klangreise – Sound Journey. Studio Akustische Kunst. 155 Werke 1968-1997, Redaktion: Klaus Schöning, Köln: WDR 1997.

Wickert, Erwin: »Die innere Bühne«, in: Akzente 1 (1954), S. 505-514.

Würffel, Stefan Bodo: Das deutsche Hörspiel, Stuttgart: J.B. Metzler 1978.

MASTER VOICES:
OPERNSTIMMEN IM VIRTUELLEN RAUM.
FIDELIO, 21. *JAHRHUNDERT*

JOHANNA DOMBOIS

I.

Vor ein paar Jahren gab es in einem Schweizer Volkskundemuseum ein Diorama zu sehen, in dem eine Sammlung ausgestopfter Vögel vor dem Prospekt verschiedener heimatlicher Biotope arrangiert war. Wie an allen Orten dieser Welt, wo solche Holden-Caulfield-Szenarien noch zu finden sind, ging man auch hier zuerst einmal auf die Knie: Halb sentimental, halb phlegmatisch nahm man hin, dass die Leinwand im Schaukasten wieder bei der hintersten Steppe Falten zog, dass die Farbe des Himmels auf drei Metern zwischen Babyblau und Manganschwarz changierte, weil fünf Klimazonen untergebracht werden mussten, dass Taxidermie kritisch zu nehmen wäre und der im Vordergrund lässig hingestreute Reisighaufen seit Dezennien nicht bewegt worden war. Was man sah, war das, was man schon immer in Wunderkammern und Märchenwäldern gesehen hatte: Ein Vexierbild, dessen Lebensfülle ausgerechnet aus dem Unlebendigen evolviert.

Warum ich all das auf den Plan rufe, hat mit einem Bonus zu tun, den das Schweizer Modell zu bieten hatte. Neben der Vitrine ließ sich nämlich ein Knopf betätigen. Aber kein Vorhang riss auf, keine Licht-Show sprang an, kein evolutionärer Progress brach los auf Abruf durch Laser-Zapping. Stattdessen wurde man zunächst Zeuge eines amplitudenreichen Rauschens (Kassettendeck) und dann rücklings hineingerissen in ein akustisches Ambiente aus Geräuschen und Klängen: Pfeifende, trillernde, zirpende, zeternde, quinkelierende Vogelstimmen, die, wie sich nun vermuten ließ, genau jener Seen-, Wald- und Berglandschaft und vor allem jenen Tierexponaten zugehörig zu sein schienen, die hinter der Etalage ausgestellt waren. Unstrittig ist, dass sich auch die Natur durch Klangmilieus definiert. Das Merkwürdige im vorliegenden Fall war nur: Ersteres, die Vogelstimmen, waren dynamisch, letzteres, die Vogelkörper, statisch. Das heißt, die Schalleffekte in unserem Schaukasten waren mobil organisiert und wirkten deshalb räumlich, die Schallerzeuger hingegen auf den Fleck gebannt. Der Widersinn, den ich eingangs geschildert habe, wurde umso evidenter. Zwischen akustischer und visueller Installation lag eine mediale Diskrepanz, die bestürzender nicht sein konnte, war man erst einmal auf sie aufmerksam geworden. Ein wenig kam man sich vor wie in der Geisterbahn. Die Vogelstimmen bewegten sich in der Zeit, die Vögel selbst repräsentierten nur eine mumifizierte Momentaufnahme.

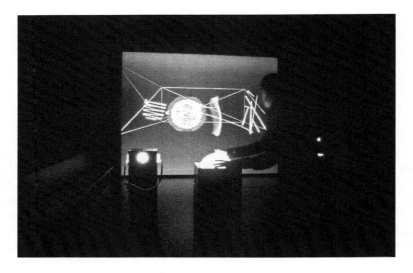

Abbildung 1: UA 02.12.2004, Bühne für Musikvisualisierung, Bonn

Das Tableau, das keines sein wollte, war im Grunde autoritativ experimentell, selbst wenn dies nicht im Sinne des Erfinders gewesen sein mag. War es jedoch ein Experiment, dann ist es auch umkehrbar, zumindest hypothetisch. Denn was entstünde wohl, wenn man die statischen gegen die dynamischen Elemente vertauschen würde? Man stelle sich ein Freigehege für Vögel vor, in dem sich die Tiere (fast) schrankenlos bewegen können. Parallel dazu aber bleibt jede lautliche Artikulation auf einen einzigen Punkt fixiert, der Gesang fliegt nicht mit: Hier Härte, dort Elastizität, hier akustische Indolenz, dort visuelle Formbarkeit. Die Anordnung ist nicht minder seltsam als ihr Gegenteil und entspricht – und damit komme ich geradewegs ins Zentrum dessen, von dem auch im Folgenden die Rede sein soll – genau jenen Voraussetzungen, mit denen man konfrontiert wird, wenn man Opernstimmen im virtuellen Raum inszenieren will.

II.

Um was geht es? Konkret um eine meiner Inszenierungen, *Fidelio, 21. Jahrhundert*, eine Produktion, die zwischen 2001 und 2004 auf der Grundlage einer Zusammenarbeit zwischen dem *Beethoven-Haus Bonn* und dem *Fraunhofer Institut für Medienkommunikation IMK* entstanden ist und kraft derer ein Standardwerk der Opernliteratur durchgängig mittels Neuer Medien interpretiert wurde (Abb. 1).[1] In nuce ist dieser *Fidelio* eine virtuelle Oper, und ausgehend von der Devise, dass die neuen Technologien selbst im klassischen Musiktheater längst nicht nur Hilfs-, sondern Stilmittel sein sollten, weil dies im richtigen Leben auch so ist – machen wir uns nichts vor, halten uns nicht mit falschen Argumenten auf, schon die Romantiker haben den Sonnenuntergang nicht trotz, sondern wegen des Webstuhls ästhetisiert[2] –, ausgehend von dieser Devise wollten und bekamen wir für *Fidelio, 21. Jahrhundert* das technische Maximum: Echtzeit-Computer-Grafik, Immersive Virtual Reality Technology (VR), Passiv-Stereoprojektion und dreidimensionale Bildquellen, die erste akustisch transparente Leinwand für virtuelle Applikationen, Überlagerung kontrovers immersiver Räume (Oper/VR), Musik- als animiertes Bildertheater und Code von 50.000 Zeilen; damit verbunden der Verzicht auf traditionelle Regievorstellungen und leibhaftiges Sängerpersonal und stattdessen – als Umdeutung des lebendigen Prinzips – Einsatz von kooperativer Zuschauerinteraktion; des Weiteren neue Interaktionsgeräte[3], neue Software-Tools und visuelle Effekte und last but not least Echtzeit-Tonmischung und 3D Interactive Soundscape, d. h. ein tonmeisterlicher Ansatz, der ermöglichte, Oper als Klangraum auch unter akustischen Prämissen zu inszenieren.[4]

---

1   Uraufführung: 02.12.2004, Bühne für Musikvisualisierung, Bonn.
2   Für typologische Details vgl. Johanna Dombois: »Die virtuelle Oper ›Fidelio, 21. Jahrhundert‹ in der Bühne für Musikvisualisierung im Beethoven-Haus Bonn«, in: Bühnentechnische Rundschau 1 (2005), S. 32-35 sowie Johanna Dombois: »Scheinschwangerschaften. Neue Technologien im klassischen Musiktheater – Nahaufnahmen«, in: Lettre International 72 (Frühjahr 2006), S. 86-91.
3   Von denen eines unter dem Namen Florestometer patentiert wurde, vgl. Patent DE [Deutschland] 103 225 90.0-53, 2003.
4   Ein Live-Video-Ausschnitt der Inszenierung findet sich in der Ausstellung art_clips.ch.at.de im Medienmuseum des ZKM Karlsruhe sowie der dazugehörigen Publikation, vgl. Gerhard Johann Lischka/Zentrum für Kunst und Medientechnologie Karlsruhe (Hg.): art_clips.ch.at.de – 90 Kurzvideos aus

Viel ließe sich sagen über die Bereiche Einspielung, Schnittfassung, Figurenkonzept, Figurenentwicklung, Zuschauerdramaturgie, Programmierung und Installation, von denen jeder einzelne basal für die Inszenierung war, allzumal für den virtuellen Raum nichts nach-, sondern alles nebeneinander erarbeitet werden muss. Doch ich will mich hier auf das konzentrieren, was mit unserem Interaktionskonzept und folglich mit Stimmen und Stimmbearbeitung zu tun hatte. Gewiss, ›Interaktion‹ und ›Stimme‹, die Bezugnahme erscheint vorderhand ungewöhnlich, da Stimmpartien in einem historischen Werk, dessen Verlauf kompositorisch festgelegt ist, in der Regel nicht interaktiv abgelenkt werden können. Vieles, was technisch machbar wäre, verbietet sich stilistisch, wenn z. B eine barocke Koloratur durch Fernsteuerung ausgebremst wird, hingegen der Orchestersatz, in den sie eingebettet ist, allein weiter nach vorne stürzt. Abgesehen vom Effekt, der possierlich sein kann, liefern solche Entkopplungen keinen Erkenntniszuwachs. Wo immer interaktive Bewegungsimpulse in musiktheatrale Kontexte integriert wurden, blieben sie darum an visuelle Ereignisse gebunden. Bilder lassen sich verflüssigen, akzelerieren, duplizieren, stauchen oder verlangsamen und sind Sidekicks oder Alternativen, auch Konkurrenz, sogar Störung, aber idealerweise nie Aufhebung der Musik.

In genau *dieser* Bedeutung ist aber natürlich auch *akustisches* Material bewegungskompatibel. Klänge fluktuieren. Wie stilgerecht eine Sängerin das »Töt' erst sein Weib« der Leonoren-Arie im 2. Akt *Fidelio* über die Lippen bringt, ist die eine Sache. Die andere ist, aus welcher räumlichen Position sie dies tut. Ob von der Seiten-, der Hinter- oder der Unterbühne aus, ob gegen Metall, Stein oder Stoff gesungen, der Raum singt immer mit. Mehr noch, eine Stimme kann Räume strukturieren. Zu ihrer Phänomenologie gehört die Interrelation mit dem Raum.[5] Der Sound der Musik, der nicht im Notentext aufgezeichnet ist, mag auf Töne angewiesen sein. Akustische und musikalische Phänomene aber lassen sich durchaus getrennt voneinander behandeln. Mit Bezug auf Beethovens *Fidelio* haben wir deshalb versucht, eine akustische Topographie für den virtuellen Raum zu entwerfen, die sich über stimmliche

---

der Schweiz, Österreich, Deutschland, o. O. [Karlsruhe, Ostfildern-Ruit]: ZKM digital arts edition/Hatje Cantz 2006.

5   Gerade in der Musik der klassischen Periode sind viele Werke mit Hinsicht auf die Räumlichkeiten komponiert worden, in denen sie uraufgeführt wurden. Vgl. Stefan Weinzierl: Beethovens Konzerträume. Raumakustik und symphonische Aufführungspraxis an der Schwelle zum modernen Konzertwesen, Frankfurt/Main: Bochinsky 2002.

Parameter mitteilt. Der Datenraum sollte durch Stimmen akustisch glaubhaft werden.[6]

Notabene: Ist von ›Stimmen im virtuellen Raum‹ die Rede, so sind damit keineswegs synthetische Stimmen gemeint. Weder ging es uns visuell um Avatars noch akustisch um die ›Dazuerfindung‹ künstlich generierter Stimmen. Aus den Bedingungen, die eine virtuelle Umgebung für das Inszenieren eines Repertoireklassikers vorgibt, resultierte eher das Gegenteil. Ausgangspunkt war eine Klangkonserve.[7] Ohne diese kann kein durchgängiger Echtzeit-Anspruch programmiert werden. Sprich: Am Anfang waren kreatürliche Stimmen. Es galt, datenbasierte Trägerfiguren dazu zu erfinden, die die Beethovenschen Charaktere inkorporieren und die zugespielte Aufnahme vernehmlich machen konnten. Nur so viel zu diesen Figuren: Wir sind von vier komplex geometrischen Modellen ausgegangen (entsprechend den Protagonisten Florestan, Leonore, Pizarro, Rocco), einem anti-realistischen Personal, das gemäß den Prinzipien einer Musikvisualisierung weniger durch inszenatorische Einflüsterungen als durch die Musik selbst erregt und in Bewegung gesetzt werden sollte. Statt eines Fantasy-Soundtracks, der durch naturalistische Menschennachbildungen legitimiert wird, haben wir die technomorphe Konstellation just umgekehrt für uns genutzt. Echtes Stimmmaterial wurde durch abstrakte Darsteller figuriert – eine, wie uns schien, vergleichsweise chancenreiche Variante, um den strukturellen Aussagen der Musik integrative Relevanz zu verleihen. Dennoch, die Komplikationen liegen auf der Hand.

Denn die Stimmen, die abgespielt werden sollten, waren in diesem Gefüge noch einstweilen akustisch abgespalten von jenen Figuren, durch die sie hindurch zu fließen hatten. Auf der einen Seite gab es Stimminhaber, auf der anderen Stimmperformer. Von der Musik waren beide durchaus erfasst, diese Zuweisung war geklärt.[8] Doch der akustische

---

6 Die Tatsache, dass es über die Beziehung der Stimme zum Raum so gut wie keine Forschungsliteratur gibt, ist hochmerkwürdig, vor allem wenn man davon ausgeht, dass »die Stimme mehr Raum als Zeit ist« (Sonja Dierks). Drei verdienstvolle Ausnahmen seien genannt: Vgl. Doris Kolesch: »Labyrinthe: Resonanzräume der Stimme«, in: Christa Brüstle/Albrecht Riethmüller (Hg.), Klang und Bewegung. Beiträge zu einer Grundkonstellation, Aachen: Shaker 2004, S. 117-124; Reinhart Meyer-Kalkus: Stimme und Sprechkünste im 20. Jahrhundert, Berlin: Akademie-Verlag 2001; Jenny Schrödl: »Stimm(t)räume. Zu Audioinstallationen von Laurie Anderson und Janet Cardiff«, in: Doris Kolesch/Jenny Schrödl (Hg.), Kunst-Stimmen, Berlin: Theater der Zeit 2004, S. 143-160.

7 Vgl. Ludwig van Beethoven: Fidelio, L. Bernstein/ Wiener Philharmoniker, weitere Angaben im Textverlauf.

8 Für alle Fragen, die die musikalische Parametrisierung betreffen und darauf zielen, wie eine historische Partitur überhaupt für die binäre Logik des

Sender blieb stumm. Ein Pendant aus der analogen Welt: Bayreuth 1977 – *Ring des Nibelungen*, 3. Zyklus – Siegfried erkrankt – Chéreau springt ein und spielt – Kollo singt aus der Gasse. Es ist dasselbe noch einmal: Der Vogel ist frei, sein Gesang jedoch sitzt fest auf einem geteerten Ast. Dieses und jenes zur Deckung zu bringen, war unsere Aufgabe für *Fidelio, 21. Jahrhundert*.[9] Die Crux allein lag darin – und dies ließe sich tatsächlich als Bauanleitung für Zwickmühlen kolportieren –, dass jede Klangkonserve nur den jeweils festen Aggregatzustand einer Aufführung liefern kann. So auch unsere: ›Bernstein 1978‹ bedeutet, dass unser Klangträger immer nur das reiterieren konnte, was 26 Jahre zuvor am Tag der Aufnahme bezüglich der Bühne, der Besetzung, der Orchester-Aufstellung, der Gesangsqualität und der tonmeisterlichen Arrangements vereinbart und/oder erreicht worden war. Das Dilemma bestand darin, dass die Einspielung im Verhältnis zu dem Raum, den sie vitalisieren sollte, akustisch einer Wüste glich, wo Wellenberge erforderlich gewesen wären. Echtzeit stand quer zu Liveness.

Zerschlagen ließ sich der Knoten erst durch das, was ich eingangs unter der Bezeichnung ›3D Interactive Soundscape‹ erwähnt habe. Dahinter verbirgt sich die Wiederbelebung, ja räumliche Auffächerung der gegebenen Klangkonserve, und ich komme gleich darauf zurück, was dafür technisch nötig war. Künstlerisch ließ sich die zeitliche Determination von Musik, Einspielung und Partitur in eins setzen mit jener nichtlinearen Dramaturgie, durch die sich die virtuelle Welt a priori definiert.

Rechners valide gemacht werden kann vgl. Johanna Dombois: »Musikstrom. Inszenieren mit Neuen Medien am Beispiel ›Fidelio‹«, in: Musik & Ästhetik 41 (Januar 2007), S. 91-107.

9   Ich betone, diese Art Deckungsgleichheit war ein Ziel für das gegebene Werk und die gegebene technische Konstellation. Andere Werke und andere Konstellationen brauchen andere Darstellungsmodi. Für Wagner etwa könnte gerade eine Trennung zwischen Spiel und Gesang, Musik und Akustik, auch zwischen Sänger und Kostüm, Bühne und Requisite angemessen sein. Die Einspringer-Situation, wie ich sie geschildert habe, muss man nicht notwendig als Verlust gegenüber einer (ohnehin meist fiktiven) Werk- oder Aufführungseinheit betrachten. Sie könnte geradewegs die zentrale Metapher für die Tiefbaustruktur des Musikdramas an sich sein. Schon Heiner Müller hat darauf hingewiesen: »Man könnte sich bei Wagners Opern sehr gut denken, dass die Sänger sich überhaupt nicht bewegen und Schauspieler spielen und die Sänger nur singen, also eine Trennung der Elemente im ›Gesamtkunstwerk‹ vollzogen wird. Die Darsteller würden dann stumm agieren. Dieser Einfall kommt vielleicht aus einem Überdruss an traditionellen Inszenierungen. Das Gesamtkunstwerk selbst setzt die Trennung der Elemente voraus. Wagners Kritik der Oper widerspräche eine solche Trennung nicht, im Gegenteil.« Heiner Müller: »Angst und Geometrie. Aus einem Gespräch über ›Tristan und Isolde‹«, in: Heiner Müller, Werke, Bd. 8, Frankfurt/Main: Suhrkamp 2005, S. 444.

Anders ausgedrückt: Der musikdramatische Plot des *Fidelio* läuft strack durch; die virtuellen Sängerdarsteller aber, in deren Stimmen der akustische Raum nun nachträglich eingesenkt ist, sind von den Interaktionspulten im Zuschauerraum aus beliebig steuerbar.[10] Was auf der herkömmlichen Opernbühne der Normalfall und wenn auch unbewusst, so doch ästhetisch und psychologisch konstitutiv ist – die Bewegung der Sänger (und Schallquellen) im Raum –, wird zum Identifikationsmodell, um die Simulation des Datenraumes sinnlich nachvollziehen zu können. Und sei es, dass realiter nur der Verkümmerung unseres Hörsinns etwas entgegengesetzt wurde, de jure musste ein Spiel-Raum zu den vorhandenen Stimmen erfunden werden. In letzter Konsequenz ging es deshalb nicht um Entäußerung, nicht um Trennung oder zentrifugal um die Pluralität von Stimmbildern, sondern zentripetal um die Re-Integration von Stimmen in ihren jeweiligen Korpus, denn: Für jede Stimme, die räumlich agiert, sollte über kurz oder lang erkennbar sein, wo ihr (technischer) Schwerpunkt liegt. Das ist der Amplitude vergleichbar, die nur im Verhältnis zur Mittellage eine solche ist. Wer die Atmosphäre einer Stimme sucht, muss damit rechnen, dass er an ihrem ›Ich‹ nicht vorbeikommt.

III.

Zum tonmeisterlichen Aufbau:[11] Entsprechend den dreidimensionalen Bildprojektionen (Bühne und Figuren) musste ein dreidimensionaler Klangraum eingerichtet werden, der interaktiv navigierbar ist. Sound durfte nicht illustrativ auf die Szenographie Bezug nehmen wie etwa bei Effekt-Geräuschen im Trickfilm, sondern sollte diese performativ durchgestalten. Das heißt, dass eine 2D- zu einer 3D-Tonspur aufgezogen werden musste, dies allerdings unter Beibehaltung des ›richtigen‹ Klangs. Voraussetzung dafür ist eine Einspielung, die bereits mehrspurig aufgenommen wurde – ein Verfahren, das für Klassikerproduktionen selten ist und erst seit den 1970er Jahren für Referenzprojekte bemüht

---

10 ›Beliebig‹ benutze ich hier vorbehaltlich dessen, dass es im virtuellen Raum keine landläufige Beliebigkeit gibt, insofern eine Programmierung immer nur einen determinierten Zufall erzeugen kann. Ob spielerisch, pädagogisch, zeremoniell oder Theorie bildend, Interaktion ist auf Vordenken angewiesen. Dass sich dies nicht überall sofort bemerkbar macht, ist ein theatraler Effekt der allerbesten Güte. Handlungsfreiheit jedoch erscheint als solche lediglich innerhalb eines vorherbestimmten Freiheitsgrades. Diesen ›beliebig‹ größer oder kleiner zu machen, ist eine Frage des Aufwandes.

11 Für den sich Joachim Goßmann in Zusammenarbeit mit Aeldrik Pander und Gerhard Eckel verantwortlich gezeichnet hat.

wird; die individuellen Stimmen oder Stimmgruppen eines Ensembles werden dabei getrennt voneinander mikrofoniert, um das klangliche Panorama plastisch und modellierbar zu machen. Des Weiteren ist die Digitalisierung dieses Multi-Track-Materials unerlässlich.[12]

Was das Erste betrifft, so gab es für Beethovens *Fidelio* keine allzu große Auswahl. Ungetrennte Stereo-Aufnahmen bietet der Markt viele und nicht die schlechtesten. Aus künstlerischer Sicht schien uns sogar für eine Weile die frische, federnde Kühle und poetische Ungeschminktheit Ferenc Fricsays von 1957 mit Leonie Rysanek und Ernst Haefliger in den Hauptrollen die ideale Grundlage für eine Inszenierung zu sein, der es selbst auf Beweglichkeit ankam. Doch unser Setting forderte einen Kompromiss. Er fiel zugunsten Leonard Bernsteins und der Wiener Philharmoniker aus, einer Mehrspur-Fassung, bei der speziell die Gesangsstimmen aus der ansonsten eher schwach profilierten Orchesterfläche herausgehoben waren – letzteres wurde lediglich durch »two main tracks for an overall image of the orchestra« und »two tracks with a ›close-up‹ image of the strings«[13] gestützt. Die Solisten dieser Einspielung sind René Kollo (Florestan), Gundula Janowitz (Leonore), Hans Sotin (Don Pizarro), Manfred Jungwirth (Rocco). Die Aufnahme erfolgte durch die Deutsche Grammophon Gesellschaft im Jahr 1978 unter der Leitung von Hans Weber und Klaus Scheibe. Nachdem die Nutzungsrechte mit den einzelnen Künstlern respektive deren Erben und Agenten geklärt waren, stellte uns das Archiv der DGG die Originalbänder zur Verfügung und digitalisierte diese (erstmalig) mit einer Frequenz von 96 KHz (für den CD-Handel üblich sind sonst 44,1 KHz). Dergestalt ließ sich ein neues Blending aus den Bestandteilen des alten Tapes herstellen. Ähnlich Siegfried, der das Schwert neu schmiedet, indem er es in seine Mikrostruktur zerlegt, konnten die Originalbänder der vorliegenden *Fidelio*-Einspielung durch einen neuen Mixdown für das ›Spatial Sound Environment‹ re-interpretiert werden.[14] Wenn man so will, wurden sie von jener akustischen Verfrostung befreit, die ehedem die notwendige Folge ihrer Aufzeichnung war.

---

12 Für alle Spezialfragen, z. B. zum Audio-Display oder zum Lautsprecher-Aufbau im Auditorium, vgl. Joachim Goßmann/Florian Dombois: »The Spatial Sound Lab at Fraunhofer IMK.VE«, in: Proceedings of the 2003 International Conference on Auditory Display, Boston, MA 2003, S. 103-106. Der Text bezieht sich auf unsere akustische Probebühne in der Fraunhofer Gesellschaft in St. Augustin bei Bonn, die dort noch bis 2005 existierte.

13 Vgl. ebd., S. 104.

14 Das Sound-Rendering wurde von einer MAX/MSP-Routine auf einem Power Mac G4 ausgeführt. Die Soundausgabe erfolgte über einen Hammerfall DSP an einen AD/DA-Wandler.

Die Programmierung stellte also ein dreidimensionales Koordinatensystem dar, in dem für jede der durch Zuschauerinteraktion gesteuerten Figuren in jedem Sekundenbruchteil die räumlich-akustische Position neu errechnet wird. Mit eingeschlossen sind die Beziehungsparameter der Figuren untereinander. Selbstredend scheinen die kombinatorischen Möglichkeiten hier nicht nur unendlich, sie sind es, und zahlreich zumindest die Fragen, die sich daraus für die Stimm- und Körperlichkeit unserer Charaktere ergaben. Durch diese Fragen im Folgenden ein Querschnitt. Begreift man Theater als das ins Handeln übersetzte Nachdenken, lässt sich damit vielleicht etwas zu einer Theorie der Räumlichkeit der Stimme beisteuern.

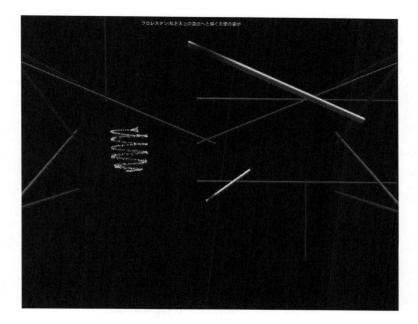

Abbildung 2: Virtueller Raum

Sprechen wir zunächst davon, dass es ›den Raum‹ in unserem Fall gar nicht geben konnte. Die Zusammenführung von akustischen, musikalischen, visuellen und interaktiv-inszenatorischen Rohstoffen kreierte eher eine Raum-Textur, eine Überlagerung verschiedenartigster Räume und ihrer Bedingungen: 1. des Auditoriums der Wiener Staatsoper, in dem die Klangkonserve konzertant (!) eingespielt worden war (1978), 2. des virtuellen Bühnenraummodells (Gefängnis), welches die Wiener Akustik nachschöpfen, selbst aber ästhetisch schon Bestandteil der Inszenierung sein musste (»Das Theater stellt [in Worten des Librettos von ca. 1800] einen unterirdischen, dunkeln Kerker vor«, Programmierung 2003), 3. des Auditoriums der *Bühne für Musikvisualisierung* vor Ort im Bonner Beethoven-Haus (›Haus im Mohren‹), das akustisch einzufangen hatte, was die anderen zwei vorgaben und darüber hinaus seinen eigenen historischen und baulichen Bedürfnissen entsprechen musste (Tonnengewölbe des 12. Jahrhunderts in einem Bürgerhaus des 18. Jahrhunderts) – die Jahresangaben liefere ich dazu, um zu zeigen, welche Niveausprünge gleichzeitig zu erhalten und auszutarieren waren. Insgesamt kam das Arrangement einer architektonischen wie zeitlichen Staffelung gleich, und das Kardinalproblem lautete: Welchen dieser Räume hört man? Welchen soll man, welchen muss man hören? Welcher hat wann seinen berechtigten Vorrang vor den je anderen und kann tonmeisterlich übervorteilt werden? Dreidimensionale Deckungsgleichheit mochte das Ziel sein, war aber nicht an jedem Kreuzungspunkt zu erreichen. Insofern galt es, akustisch ein Gemenge aus Reproduktion, Interpretation und Kreation kommensurabel zu machen.

Abbildung 3: Leonore

Die Stimmen sind in dieser Kulisse für die Ränder der Raumschichtung relevant. Schall- und Resonanzverhalten mussten so justiert werden, dass trotz gelegentlich ausfransender Stellen ein in sich abgeschlossener, hörpsychologisch nachvollziehbarer Eindruck entstehen konnte. Damit hängt zusammen, dass zu definieren war, in genau welcher Raumhülle das Sängerpersonal sich befindet. An einem Ort, in dem Zuschauer- und Bühnenraum verschmelzen, weil die Anlage des Surround-Sounds den Sweet-Spot (Hörposition für den Optimalklang) in der Mitte des Auditoriums ansiedelt, einem Raum auch, in dem Figuren aus Licht auf eine Leinwand geworfen werden, nur um durch 3D-Projektion wieder zurück in den Zuschauerraum auszukragen, an einem solch faszinierend uneindeutigen Ort ist stimmliche Identität besonders anfällig und besonders schwer über die Rampe zu bringen, die gar keine ist. Ein Beispiel: Die berühmte Auftrittsarie Florestans im Zweiten Akt spielt in einem Karzer; links Zisterne, Schutt und Steine, im Hintergrund Mauern und Stufen. Für *Fidelio, 21. Jahrhundert* und dessen virtuellen (und per definitionem unbegrenzt offenen) Raum haben wir diese Vorgabe symbolisch in ein Gitterwerk übersetzt, welches selbst – Piktogramm der räumlichen Sperrung – in einen lichtlosen und steuerungstechnisch undefinierten Kosmos, in ein digitales Niemandsland intarsiert ist (Abb. 2). Ein Netzwerk aus Gitterstäben freilich ist luft- und schalldurchlässig. Der Raum, den es nach innen hin absteckt, mag optisch vom Umgebungsraum getrennt sein, akustisch ist dies nicht so. Hier ist alles gelatinös und beschreibt eine nur imaginäre Grenze. Demnach musste kartiert werden, wo ›Innen‹ aufhört, ›Außen‹ anfängt, vor allem wie groß und echofreundlich die Außenwelt und wie klein und echofeindlich die Innenwelt sein sollte, oder umgekehrt. Entsteht die Bedrohlichkeit eines Gefängnisses eher durch Weite oder durch Enge? Ist der Kerker ein Verschlag, eine Höhle, eine Steinhalle, ein Festungslabyrinth, ein Erdloch, eine eiserne Zelle? Für die Konstitution der Stimmen war das paradigmatisch. In jedem Fall musste auf der Scheidewand zwischen Innen und Außen eine unsichtbare, akustische Tapete aufgezogen werden, die das abstrakte Bühnenbild für unser Hörempfinden plausibel machen konnte. Denn die Halligkeit oder Trockenheit einer Stimme sagt viel aus über das Ich-Befinden ihres Inhabers. Resonanzen im Raum wurden in der Inszenierung zu psychologischen Anhaltspunkten, eingedenk dessen, dass Florestans erste Arie die Absage an den Sehsinn ist: »Gott! Welch Dunkel hier!« (II, 1). Ein Mensch erwacht zum Hören, lauscht und findet nichts – »O grauenvolle Stille« (ebd.) – und genau dies, gesungen gegen die Wände einer Echokammer, macht ihm klar, dass sein Leben verwirkt sein muss. Übrigens: Die Textebene des *Fidelio* verweist überall auf die Metaphern des Klangs, des Geräuschs, des Tons.

Im dunklen Kerker vernimmt Leonore zuallererst die stimmliche Präsenz ihres Mannes. Sie hört ihn, bevor sie ihn sieht (und Florestans Auftrittsvers ist eine verdeckt antizipierte Katharsis, denn er hat eigentlich schon jenen Raum eröffnet, in dem die beiden sich doch finden werden): »Es ist wahr«, heißt es, »der Mensch hat so eine Stimme [...]« / »Jawohl, sie dringt in die Tiefe des Herzens« (II, 2). Was Florestan bei Rocco vermutet: »Werdet Ihr immer bei meinen Klagen taub sein« (ebd.), Leonore jedenfalls ist es nicht (Abb. 3, 4). Auch die Rettung Florestans geschieht allein durch Klang im Raum. Roccos Signalpfiff, der den Auftakt zum Mordquartett gibt, kündigt mit einem Ton an, was auch mit einem Ton enden wird – Leonore leitet diese Klimax ein, indem sie gegen Pizarro vorbringt: »Noch einen Laut – und du bist tot!« (II, 4). Bezeichnenderweise versagt dabei ihre eigene Tonfähigkeit – Abfall der Sing- in die Sprechstimme –, und der ersterbende Klang wird aufgesogen und reziprok angefüllt von jenem Trompetensignal, das am Ende keine politische oder moralische Größe repräsentiert, sondern die Macht der Töne selbst.

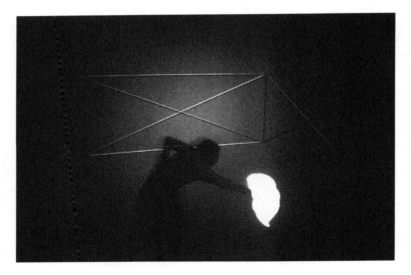

Abbildung 4: Interaktion

Stimmen dehnen sich in den Raum aus. Kann das ungehindert geschehen, so wird dies für gewöhnlich mit Freiheit, großzügigen Landschaften, mit Grenzenlosigkeit assoziiert. Ist das Gegenteil der Fall, entsteht nicht zwangsläufig der gegenteilige Eindruck. Stimmen brauchen auch Widerstand. Ein Schrank vor einer Panoramascheibe mag unlogisch sein, entspricht aber nicht automatisch einer Gefahr. Durch

Hindernisse wird eine Stimme also nicht per se in Frage gestellt, sie wird von ihnen reflektiert oder kann sie umfließen. Wie aber wirkt ein Raum, in dem visuell kein Mobiliar erwartet, akustisch aber ein solches installiert wird? Ein Gefängnis, welches der Stimme (und Person), die in es eingeschlossen ist, akustische Hemmklötze in den Weg legt? Überlegungen zu experimentellen Räumen dieser Art haben die Gestaltung unseres Zweiten Akts latent beeinflusst. Über stimmliche Reflexionen, die sich optisch nicht nachvollziehen lassen, entstehen Irritationen, man denke nur an die unglückliche Begegnung zwischen Echo und Narziss. In einer Inszenierung können sich akustische Spiegel, Dopplungseffekte, weiche Böden, nachgiebige Wände, schiefe Raumfluchten und Trennwände durch die Wirkung, die sie in einer Stimme hinterlassen, geradezu klaustrophobisch verdichten, ohne dass bildnerisch ein einziger Meter Bühne bepflastert werden muss.

Der Rückbezug zur individuellen Stimm- und Schallquelle ist dabei selbstverständlich entscheidend. Er ist identitätsbildend. Denn Stimmen sind rezeptiv und akustisch imponderable Situationen insofern psychologisch prägend. Wer an der Brandung lebt, wird anfangen zu schreien. »Gott! Welch Dunkel hier!« – die Groteske, dass in der Oper selbst die Finsternis beleuchtet werden muss, damit sie als solche erkennbar ist, ließe sich vermeiden, wenn stattdessen auch auf einer herkömmlichen Bühne einmal die Akustik einer Stimme ausgelotet und als bewusster Teil der Handlung anerkannt werden würde. Das Verhältnis Raum/ Stimme stellt letztlich eine Modulation des Verhältnisses Raum/Körper dar. Neben der Luft inhaliert die Brust gewissermaßen auch den Raum (Abb. 5).

Für *Fidelio, 21. Jahrhundert* machte das die Frage nach dem Stimmsitz relevant. Zwar ließ sich der Ursprung jener Stimmen lokalisieren, die uns mit der *Fidelio*-Einspielung geliefert worden waren. Doch für unsere abstrakten Sängerdarsteller musste das Vorhandene noch einmal neu erfunden werden. Problem: Eine virtuelle Figur besitzt keine Kehle, keine Stimmritze, keinen Thorax und wäre sie selbst dem Röntgenbild der Assoluta täuschend ähnlich. In unserem Fall besaß sie nicht einmal die Proportionen jenes Stimmkörpers, den sie nachbilden sollte. Einen Solarplexus der Stimme zu programmieren, schien uns deshalb willkürlich. Allzumal die Stimme ein passageres Phänomen bleibt, selbst da, wo sie physiologisch ausgelotet werden kann. Mehr Sinn versprach es, eine substanzfreie Substanz zu visualisieren, die gleichwohl stimmerzeugend *und* dynamisch ist: Atem.

In *Fidelio* I, 9 heißt es: »O welche Lust, in freier Luft / den Atem frei zu heben!« Zweifelsohne lässt sich das Atmen hier als Parabel für die wechselvolle Spannung zwischen Freiheit und Sanktion interpretieren,

139

die dem Werk als Ganzem – soziologisch wie philosophisch – inhärent ist. Auch praktisch kommt kein Ton ohne Atem aus. Stimme, so könnte man sagen, ist der von Lautniederschlägen benetzte Atem, und atmend entsteht Gesang. Ihn in Szene zu setzen bedeutete, der stets unsichtbaren, aber nie unhörbaren Rückseite des Gesangs habhaft zu werden. Und selbst wenn man nicht so weit gehen mag wie Paul Bekker, der behauptet hat, dass Beethovens *Fidelio* »das grösste Beispiel für die Unmöglichkeit [ist]. [...] insbesondere die Oper aus irgendeiner anderen Kraft als dem Element der singenden Stimme zu gestalten«[15], so wird man nicht leugnen können, dass es im *Fidelio* von grundlegender Bedeutung ist, entweder eine Stimme zu haben oder aber eine zu sein. Vergleichbar dem Verhältnis Akustik/Musik erzeugt der Atem insofern selber eine Handlung (ist von der Stimme unabhängig) und folgt dieser doch gleichzeitig nach (ist ihr treu). Er transzendiert die Stimme und bleibt doch immer in sie verwickelt. Wie gehabt, es ist eine Autonomie auf der Grundlage von Bindungen. Soweit es die Vorgaben unserer Klangkonserve erlaubten, konnte demnach die Parametrisierung von Atemgeräuschen und Atemtechnik gerade auch einen virtuellen *Fidelio* von innen her erschliessen. Individuell analysiert, zu Daten komprimiert und durch visuelle Effekte vermittelt, wurde das Atmen für unsere Figuren zum Motor eines Dehnungsverhaltens, das dazu herausfordert, ›Lebendigkeit‹ neu zu definieren, wenn diese auch simuliert werden kann. Tatsächlich, die Anima ist der Inbegriff der Animation.

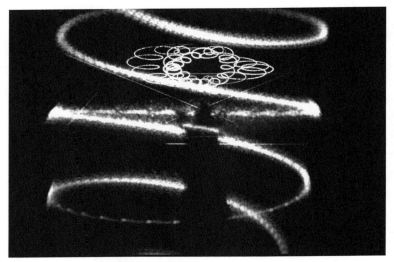

Abbildung 5: Interaktion 2

15 Paul Bekker: Wandlungen der Oper, Zürich, Leipzig: Füssli 1934, S. 43.

IV.

Live, aber nicht natürlich. Echt, aber nicht organisch. Unverfälscht, aber nicht genuin: Die menschliche Stimme macht deutlich, dass sich die »gewohnte Dichotomie von Sein und Schein in der digitalen Welt nicht durchhalten [lässt]«.[16] Evident war es zumindest für *Fidelio, 21. Jahrhundert*, dass Liveness und Echtzeit, Aufzeichnung und Aufführung nicht kontrapunktisch zueinander stehen. Was man als ›Live-Aufnahme‹ zu bezeichnen gewohnt ist, stellte sich als die nur sehr haltbare Fassung eines geronnenen Augenblicks heraus, die erst durch den Echtzeit-Befehl des virtuellen Raumes wieder lebendig gemacht werden konnte. Erst durch die Gestaltung akustischer Dynamik wurde das statische musikalische Material brisant. Das heißt, eine Programmierung generiert nicht durchweg Simulationen. Sie lässt sich auch als Wiederherstellung dessen begreifen, was durch vorgelagerte Technologien notwendig preisgegeben werden musste. So widersinnig es tönt: In Bezug auf Stimmen kann Liveness auch durch Echtzeit instand gesetzt werden.

Damit hängt zusammen, dass der Wertekanon dessen, was künstlerisches Produzieren und wissenschaftliches Reproduzieren bedeutet, neu verhandelt werden sollte, will man diese Kategorien überhaupt noch gelten lassen. Gerade im Umgang mit den Neuen Medien steht oft nicht mehr die Stimme selbst, sondern die Stimmbearbeitung im Vordergrund, nicht der Ton, sondern sein Lautstand, nicht die musikalische Interpretation, sondern deren inszenatorische Analyse. Die Reproduktion wird selbst zum Opus. Vielmehr, was das eine ist und was das andere, ist nicht sehr trennscharf und muss es auch nicht sein. Dabei kam *Fidelio, 21. Jahrhundert* einem doppelten Salto gleich: Die Struktur der Sezession und experimentellen Störung von Stimmen musste selbst noch einmal transgrediert werden. Das technische Maximum hatte ein Minimum an Künstlichkeit zu erzeugen. Denn im virtuellen Raum, so schien uns, muss ausgerechnet das, was sich herkömmlich ›Kunststimmen‹ nennt, in seine ›Natürlichkeit‹ extrapoliert werden, um glaubhaft zu bleiben. Nicht Externalisation, sondern gestaltete Territorialisierung von Stimmen. Visuelle Abstraktion und akustischer Realismus, dessen Höchstmarke erreicht wäre, wenn der Schritt voraus zur Heimat zweiter Ordnung wird.

Eine der wenigen Firmen, die derzeit die Programmierung virtueller Technologien auf dem Markt anbietet, wirbt mit dem Slogan »Täuschen Sie Ihre Sinne.« Nein, schärfen wir unsere Sinne. Die virtuelle Welt ist kein Schleichhandel. Sie mag ein evolutionärer Sprung sein. Aber sofern

---

16 Torsten Belschner: »Digitale ›virtuelle‹ Welten«, in: Josef Kloppenburg (Hg.), Musik multimedial. Filmmusik, Videoclip, Fernsehen, Laaber: Laaber Verlag 2000, S. 320-346, hier S. 324.

man sich die Arbeit machen will, kann das auch eine historische Chance sein. Die Authentizität des Musiktheaters und seiner Stimmkulturen wird durch die Neuen Medien nicht in Frage gestellt, sondern durch diese erst ins Bewusstsein gerückt.

Literatur

Bekker, Paul: Wandlungen der Oper, Zürich, Leipzig: Füssli 1934.

Belschner, Torsten: »Digitale ›virtuelle‹ Welten«, in: Josef Kloppenburg (Hg.), Musik multimedial. Filmmusik, Videoclip, Fernsehen, Laaber: Laaber Verlag 2000, S. 320-346.

Dombois, Johanna: »Die virtuelle Oper ›Fidelio, 21. Jahrhundert‹ in der Bühne für Musikvisualisierung im Beethoven-Haus Bonn«, in: Bühnentechnische Rundschau 1 (2005), S. 32-35.

Dombois, Johanna: »Scheinschwangerschaften. Neue Technologien im klassischen Musiktheater – Nahaufnahmen«, in: Lettre International 72 (Frühjahr 2006), S. 86-91.

Dombois, Johanna: »Musikstrom. Inszenieren mit Neuen Medien am Beispiel ›Fidelio‹«, in: Musik & Ästhetik 41 (Januar 2007), S. 91-107.

Goßmann, Joachim/Dombois, Florian: »The Spatial Sound Lab at Fraunhofer IMK.VE«, in: Proceedings of the 2003 International Conference on Auditory Display, Boston, MA, USA 2003, S. 103-106.

Kolesch, Doris: »Labyrinthe: Resonanzräume der Stimme«, in: Christa Brüstle/Albrecht Riethmüller (Hg.), Klang und Bewegung. Beiträge zu einer Grundkonstellation, Aachen: Shaker 2004, S. 117-124.

Lischka, Gerhard Johann/Zentrum für Kunst und Medientechnologie Karlsruhe (Hg.): art_clips.ch.at.de – 90 Kurzvideos aus der Schweiz, Österreich, Deutschland, o. O. [Karlsruhe, Ostfildern-Ruit]: ZKM digital arts edition/Hatje Cantz 2006.

Meyer-Kalkus, Reinhart: Stimme und Sprechkünste im 20. Jahrhundert, Berlin: Akademie-Verlag 2001.

Müller, Heiner: »Angst und Geometrie. Aus einem Gespräch über ›Tristan und Isolde‹«, in: Heiner Müller, Werke, Bd. 8, Frankfurt/Main: Suhrkamp 2005, S. 443-450.

Schrödl, Jenny: »Stimm(t)räume. Zu Audioinstallationen von Laurie Anderson und Janet Cardiff«, in: Doris Kolesch/Jenny Schrödl (Hg.), Kunst-Stimmen, Berlin: Theater der Zeit 2004, S. 143-160.

Weinzierl, Stefan: Beethovens Konzerträume. Raumakustik und symphonische Aufführungspraxis an der Schwelle zum modernen Konzertwesen, Frankfurt/Main: Bochinsky 2002.

ERFAHRUNGSRÄUME.
PATHOS — EMOTION — GESCHLECHT

ERFAHRUNGSRÄUME.
ZUR EINFÜHRUNG IN DAS KAPITEL

JENNY SCHRÖDL

Es scheint selbstverständlich, dass erklingende Stimmen immer auch wahrgenommene sind: Beim Sprechen oder Singen hören wir stets die eigene Stimme, ebenso wie wir die Stimmen von anderen Personen andauernd wahrnehmen und erfahren.[1] Allerdings ist uns das Erfahren von Stimmen zumeist nicht bewusst; in Kontexten aber, in denen die Stimme als Stimme eine Ausstellung erfährt, uns eine besondere Klangfarbe, eine erhöhte bzw. verminderte Lautstärke oder ein Sprechfehler begegnet, können wir auch auf unsere Wahrnehmung und Erfahrung zurückgeworfen und aufmerksam werden.

Weniger selbstverständlich erscheint indes, dass die Erfahrung von Stimmen nicht etwas ist, das gewissermaßen sekundär oder nachträglich hinzutritt – nach dem Motto: zunächst wird etwas produziert, das danach rezipiert wird. Vielmehr ist Wahrnehmung bzw. Erfahrung als konstitutiv zu verstehen, das heißt, dass sie wesentlich an der stimmlichen Produktion und Präsentation beteiligt ist, wie insbesondere die Phänomenologie herausgestellt hat.[2] Auffällig wird dieser Zusammenhang beispielsweise bei der eigenen stimmlichen und sprachlichen Artikulation, die ohne ein

---

1 Ich unterscheide hier heuristisch zwischen Wahrnehmung und Erfahrung: »Wahrnehmung« stellt den engeren Begriff dar, der sich auf den (Gehör-) Sinn und damit verbundene Komponenten bezieht, während der Begriff der »Erfahrung« in einem weiteren Sinne verstanden wird, der sinnliche, körperliche, emotionale wie kognitive Elemente umfasst.

2 Exemplarisch sei an dieser Stelle Maurice Merleau-Ponty angeführt, der die Verflechtung von Wahrnehmung und Wahrnehmbarem wie auch die Verschränkung der verschiedenen Sinne betont und differenziert hat. In Bezug auf den Hörsinn schreibt Merleau-Ponty: »Wie es eine Reflexivität des Berührens, des Sehens und des Systems Berühren-Sehen gibt, so gibt es auch eine Reflexivität zwischen Vorgängen der Lauterzeugung und Gehör; jene schreiben sich klanglich ein, und jeder Stimmlaut weckt ein motorisches Echo in mir.« (Vgl. Maurice Merleau-Ponty: Das Sichtbare und das Unsichtbare, München: Wilhelm Fink Verlag 1986, S. 189.)

145

Sich-Selbst-Hören – wie auch ohne ein Andere-Hören – kaum funktionieren würde.

Impliziert ist damit eine Aktivität der Sinne, die mithin weniger als passiv oder reaktiv zu verstehen sind, sondern als ins Erfahrbare eingebundene und mitgestaltende Komponenten. Damit einhergehend lassen sich Erfahrungen auch nicht nur aus der Perspektive des Subjekts begreifen – und somit nicht allein als etwas Innerliches, Subjektiv-Persönliches –, sondern ihnen eignet eine eigenständige Dynamik, die dem Subjekt sozusagen vorausgeht bzw. diesem entzogen ist. Insofern soll von Erfahrungs*räumen* die Rede sein, da der Begriff des Raumes jene den Subjekten äußerliche Dimensionen von Erfahrungen umfasst.

Erfahrungsräume von Stimmen stellen komplexe Gefüge dar, die sich nicht allein auf den akustischen Sinn beziehen, sondern auch körperliche, emotionale wie kognitive Dimensionen einschließen können. Insofern wären verschiedene Erfahrungen von Stimmen denkbar: sinnliche bzw. ästhetische (im Sinne von *aisthesis*), emotionale oder auch soziale, moralische, geschlechtliche und diverse andere. Ob die Aufspaltung und Kategorisierung komplexer Erfahrungsräume für ein Verständnis von Stimmpräsentation und -erfahrung zuträglich ist oder nicht, wird sich in der Forschung ebenso noch erweisen müssen wie generell die Frage danach, was Wahrnehmungen und Erfahrungen von Stimmen genau ausmachen. Denn trotz der Selbstverständlichkeit des Zusammenhangs zwischen Stimme und Wahrnehmung/Erfahrung stellt die Erforschung desselben innerhalb verschiedener Wissenschaften immer noch ein Desiderat dar.[3]

Von daher soll sich im Folgenden den Erfahrungsräumen von Stimmen mit Hilfe von drei Begriffen – Pathos, Emotion und Geschlecht – genähert werden und zugleich in die Beiträge dieses Kapitels eingeführt werden, die mit unterschiedlichen Akzenten, Perspektiven und Ansätzen

---

3 Ausnahmen stellen unter anderem folgende Texte dar, die sich aus verschiedenen wissenschaftlichen Perspektiven und mit unterschiedlichen Akzenten mit dem Verhältnis von Stimme und Wahrnehmung/Erfahrung sowie mit der Wirkung von Stimmen beschäftigen: Roland Barthes:»Zuhören«, in: ders., Der entgegenkommende und der stumpfe Sinn, Frankfurt/Main: Suhrkamp 1990, S. 249-263; Doris Kolesch:»Gesten der Stimme. Zur Wirksamkeit theatraler Situationen am Beispiel *von Emanuelle Enchanted* und *In Real Time*«, in: Hans Peter Bayerdörfer (Hg.), Stimmen – Klänge – Töne. Synergien im szenischen Spiel, Tübingen: Gunter Narr Verlag 2002, S. 153-163; Bernhard Waldenfels:»Stimme am Leitfaden des Leibes«, in: Cornelia Epping-Jäger/Erika Linz (Hg.), Medien/Stimmen, Köln: DuMont 2003, S. 19-35; Kristin Westphal: Wirklichkeiten von Stimmen: Grundlegung einer Theorie der medialen Erfahrung, Frankfurt/Main, Berlin: Lang 2002.

den Zusammenhang von stimmlicher Präsentation und Erfahrung erörtern.

Pathos

Das griechische Wort »Pathos« meinte zunächst »Leiden«, »Leidenschaft« und »Widerfahrnis«, bevor es im 17. Jahrhundert eine Bedeutungsverschiebung hin zum »übertriebenen Gefühlsausdruck« erfuhr.[4] Im Zusammenhang mit den Erfahrungsräumen von Stimmen erscheint vor allem die erste Bedeutung von Pathos als Leiden oder Widerfahrnis bemerkenswert. »Gemeint ist etwas, das uns ohne unser eigenes Zutun zustößt oder entgegenkommt. Im Hintergrund steht die grammatische Form des Passivs, die Leideform, die sich von der Tätigkeitsform abhebt«[5]. »Pathos« wird insofern auch als »Fremderfahrung« bezeichnet,[6] insoweit es etwas umfasst, das dem betroffenen Subjekt äußerlich und nicht eigen ist. Was bedeutet dies nun im Kontext der Erfahrungen von Stimmen?

In Bezug auf den Hörprozess lassen sich Bernhard Waldenfels zufolge zwei Aspekte voneinander unterscheiden: das Hören von etwas und das Hören auf etwas.[7] Während Ersteres ein intentionales Hören meint, also ein gerichtetes und erzeugtes Hören, bezieht sich Letzteres auf die pathische Dimension des Hörens, insofern es eher ein Aufhorchen darstellt, »das geweckt wird, das auf Aufforderungen eingeht und nicht eigenmächtig erzeugt wird.«[8] Anders ausgedrückt, benennt Pathos den Moment im Hörprozess, in dem Zuhörende unversehens ins Stimmgeschehen involviert werden, wenn sie aufmerken, ohne etwas zu tun oder zu unterlassen: Sie werden von der erklingenden Stimme leiblich tangiert, eingenommen oder betroffen, noch bevor sie aktiv Stellung – sei es in Form von Verständnis, Urteilen, Emotionen oder Handlungen – zum Gehörten beziehen können. Nach Waldenfels ist jene pathische Dimension des Hörens bzw. der Erfahrung grundlegend für jede und in jeder Art von Erfahrung,[9] auch wenn uns dies oftmals nicht bewusst ist. Zumeist ist das Pathische von Erfahrungen erst dann auffällig und bemerkbar, wenn es in Form von Überraschung, Irritation, Schock oder gar Zerstörung innerhalb von Erfahrungssituationen auftritt.

---

4 Vgl. Friedrich Kluge: Etymologisches Wörterbuch der deutschen Sprache, Berlin, New York: Walter de Gruyter 1999, S. 617.
5 Bernhard Waldenfels: Bruchlinien der Erfahrung. Phänomenologie, Psychoanalyse, Phänomenotechnik, Frankfurt/Main: Suhrkamp 2002, S. 15.
6 Vgl. ebd.
7 Vgl. B. Waldenfels: »Stimme am Leitfaden des Leibes«, S. 20.
8 Ebd., S. 21.
9 Vgl. B. Waldenfels: Bruchlinien der Erfahrung.

Das Hören von Stimmen stellt allerdings nicht nur dann ein Widerfahrnis oder eine Fremderfahrung dar, wenn wir die Stimmen anderer Personen wahrnehmen, sondern auch und gerade in Bezug auf die eigene Stimme. Wir kennen solche Situationen, in denen sich unsere Stimme unserem Einfluss wie unserer Beherrschung und Intention entzieht, in denen wir von der eigenen Stimme überrascht werden oder sie uns gar als eine fremde erscheint – beispielsweise in Prüfungssituationen, in denen sich die eigene Stimme plötzlich unabhängig zu machen scheint, indem sie leise und zittrig statt stark und souverän wirkt oder indem sie gänzlich versagt.

In diesem Zusammenhang haben unter anderem Dieter Mersch und Bernhard Waldenfels betont, dass die eigene Stimme immer auch eine Fremdstimme darstellt bzw. Fremdes und Eigenes in der Stimme zusammenspielen.[10] Dies bezieht sich nicht nur auf eine prinzipielle Vorgängigkeit gewisser kultureller und sozialer Stimmmuster und -codes, die sich mit den je individuellen Stimmen verschränken und überlagern, sondern auch auf eine handlungstechnische Entzogenheit der Stimme selbst: Die Stimme ist – gerade in ihrer leiblichen Fundierung – für das sprechende Subjekt nicht hundertprozentig beherrschbar, steuerbar und kalkulierbar. Mithin verweist sie weniger – wie Jacques Derrida im Kontext der abendländischen Metaphysik (re-)konstruiert hat – auf eine vollständige (geistige) Präsenz, auf das (Selbst-)Bewusstsein der sprechenden Person, die mit sich selbst identisch und vollkommen unabhängig von Welt und Anderen ist.[11] Sondern sie verweist eher auf eine Absenz eben jener menschlichen Eigenschaften und zeigt darüber hinaus eine leibliche Existenz an, die sich allein im Zusammenhang mit Anderen herstellt oder, anders gesagt, die in einem Gefüge von Aussetzen und Antworten, von Selbst und Anderem, erst zur Erscheinung kommt.[12]

Jene Fremderfahrung mit der eigenen oder anderen Stimme, die im Begriff des Pathos' inbegriffen ist, bringt es mit sich, dass wir Sprechenden nicht nur aktiv zuhören und diese verstehen können oder Stimmen bis zur Virtuosität hin beherrschen können, sondern wir ihnen stets auch ein Stück weit ausgeliefert sind. Dabei kommt immer auch etwas Neues oder Unbekanntes ins Spiel, denn – so Waldenfels – »bliebe es bei dem

---

10 Vgl. B. Waldenfels: »Stimme am Leitfaden des Leibes«, S. 24ff. sowie Dieter Mersch: »Präsenz und Ethizität der Stimme«, in: Doris Kolesch/ Sybille Krämer (Hg.), Stimme. Annäherung an ein Phänomen, Frankfurt/Main: Suhrkamp 2006, S. 211-236.

11 Vgl. Jacques Derrida: Grammatologie, Frankfurt/Main: Suhrkamp 1974 sowie Jacques Derrida: Die Stimme und das Phänomen. Einführung in das Problem des Zeichens in der Phänomenologie Husserls, Frankfurt/Main: Suhrkamp 2003.

12 Vgl. D. Mersch: »Präsenz und Ethizität der Stimme«, S. 229ff.

Hören und Sehen von etwas, so liefe jedes Hören und Sehen im Grunde auf ein Wiederhören und Wiedersehen hinaus, das im Bereich vorhandener und lediglich zu entfaltender Möglichkeiten verbliebe.«[13]

Eine solche Fremderfahrung von Stimmlichkeit nimmt Jens Roselt in seinem Beitrag »Monströse Gefühle: Die Kunst der Klage« zum Ausgangspunkt: Sein Aufsatz handelt von der Klage hinsichtlich ihrer stimmlichen Facetten, die Roselt zufolge insofern befremdlich und irritierend anmuten kann, als dass sie gewisse, innerhalb westlicher Kulturen ausgeprägte Selbstverständlichkeiten von Emotionalität, ihrer Darstellung, Funktionsweise und Erfahrung, in Frage stellt. Anhand verschiedener Beispiele aus ethnographischer Literatur, Popkultur und Theater entwickelt er eine kleine Typologie der Klage, die ihn letztlich zu der Frage führt, wozu das Klagen eines Leids eigentlich aufrufe. Mit einer Unterscheidung zwischen Anklage und Klage plädiert Roselt schließlich dafür, letztere als einen Appell der Anerkennung eines Leids zu denken.

Emotion

Eine weitere wesentliche Dimension der Erfahrungen von Stimmen betrifft die Emotionen.[14] Mit der Sprech- wie Singstimme können vielfältige Gefühle und Empfindungen hervorgebracht und evoziert werden. Ob die Stimme aus dem Radio, von der Bühne oder auf der Straße ertönt – immer werden wir von Stimmen auch emotional tangiert, angezogen, verletzt oder betroffen, ob dies nun bewusst oder unbewusst, mit mehr oder weniger großer Intensität geschieht. Auf diesen engen Zusammenhang von Stimmlichkeit, Hören und Emotionalität hat unter anderem Roland Barthes verwiesen, wenn er schreibt: »Es gibt keine menschliche Stimme auf der Welt, die nicht Objekt des Begehrens wäre – oder des Abscheus: Es gibt keine neutrale Stimme«.[15]

---

13 B. Waldenfels: »Stimme am Leitfaden des Leibes«, S. 21.
14 Begrifflich unterscheide ich hier nicht zwischen »Emotion« und »Gefühl«, sondern verwende diese synonym, wie es auch der Wortgeschichte zu entnehmen ist. (Vgl. Doris Kolesch: Theater der Emotionen. Ästhetik und Politik zur Zeit Ludwigs XIV., Frankfurt/Main, New York: Campus 2006, S. 28.) Darüber hinaus differenziere ich die Termini Emotion/Gefühl, Empfindung, Stimmung und Atmosphäre graduell, insofern sie sich in zeitlichen und modalen Komponenten sowie in den Verhältnissen von Aktivität und Passivität wie von Subjekt und Objekt voneinander unterscheiden können.
15 Roland Barthes: »Die Musik, die Stimme, die Sprache«, in: ders., Der entgegenkommende und der stumpfe Sinn, Frankfurt/Main: Suhrkamp 1990, S. 279-285, hier S. 280.

In Bezug auf den Zusammenhang von Stimmlichkeit und Emotionalität lassen sich grundsätzlich zwei Dimensionen unterscheiden: Zum einen ist die Stimme an eine Person gebunden, ja sie gilt in unserer Kultur geradezu als ›akustischer Personalausweis‹, als unverwechselbares Indiz eines Individuums. Über die Sprechstimme vermitteln sich neben Alter, Geschlecht oder Herkunft auch die emotionale Verfasstheit und Gestimmtheit eines Menschen. Gefühle und Empfindungen wie Trauer, Schmerz, Aggression, Freude, Furcht, Fröhlichkeit oder Begehren eines Sprechenden können mit stimmlichen Verlautbarungen dargestellt und zugleich hervorgebracht werden, obgleich die Darstellungsweisen auf Sets von wiederholbaren Zeichen und Akten beruhen, die im Kontext einer jeweiligen Zeit und Kultur stehen. Beispielsweise gilt in der zeitgenössischen, westlichen Kultur eine Sprechweise mit hoher Tonlage, großer Variabilität, erhöhter Lautstärke und schnellem Sprechtempo als Indiz für Freude und eine tiefe Tonlage, geringe Variabilität, leise Lautstärke und langsames Sprechtempo als Zeichen für Traurigkeit.[16]

Zum anderen ist die Stimme als Auslöser von Emotionen zu verstehen – der menschlichen Stimme wird im Allgemeinen die Fähigkeit zugesprochen, Gefühle und Empfindungen bei anderen Menschen hervorzurufen oder anzuregen. Dabei kann es sich um Gefühle und Erregungen wie Begeisterung, Freude, Unheimlichkeit, Begehren oder Abscheu handeln. Die von stimmlichen Verlautbarungen evozierten Emotionen beim Hörenden müssen dabei nicht identisch sein mit denen des oder der Sprechenden, wie sie auch nicht vollständig kalkulierbar und strategisch vorzubereiten sind. Ob und wie beim Hören einer Stimme empfunden wird, ist immer auch abhängig vom hörenden Subjekt, von seiner Bildung, Verfasstheit, Einstellung oder Haltung, ebenso wie vom Kontext, in dem Sprechende und Hörende agieren. Neben der pathischen Dimension in der (akustischen) Erfahrung umfasst diese also zugleich eine aktive Beteiligung des Erfahrenden bzw. Hörenden.

Bezüglich der stimmlichen Evokationen von Emotionen beim hörenden Subjekt lassen sich weitere Facetten feststellen und Unterscheidungen treffen. So sind beispielsweise Zeit, Ort und Intensität des Empfindens für die emotionale Erfahrung wesentlich, was so weit gehen kann, dass wir in bestimmten Kontexten eine Empfindung als Empfindung an uns selbst wahrnehmen können. Konrad Paul Liessmann versteht dies als ein zentrales Charakteristikum von Kunst bzw. des Ästhetischen – es zeichnet sich nach Liessmann gerade dadurch aus, dass wir innerhalb ei-

---

16 Vgl. Klaus R. Scherer: »Die vokale Kommunikation emotionaler Erregung«, in: ders. (Hg.), Vokale Kommunikation. Nonverbale Aspekte des Sprachverhaltens, Weinheim, Basel: Beltz Verlag 1982, S. 287- 306, hier S. 300.

ner Theater-, Film- oder Opernaufführung in den evozierten Gefühlen und Empfindungen verhaftet bleiben und somit Emotionen nicht, wie oft im Alltag, nur eine Komponente einer verdichteten Situation von Handlungen, Urteilen und sozialen oder moralischen Konsequenzen darstellen.[17] Darüber hinaus behauptet Liessmann, dass ein zentrales Merkmal ästhetischer Empfindungen die Vermischung verschiedener Empfindungen sei. Bei ästhetischen Empfindungen ginge es gerade darum, »im Auftauchen unterschiedlicher, ja auch einander widersprechender Empfindungen eine besondere Erfahrungsqualität, eine besondere Form der Lust, die die Unlust schon in sich aufgenommen hat, zu finden.«[18]

Dieser Gedanke kann auch für die stimmliche Evokation von Emotionen fruchtbar gemacht werden. Wenn wir beispielsweise an den Einsatz von Stimmen im postdramatischen Theater oder in der Performance-Kunst denken,[19] in denen AkteurInnen in großen Teilen von Aufführungen lauthals schreien oder ganz bewusst schweigen, in denen Sprache zerlegt oder rhythmisiert wird, dass kein Wort mehr verständlich erscheint oder in denen via Mikroport oder Mikrofon die Stimmen der AkteurInnen so auf den Raum hin entgrenzt werden, dass Stimme und Person nicht mehr genau identifizierbar sind, dann stellen sich oftmals dezidiert ambivalente und gemischte Gefühle bei den Zuhörenden ein. Diese können Verschränkungen aus Empfindungen von Irritation, Beunruhigung und Faszination ebenso sein wie Mischungen aus Langweile und Interesse o. Ä.

In ihrem Aufsatz »Lauschangriffe. Das Leiden anderer spüren« untersucht Katharina Rost die Lautlichkeit des Schmerzes im postdramatischen Theater und in der Performance-Kunst sowie deren Auswirkungen auf das Empfinden des Publikums, das in Momenten der stimmlichen Verlautbarung von Schmerz nicht selten gerade jene, eben erwähnten Vermischungen von Anziehung und Abstoßung, von Lust und Unlust durchlebt. Mit Rekurs auf unterschiedliche Theorien zum Schmerz, zur Stimme sowie zum Wahrnehmen und Empfinden konzipiert Rost die Erfahrung des fremden Schmerzes als leiblich affektive Teilhabe am Schmerz des anderen Menschen, womit die Erfahrung von stimmlich vermitteltem Schmerz des Anderen weder im moralischen Gefühl des Mitleids noch in distanzierter Beobachtung aufgeht.

---

17 Vgl. Konrad Paul Liessmann: Reiz und Rührung. Über ästhetische Empfindungen, Wien: Facultas 2004, S. 35f.

18 Ebd., S. 33.

19 Vgl. zum Einsatz von Stimmen im postdramatischen und experimentellen Theater u. a.: Doris Kolesch: »Stimmlichkeit«, in: dies./Erika Fischer-Lichte/Matthias Warstat (Hg.), Metzler Lexikon Theatertheorie, Stuttgart, Weimar: J.B. Metzler 2005, S. 317-320; Hans-Thies Lehmann: Postdramatisches Theater, Frankfurt/Main: Verlag der Autoren 1999, S. 274ff.

Geschlecht

Ein anderer Aspekt von Erfahrungsräumen von Stimmen kann mit der Kategorie »Geschlecht« umfasst werden. Die Stimme wird immer auch geschlechtlich wahrgenommen, wobei dieser Wahrnehmungs- und Zuschreibungsprozess ebenso wie die jeweilige stimmliche (sowie körperliche, modische etc.) Geschlechterperformance erst die Geschlechtlichkeit der sprechenden Person (mit-)konstituieren. Geschlecht – ebenso wie Sexualität und Begehren – ist im Sinne Judith Butlers als keine naturgegebene Größe zu verstehen, sondern als eine zeit- und kulturgebundene Konstruktion, die in Form ständiger Wiederholungen normativ bestimmter Praktiken, Handlungen, Erfahrungen, Wahrnehmungen und Urteile produziert wird.[20]

So werden in der westlichen Kultur männliche und weibliche Sprechstimmen vor allem hinsichtlich der Tonhöhe bzw. der Grundfrequenz unterschieden (die männliche Stimme ist etwa eine Oktave tiefer als die weibliche), aber auch anhand von Artikulation, Intensität oder Intonation werden männliche bzw. weibliche Stimmen wahrgenommen, erkannt und differenziert, wobei dies auf angelernte Stimm- und Hörmuster zurückzuführen ist.[21] Darüber hinaus erweist sich die Stimmwahrnehmung von Geschlechtsstereotypen bestimmt[22] bzw. können in der geschlechtsspezifischen Wahrnehmung stimmlicher Verlautbarungen Männlichkeits- und Weiblichkeitsklischees tradiert werden. Beispielsweise gilt in unserer Kultur bis heute die ›tiefe Stimme‹ als dominant, seriös und vertrauenswürdig, während im Gegensatz dazu die ›hohe Stimme‹ als unsicher, weniger kompetent und weniger durchsetzungsfähig wahrgenommen wird.[23] Dies zeigt sich auch im Bereich des Fernsehens oder Rundfunks, wenn Nachrichtensendungen oder Dokumentationen verstärkt mit tieferen (Frauen-)Stimmen ›besetzt‹ werden, um ein Bild von Seriosität, Objektivität, Geistigkeit und Wissenschaftlichkeit zu vermitteln.

Mit der konstruktivistischen Perspektive auf Stimme, Wahrnehmung und Geschlecht ist nicht gemeint, dass es keine gegebenen Körper- und

20 Vgl. Judith Butler: Das Unbehagen der Geschlechter, Frankfurt/Main: Suhrkamp 1990.
21 Vgl. Miriam Dreysse: »Die stimmliche Konstruktion und Dekonstruktion von Geschlechteridentitäten auf der Bühne«, in: Hans-Peter Bayerdörfer (Hg.), Stimmen – Klänge – Töne. Synergien im szenischen Spiel, Tübingen: Gunter Narr Verlag 2002, S. 81-91, hier S. 81f.
22 Vgl. Gisela Klann-Delius: Sprache und Geschlecht, Stuttgart, Weimar: J.B. Metzler 2005, S. 40.
23 Vgl. David Graddol/Joan Swann: Gender Voices, Oxford, Cambridge: Blackwell 1989, S. 32.

Stimmunterschiede zwischen Menschen gäbe, sondern vielmehr, dass die
Wahrnehmung und Einteilung von verschiedenen Körperlichkeiten bzw.
Stimmlichkeiten innerhalb eines normativen Systems von Zweige-
schlechtlichkeit und Heterosexualität geschieht, das kulturell konstituiert,
produziert und mithin potentiell verschiebbar oder veränderlich ist. Die
Kritik wendet sich vor allem an Formen der Naturalisierung, womit
Praktiken und Theorien innerhalb westlicher Gemeinschaften gemeint
sind, die jenen Konstruktionsprozess von Sex, Geschlechtsidentität und
Begehren über Körper, Gestik, Stimme, Kleidung und anderem gerade
verschleiern und mithin eine hierarchisch entworfene Zweigeschlecht-
lichkeit sowie Heterosexualität als das Natürliche, Echte und Wahre aus-
geben, während alle anderen, interferierenden Formen von Sex, Geschlecht und Begehren tendenziell abgewertet und ausgeschlossen
werden.[24]

Insbesondere die feministische Forschung sowie die Gender und
Queer Studies haben sich mit der Frage nach der Inszenierung und Erfahrung von Geschlechtern und Begehren über die Stimme auseinanderge-
setzt, wobei vor allem die Opernstimme Beachtung gefunden hat.[25] In
diesem Zusammenhang spielt das Thema Travestie eine wesentliche
Rolle: Dabei geht es einerseits um sogenannte Hosenrollen, bei denen
SängerInnen gegengeschlechtliche Rollen annehmen und andererseits um
bestimmte Singstimmen selbst, die gewissermaßen travestierende Effekte
aufweisen, indem sie zwischen traditionellen männlichen und weiblichen
Stimmregistern changieren.[26]

Elisabeth Wood hat verschiedene dieser travestierenden Stimmen in
der Oper untersucht und diesbezüglich den Begriff der »sapphonischen
Stimme« geprägt. Damit bezeichnet sie eine Gesangsstimme von Frauen,

---

24 Vgl. J. Butler: Das Unbehagen der Geschlechter.
25 Exemplarisch seien hier drei zentrale Arbeiten angeführt: Cathérine
   Clément: Opera or the Undoing of Women, London, New York: I.B. Tauris
   Publishers 1988; Wayne Koestenbaum: The Queen's Throat. Opera,
   Homosexuality and the Mystery of Desire, London: Penguin 1993; Michel
   Poizat: Angel's Cry: Beyond the Pleasure Principle in Opera, Ithaca, London: Cornell University Press 1992.
26 Stimm-Travestien müssen nicht nur Singstimmen, sondern können außerdem Sprechstimmen betreffen (vgl. Jenny Schrödl: »Vokale Travestien. Zu
   stimmlichen Geschlechterperformances auf der Bühne«, in: Doerte
   Bischoff/Martina Wagner-Egelhaaf (Hg.), Mitsprache, Rederecht, Stimmgewalt. Genderkritische Strategien und Transformationen der Rhetorik,
   Heidelberg: Universitätsverlag Winter 2006, S. 377-396.), ebenso wie sie
   nicht nur in der Oper zu finden sind, sondern auch im Theater, in subkultu-
   rellen Kontexten oder in der populären Musik. Vgl. zu Letzterem den Aufsatz von Philip Auslander: »The Inauthentic Voice: Vocal Production in
   Glam Rock«, in: Doris Kolesch/Jenny Schrödl (Hg.), Kunst-Stimmen, Berlin: Theater der Zeit 2004, S. 117-123.

das weibliche Falsett, das zwischen Kopf- und Brustregister produziert wird und das somit die klassische operntheoretische und -praktische Geschlechtereinteilung und -trennung von Gesangsstimmen unterläuft. Wesentlicher Punkt von Woods Auseinandersetzung ist, dass die sapphonische Stimme vor allem ein lesbisches Begehren und eine Erotik zwischen Frauen impliziert, die im Horizont normativ etablierter Heterosexualität sexuell-geschlechtliche Grenzverschiebungen und -überschreitungen bedeuten:»Its challenge is to the polarities of both gender and sexuality as these have been socially constructed and as stable, unchallengeable binary symmetry, for it suggests that both gender and sexuality are transferable.«[27] Ganz allgemein gesagt, ist die gegengeschlechtliche Verkleidung und ›Verstimmlichung‹ faszinierend,»weil sie das Erproben alternativer Lebensentwürfe zulässt und zugleich einen Riss, einen Bruch zwischen dem biologischen und dem sozio-kulturellen Geschlecht wahrnehmbar macht.«[28] Damit verweisen travestierende Praktiken darauf, dass Geschlecht und Begehren nicht etwas sind,»was man *hat*, sondern etwas, was man *tut*.«[29]

In ihrem Beitrag»Stimmen der Queer-Diven: Hosenrollen in der Oper und Zarah Leander auf der Schlagerbühne« geht Tiina Rosenberg eben jenen Phänomenen der Travestie nach, wobei sie Hosenrollen – am Beispiel der Figuren Cherubin aus *Figaros Hochzeit* und Octavian aus *Der Rosenkavalier* – einerseits und Zarah Leander anderseits als zwei Gattungen von Diven ausweist und untersucht. Eine wesentliche Gemeinsamkeit beider Divenarten stellt Rosenberg zufolge die Anziehungskraft der Stimmen dar, die sich mit den genderambivalenten Inszenierungen der Diven(-Stimmen) begründen lässt. Anhand verschiedener feministischer und queerästhetischer Begriffe und Theorien verfolgt Rosenberg die Spur der verqueren Diven-Stimmen, die oftmals mit einem homosexuellen Begehren verknüpft und zugleich fester Bestandteil schwullesbischer Kulturen sind.

27 Elisabeth Wood: ›Sapphonics«, in: dies./Philip Brett/Gary C. Thomas (Hg.), Queering the Pitch. The New Gay and Lesbian Musicology, New York, London: Routledge 1994, S. 27-66, hier S. 32.

28 Arbeitsgruppe»Gender«: »Begehrende Körper und verkörpertes Begehren. Interdisziplinäre Studien zu Performativität und *gender*«, in: Paragrana 13 (2004), S. 251-302, hier S. 253.

29 Vgl. ebd.

Literatur

Arbeitsgruppe »Gender«: »Begehrende Körper und verkörpertes Begehren. Interdisziplinäre Studien zu Performativität und *gender*«, in: Paragrana 13 (2004), S. 251-302.

Auslander, Philip: »The Inauthentic Voice: Vocal Production in Glam Rock«, in: Doris Kolesch/Jenny Schrödl (Hg.), Kunst-Stimmen, Berlin: Theater der Zeit 2004, S. 117-123.

Barthes, Roland: »Die Musik, die Stimme, die Sprache«, in: ders., Der entgegenkommende und der stumpfe Sinn, Frankfurt/Main: Suhrkamp 1990, S. 279-285.

Barthes, Roland: »Zuhören«, in: ders., Der entgegenkommende und der stumpfe Sinn, Frankfurt/Main: Suhrkamp 1990, S. 249-263.

Butler, Judith: Das Unbehagen der Geschlechter, Frankfurt/Main: Suhrkamp 1990.

Clément, Cathérine: Opera or the Undoing of Women, London, New York: I.B. Tauris Publishers 1988.

Derrida, Jacques: Die Stimme und das Phänomen. Einführung in das Problem des Zeichens in der Phänomenologie Husserls, Frankfurt/Main: Suhrkamp 2003.

Derrida, Jacques: Grammatologie, Frankfurt/Main: Suhrkamp 1974.

Dreysse, Miriam: »Die stimmliche Konstruktion und Dekonstruktion von Geschlechteridentitäten auf der Bühne«, in: Hans-Peter Bayerdörfer (Hg.), Stimmen – Klänge – Töne. Synergien im szenischen Spiel, Tübingen: Gunter Narr Verlag 2002, S. 81-91.

Graddol, David/Swann, Joan: Gender Voices, Oxford, Cambridge: Blackwell 1989.

Klann-Delius, Gisela: Sprache und Geschlecht, Stuttgart, Weimar: J.B. Metzler 2005.

Kluge, Friedrich: Etymologisches Wörterbuch der deutschen Sprache, Berlin, New York: Walter de Gruyter 1999.

Koestenbaum, Wayne: The Queen's Throat. Opera, Homosexuality and the Mystery of Desire, London: Penguin 1993.

Kolesch, Doris: »Gesten der Stimme. Zur Wirksamkeit theatraler Situationen am Beispiel von *Emanuelle Enchanted* und *In Real Time*«, in: Hans Peter Bayerdörfer (Hg.), Stimmen – Klänge – Töne. Synergien im szenischen Spiel, Tübingen: Gunter Narr Verlag 2002, S. 153-163.

Kolesch, Doris: »Stimmlichkeit«, in: dies./Erika Fischer-Lichte/Matthias Warstat (Hg.), Metzler Lexikon Theatertheorie, Stuttgart, Weimar: J.B. Metzler 2005, S. 317-320.

Kolesch, Doris: Theater der Emotionen. Ästhetik und Politik zur Zeit Ludwigs XIV., Frankfurt/Main, New York: Campus 2006.

Lehmann, Hans-Thies: Postdramatisches Theater, Frankfurt/Main: Verlag der Autoren 1999.

Liessmann, Konrad Paul: Reiz und Rührung. Über ästhetische Empfindungen, Wien: Facultas 2004.

Merleau-Ponty, Maurice: Das Sichtbare und das Unsichtbare, München: Wilhelm Fink Verlag 1986.

Mersch, Dieter:»Präsenz und Ethizität der Stimme«, in: Doris Kolesch/ Sybille Krämer (Hg.), Stimme. Annäherung an ein Phänomen, Frankfurt/Main: Suhrkamp 2006, S. 211-236.

Poizat, Michel: Angel's Cry: Beyond the Pleasure Principle in Opera, Ithaca, London: Cornell University Press 1992.

Scherer, Klaus R.:»Die vokale Kommunikation emotionaler Erregung«, in: ders. (Hg.), Vokale Kommunikation. Nonverbale Aspekte des Sprachverhaltens, Weinheim, Basel: Beltz Verlag 1982, S. 287- 306.

Schrödl, Jenny:»Vokale Travestien. Zu stimmlichen Geschlechterperformarces auf der Bühne«, in: Doerte Bischoff/Martina Wagner-Egelhaaf (Hg.), Mitsprache, Rederecht, Stimmgewalt. Genderkritische Strategien und Transformationen der Rhetorik, Heidelberg: Universitätsverlag Winter 2006, S. 377-396.

Waldenfels, Bernhard: Bruchlinien der Erfahrung. Phänomenologie, Psychoanalyse, Phänomenotechnik, Frankfurt/Main: Suhrkamp 2002.

Waldenfels, Bernhard:»Stimme am Leitfaden des Leibes«, in: Cornelia Epping-Jäger/Erika Linz (Hg.), Medien/Stimmen, Köln: DuMont 2003, S. 19-35.

Westphal, Kristin: Wirklichkeiten von Stimmen: Grundlegung einer Theorie der medialen Erfahrung, Frankfurt/Main, Berlin: Lang 2002.

Wood, Elisabeth:»Sapphonics«, in: dies./Philip Brett/Gary C. Thomas (Hg.), Queering the Pitch. The New Gay and Lesbian Musicology, New York, London: Routledge 1994, S. 27-66.

MONSTRÖSE GEFÜHLE:
DIE KUNST DER KLAGE

JENS ROSELT

Fremdes Leid

In Winfried G. Sebalds Prosatext *Campo Santo* berichtet der Erzähler von einem Besuch auf einem korsischen Friedhof bei Piana. Die Beschreibung des verwaisten Ortes führt ihn zu Gedanken über die regionalen Bestattungsrituale. Besondere Aufmerksamkeit finden dabei die *voceratrici*, die Klageweiber, die er selbst nicht erlebt hat, von deren Auftreten er sich aber durch zeitgenössische Berichte aus dem 19. und frühen 20. Jahrhundert eine Vorstellung macht. Diese Berichte sind von fremden Reisenden geschrieben, die vom Gesang der Frauen sowohl fasziniert als auch abgestoßen waren. Es ging um die »sonst zum Schweigen verurteilten Frauen«[1], die bei der Totenwache die führenden Rollen übernahmen, und »die ganze Nacht hindurch ihre Klagen sangen und schrien und [...] wie die Furien der Vorzeit das Haar sich rauften und das Angesicht sich verkratzten, allem Anschein nach vollkommen außer sich vor blindem Zorn und Schmerz«[2]. Die Verunsicherung, die von ihnen ausging, dürfte nicht nur mit dem archaischen Ausdrucksrepertoire der Damen zu tun haben; sondern sie spricht sich in der Formulierung ›allem Anschein nach‹ aus. Denn bemerkenswert war für die zeitgenössischen Beobachter nicht nur, dass sich die Klageweiber »in tranceartige Zustände hineinsteigerten, vom Schwindel ergriffen wurden und in Ohnmacht fielen«, sondern auch dass sie dabei »durchaus nicht den Eindruck erweckten, als seien sie überwältigt von wahrer Emotion«[3]. In manchen Berichten ist »von einer auffälligen Gefühllosigkeit oder Starre« die Rede, »in welcher die Sängerin ungeachtet ihrer in den höchsten Stimmlagen konvulsivisch sich überschlagenden Passion, nicht eine einzige Träne vergießt«[4]. Dieser Verdacht angesichts der Erfahrung der Trauer-

---

1 Winfried G. Sebald: Campo Santo, Frankfurt/Main: Fischer 2006, S. 28.
2 Ebd., S. 28f.
3 Ebd., S. 29.
4 Ebd.

zeremonie wird auch durch die Kenntnis von deren genaueren Umständen geweckt. Klageweiber müssen nicht Teil der trauernden Familie sein oder sonst eine persönliche Bindung zum Verstorbenen haben. Sie klagen gewissermaßen auf Bestellung; ihre Klage ist eine semi-professionelle Tätigkeit, die einen umrissenen zeitlichen Umfang hat und für die sie nicht selten noch vor Ort entlohnt werden. Auch die Tatsache, dass das Klagen kein spontanes Ereignis ist, sondern »ein beträchtliches Maß von praktischer Vorbereitung und, beim Singen selber, von rationalem Dirigismus vonnöten« ist, macht diese Praxis suspekt. Schnell ist dann von »Schauspielerei«[5] die Rede, wobei die Klageweiber jener pejorative Bannstrahl trifft, mit dem vermeintlich ›schlechte‹ Schauspieler spätestens seit dem 18. Jahrhundert belegt werden: Ihr Auftritt ist nicht echt, wirkt nicht wahrhaftig, sie zeigen ein hohles Gepränge und Schablonenspiel – es sind Knallchargen.

Das Anblicken und Anhören der Klageweiber führt zum Gewahrwerden bzw. zur Konstruktion eines Widerspruchs: Auf der einen Seite das echte Gefühl einer »tatsächlich bis an den Rand der Selbstauflösung gehenden Verzweiflung«[6], das »Ausdruck zutiefst empfundener Seelenschmerzen«[7] ist, und auf der anderen Seite die Kalkulation einer Wirkung, die Berechnung einer, wie es bei Sebald heißt, »auf ästhetische Modulationen bedachten, geradezu durchtriebenen, um nicht zu sagen abgefeimten Manipulation des Publikums, vor dem wir unsere Leiden ausstellen«[8]. Sebald freilich will einen solchen Widerspruch nicht gelten lassen, sondern erkennt in dem Verhalten von Klageweibern »das wohl bezeichnendste Merkmal unserer verstörten, an sich selber irre gewordenen Art.«[9] Er bezieht sich dabei auf Initiations- und Opferrituale archaischer Gesellschaften, von denen in der anthropologischen Literatur etwa bei Johan Huizinga oder Claude Lévi-Strauss die Rede ist, und erwähnt auch die Pathologisierung ähnlicher Phänomene in westlichen Gesellschaften am Beispiel der Theatralisierung der Hysterikerinnen um die Wende zum 20. Jahrhundert.

Im Folgenden soll es jedoch nicht darum gehen, eine ethnologische Perspektive einzunehmen, um die sicherlich vorhandenen vielfältigen und wechselseitigen kulturellen Missverständnisse bei der Wahrnehmung von Klageweibern aufzudecken. Vielmehr wird der Moment der Verstörung selbst zum Ausgangspunkt der Beobachtung gemacht. Man mag diese Erfahrung vielleicht gut verstehen, selbst wenn man Klageweibern

---

5   Winfried G. Sebald: Campo Santo, Frankfurt/Main: Fischer 2006, S. 29.
6   Ebd.
7   Ebd., S. 29f.
8   Ebd., S. 30.
9   Ebd.

nie leibhaftig begegnet ist und ihre Gesänge nur medial vermittelt und journalistisch aufbereitet kennt. Es handelt sich um eine Art von Erfahrung, die man auch im zeitgenössischen Theater machen kann. Im phänomenologischen Sinne lässt sich die Verstörung als Indiz für die Begegnung mit Fremdheit auffassen. Es geht dabei um die Erfahrung von etwas, das einem nicht zu eigen ist, das man nicht versteht, das einen aber gerade durch dieses Sich-Entziehen betrifft und in den Bann schlagen kann. Die Rede ist von einer Form der Betroffenheit, die verstörend oder eben befremdlich ist, insofern tradierte Register des Verhaltens womöglich nicht ziehen. Mit Bernhard Waldenfels kann man feststellen, dass die Begegnung mit Fremdheit auch das Eigene empfindlich tangiert: »Die Erfahrung des Fremden impliziert ein Fremdwerden der eigenen Erfahrung, da diese im Zusammenstoß mit dem Fremden ihre Selbstverständlichkeit einbüßt.«[10]

Selbstverständlichkeiten

Die Fremdheit hat damit zu tun, so die These, dass in diesen Momenten Selbstverständlichkeiten in Frage gestellt werden, die mit unserem Verständnis von Emotionalität zu tun haben. Diese Konzeption der Emotionalität des Menschen kann anhand einer Reihe von Prämissen skizziert werden. Im Einzelnen geht es um den Ausdruck von Gefühlen, die Subjektivität von Gefühlen und die Ökonomie von Gefühlen.

Eine Prämisse geht davon aus, dass Gefühle nicht schlichtweg gegeben sind, sondern ausgedrückt werden müssen. Der Begriff Ausdruck stiftet eine heikle Dialektik, insofern man annimmt, dass der Ausdruck notwendig zum Gefühl gehört, mit diesem aber nicht identisch ist. Mit anderen Worten: Kein Gefühl ohne Ausdruck, aber der Ausdruck ist nicht das Gefühl.

Mit dem Begriff Ausdruck verbindet sich die Vorstellung, dass Gefühle primär eine innere Angelegenheit sind, die sich sekundär Luft machen, indem sie durch den Körper ausgedrückt werden. Gefühle sind also etwas, das raus muss. Eine sinnfällige Beschreibung dieses Gedankens aus der ersten Hälfte des 20. Jahrhunderts findet sich in der Schauspieltheorie des russischen Theatermachers Konstantin S. Stanislawski:

»Im Innern des Menschen sind Wille, Verstand, Gefühl, Vorstellungskraft und Unbewußtes tätig, während der Körper wie ein ungewöhnlich empfindliches Barometer deren schöpferische Arbeit widerspiegelt. [...] Wir müssen unseren

---

10 Bernhard Waldenfels: Grenzen der Normalisierung, Frankfurt/Main: Suhrkamp 1998, S. 43.

Körper, seine Bewegungen und alles, womit wir unser Erleben offenbaren können, so weit ausbilden, dass jede Emotion instinktiv, schnell und anschaulich gestaltet wird.«[11]

Eine andere Prämisse unterstellt, dass Gefühle subjektgebunden, individuell und privat sind. Ein Gefühl geht vom Einzelnen aus bzw. kann auf diesen zurückgeführt werden. Was darüber hinausgeht, ist ein intersubjektives Phänomen der Vermittlung, das den Gefühlen selbst sekundär ist. Wo Gefühle in sozialen Formationen eine Rolle spielen, muss es sich also um einen Vorgang der Addition handeln. Zwar erfolgt der Ausdruck von Gefühlen spontan und ist nicht auf Wirkung bedacht, doch in Wahrnehmungskonstellationen können Gefühle der Gefahr der Verfälschung unterliegen.

Eine weitere Prämisse geht schließlich davon aus, dass Gefühle einer Ökonomie der Entwicklung unterliegen. Ein Gefühl ist nicht einfach da, sondern es kommt irgendwoher und es geht irgendwohin. Mit der Ökonomie der Entwicklung von Gefühlen ist ferner die Vorstellung verbunden, dass dieser Verlauf beschreibbar und nachvollziehbar sein kann.

Diese Prämissen können durchaus als Vorurteile angesehen werden, die sozial tradiert sind. Gleichwohl können sie für ein aufgeklärtes eurozentrisches Verständnis von Emotionalität wirkmächtig sein. Entscheidend ist, dass Klageweiber alle diese Prämissen zu unterwandern scheinen: Ihr Leid ist nicht biografisch verbürgt und nicht innerlich initiiert; ihre Klage ist eine willkürliche Gemeinschaftsproduktion; sie wird ad hoc vollzogen, weist keine Entwicklung auf und bedient sich stereotyper, repetitiver Formen. Doch wenn es Phänomene gibt, die diese Selbstverständlichkeiten fragwürdig machen, dann wird jenseits davon eine andere Form von Emotionalität denkbar, die einem nicht geheuer sein kann – die also ungeheuer ist. In diesem Sinne soll von monströsen Gefühlen die Rede sein.

Dieser Gedanke wird nun anhand einer Reihe von Theater-Beispielen verfolgt. Der Orientierungspunkt bleibt dabei die Klage. Das Klagen als Vorgang aktueller Leiderfahrung kennzeichnet einen Moment intensiver Emotionalität, bei dem sich unvermittelt formale Muster oder ästhetische Modulationen einstellen können. Die Darstellung bzw. der Ausdruck des Leids ist ein komplexer Vorgang, an dem körperliche Gesten und die Wortsprache Anteil haben, bei dem aber vor allem die Stimme eine zentrale Rolle spielt. Die Stimme wird so mit Doris Kolesch und Sybille Krämer als ein Schwellenphänomen verstanden, das zwischen Sinn und Sinnhaftigkeit, Indexikalität und Symbolik, Psyche und Physis, Aktion

---

11 Konstantin Sergejewitsch Stanislawski: Die Arbeit des Schauspielers an sich selbst, Teil II, Berlin: Henschel 1996, S. 347.

und Passion changiert und dabei »Körper und Seele, Materie und Geist«[12] betrifft. Vielleicht kann man beim Klagen die Stimme auf der Schwelle ertappen.

Björk

Um heutzutage eine Klage zu hören, muss man nicht entlegene Friedhöfe aufsuchen; auch aus dem Radio tönt das Klagen. Diesen Eindruck kann man zumindest haben, wenn man das Lied *Violently Happy* der isländischen Sängerin Björk hört. Björk ist ein Klageweib der Popkultur, das manche mindestens so enervierend finden wie Klageweiber auf Korsika. Es mag naheliegend sein, ein Lied mit einer derart melancholischen Titelzeile als Klage zu bezeichnen, doch um es als solche aufzufassen, muss man kein Wort davon verstehen. Björks Klagen operiert an der Grenze des Sagbaren. Es vermittelt sich im Klang der Stimme, die gerade dann hörbar wird, wenn die Worte zu Lauten werden. Seufzen, Atmen, Stöhnen, Keuchen, Gurgeln gehören zum Repertoire des Klagens im Allgemeinen und Björks im Besonderen. Dabei ist bewusst von Repertoire die Rede, denn es handelt sich nicht um quasi vorsprachliche Randerscheinungen, durch die jemand in einen präzivilisatorischen Zustand zurückfiele, sondern um akustische Phänomene, die kontrolliert und gezielt, präzise oder virtuos eingesetzt werden können.

Die Sängerin produziert diese Laute nicht allein mit ihrem physischen Stimmapparat, denn ihre Stimme ist medial vermittelt und audiotechnisch aufbereitet. Es entsteht so ein medialer Verwaschungseffekt, wobei dieser technische Einfluss bei Björk-Aufnahmen häufig nicht kaschiert wird. Schließlich kann man feststellen, dass die Klage retardiert. Wir hören Wiederholungsfolgen mit minimalen Variationen. Die Klage tritt gewissermaßen auf der Stelle. Das Klagen folgt nicht einer Ökonomie der Entwicklung, sondern einer Ökonomie der Wiederholung. Häufig beginnen Klagen unmittelbar am Anschlag, wobei die Erfahrung von Steigerung eher der penetranten Wiederholung monotoner Lautfolgen geschuldet ist. Die Ökonomie der Wiederholung verweist auf die eigentümliche Zeitlichkeit des Klagens, deren Gegenwärtigkeit erst vor dem Hintergrund der Zukunfts- oder Ausweglosigkeit zum Tragen kommt. Diesem Aspekt wird mit dem nächsten Beispiel nachgegangen.

---

12 Doris Kolesch/Sybille Krämer: »Stimmen im Konzert der Disziplinen«, in: dies. (Hg.), Stimme. Annäherung an ein Phänomen, Frankfurt/Main: Suhrkamp 2006, S. 7-15, hier S. 12.

Orestie

Mit dem Auftritt der Kassandra (Elke Petri) in Peter Steins Inszenierung der *Orestie* des Aischylos an der Schaubühne in Berlin (1980) erschallt ein Klageruf im Tempel des deutschen Sprechtheaters. In Steins Inszenierung wird in damals ungewohnter Weise mit den Stimmen der Schauspielerinnen und Schauspieler gearbeitet. Ungewohnt deshalb, weil die Stimmen nicht nur das Instrument sprachlicher Artikulationen, also der Aussprache des Textes sind, sondern auch Töne und Laute produziert werden, die als Heulen, Stöhnen, Jaulen, Wimmern, Jammern oder eben Klagen deutlich von der Aussprache der Worte abgesetzt sind. Abgesetzt meint, dass die stimmlichen Laute nicht lediglich die Soundkulisse des Sprechtextes sind, also beispielsweise eine Figur spricht und ihre Worte mit Stöhnen garniert, sondern dass der Vernehmbarkeit der Stimmphänomene ein eigener Raum gegeben wird. So beginnt der zweite Teil der *Orestie*, die Totenspende, mit einem mehrminütigen Jaulen der Weihgussträgerinnen, die dabei hinter einer Mauer verborgen bleiben. Orest betritt so einen Klangraum, der von der Klage über den Tod des Agamemnon tönt, doch menschenleer bzw. körperlos ist. Das Leid bleibt anonym.

Auch der Auftritt der Kassandra im ersten Teil, Agamemnon, vollzieht sich zunächst primär über die Stimme. Ihr Körper ist mit einem weißen Tuch bedeckt, unter dem sie bewegungslos auf dem Wagen Agamemnons hockt. Menschliche Umrisse sind nicht zu erkennen. Im Gespräch zwischen Agamemnon und Klytaimnestra spielt sie keine Rolle. Erst nachdem Klytaimnestra Kassandra auffordert, ins Haus zu kommen, richtet sich die Aufmerksamkeit des Chores und der Zuschauer auf Kassandra, indem ein leises Wimmern hörbar wird, das auf das Tuch verweist. In den amorphen Lauten nimmt man bald Wiederholungen der Lautfolge wahr, die eine rhythmische Struktur ergeben können, wodurch die Klage eine eigene Form von Musikalität gewinnt. Kassandra zeigt sich nicht und verweigert auch die explizite Ansprache. Erst nach dem Abgang Klytaimnestras macht sie sich deutlicher vernehmbar. Dabei zeigt ihr Klagen drei formale Spielarten: hechelndes Stöhnen, den expliziten Klageruf und den verbalen Ausruf (»Apollon!«). Die Übergänge sind fließend, auch der verbale Ausspruch wird erst nach der Wiederholung als solcher erkannt. Interessant ist aber nicht nur diese Schwelle zur Sprache, sondern vor allem die, bei der das Hecheln und Stöhnen einen Rhythmus hörbar macht. Bereits der Atem hat eine Struktur, die stimmlich vernehmbar wird und von der klagenden Figur reguliert wird.

Dass ausgerechnet Kassandra die Klagende ist, bringt schon im Text der Tragödie die besondere Zeitlichkeit des Klagens auf den Punkt. Kassandra ist Hellseherin bzw. Wahrsagerin, das heißt, sie ist eine beredte Frau, der die Worte sonst nicht fehlen. Sie hat die Gabe, in die Zukunft zu sehen, doch gerade durch diese Fähigkeit wird sie auf die eigene Zukunftslosigkeit verwiesen. Sie sieht den Mord, der an ihr begangen wird, wenn sie das Haus betritt. Ihre Klage pocht auf diesen Moment der Gegenwärtigkeit im Angesicht des nahen, sicheren Todes. Die letzte Chance auf Veränderung, das Fünkchen Hoffnung auf eine mögliche Wendung, schließt die Klage kategorisch aus. Genau das ist das Enervierende der Klage, das auch auf den Chor der Alten so befremdlich wirkt. In der Szene mit Kassandra spricht er seine Irritation gegenüber der Klagenden aus, indem er drei Vorbehalte formuliert: Erstens ist das laute Klagen eine Anmaßung, ein eitler Wahn. Wer von anderen als leidend wahrgenommen werden will, treibt eine Inszenierung. Zweitens erscheint dem Chor die ästhetische Modulation der Klage als Lied, das er mit dem Gesang einer Nachtigall vergleicht, für unangebracht: »Woher nur strömte zu, gottheitgesandt dir zu, Die Qual eitlen Wahns, Dass du, was furchtbar düstern Tons Klang hat, Zum Liede prägst, zugleich voll und schön hell Getön?«[13] Und schließlich versucht der Chor, die Klage begreifbar zu machen, indem er sie in einem rationalen Diskurs begründet und nach Ursachen und Lösungsmöglichkeiten sucht. Er fragt Kassandra, warum sie überhaupt in das Haus geht, wenn sie doch weiß, dass dieser Gang ihr den Tod bringt. Doch die Suche nach Rettung und dem letzten Ausweg ist nicht das Thema der Klagenden. Kassandra befindet sich nicht in der Krise, die ja immerhin noch eine Entscheidung zu fassen verlangen würde: »'s gibt kein Entrinnen, kein, o Freunde, Mehr an Zeit.«[14]

Schließlich kommt Kassandra vom Wagen herunter, legt die Hüllen ab und will das Haus betreten. Auf ihrem Weg zur Pforte taumelt und schwankt sie, doch auf der Schwelle macht sie Halt, nimmt eine souveräne, kontrollierte Pose ein, um einen lauten, geführten Klageruf auszustoßen.

Das Pathos der Figur wird hier nicht durch einen Monolog formuliert, sondern ihr Leiden am Limit wird stimmlich zum Ausdruck gebracht, wobei die Leidende diesen Akt gleichwohl zu regulieren vermag. Ihre Klage folgt einer Ökonomie der Wiederholung und lässt wohl nicht nur den Chor in Frage stellen, ob das zur Schau gestellte Leid individuell verbürgt – also echt – ist. Insofern kann der Klageruf der Kassandra auch dem Publikum ungeheuer vorkommen.

---

13 Aischylos: »Orestie«, in: Bernhard Zimmermann (Hg.), Aischylos Tragödien, Zürich/Düsseldorf: Artemis & Winkler 1996, S. 215-467, hier S. 287.
14 Ebd., S. 295.

Aus heutiger Sicht besteht die Leistung von Steins Inszenierung vor allem darin, dass sie die Tragödie einer bestimmten Tradition theatraler Aneignung entrissen hat, die vor allem auf den tragischen Konflikt, die Handlung und einen Schulddiskurs gerichtet ist und damit auf jenen Aspekten basiert, die durch die Wortsprache vermittelt werden. Stein zeigt, dass die Tragödie nicht nur verstehbar, sondern auch hörbar ist und dass dabei Formen eine Rolle spielen, die im damaligen europäischen Sprechtheater fremd waren.

Im Angesicht des Todes: Need Company

In der antiken Tragödie treten die Klagenden vor den Palast, im postdramatischen Theater treten sie vor ein Mikrofon; in beiden Fällen geht es um eine Form von Gerichtetheit der expliziten Aussprache jenseits des Privaten. Das macht die Klage auch für jene Formen postdramatischen Theaters interessant, die nicht die interne dialogische Kommunikation zwischen den Figuren zum Thema machen, sondern mit dem externen Kommunikationssystem zwischen Bühne und Publikum arbeiten.

Als Beispiel dient eine Szene aus der *Snakesong Trilogy* von Jan Lauwers und der Need Company (Gesamtfassung 1998). Im zweiten Teil der Trilogie »Le Pouvoir (Leda)« steht Vivian de Muynck in aufrechter Positur vor einem Mikrofonstativ. Ihre Körperhaltung ist locker und kontrolliert. Die Beine sind gestreckt und gleichmäßig belastet, beide Arme werden links und rechts vom Rumpf hängen gelassen. Die Schauspielerin ist fast nackt; sie trägt nur einen schwarzen BH und ein schwarzes Höschen. Gelassen scheint die Frau die Blicke der Zuschauer auf ihren alternden, üppigen Körper hinzunehmen. Der dramaturgische Zusammenhang der Szene ist eine Familiengeschichte. Vivian de Muynck ist die Mutter, deren baldiger Tod der Familie gerade zu Wissen gegeben wurde. Mit ruhiger und gesetzter Stimme spricht de Muynck ein Lamento ins Mikrofon, das mit folgenden Zeilen beginnt: »I'm not dying yet. What do you all think? That I can't see through you? You are all so stupid. I've got time under control. I'll determine when I die.«[15] Die Worte werden deutlich ausgesprochen und die Sätze von einander abgesetzt. Konventionelle Gesten der Scham (z. B. Verdecken der Brust mit den Armen), Angst (z. B. Haare raufen, Sich-Verbergen) oder Ohnmacht (z. B. Hände in den Himmel oder das Publikum strecken) fallen völlig aus. Über Minuten spricht de Muynck den Text mit dieser bedrückenden Gelassenheit; doch mit der Zeit kullern dicke Tränen aus den Augen der Frau und verwischen ihren Lidstrich merklich.

---

15 Zitiert nach dem unveröffentlichten Bühnenmanuskript der Need Company.

Einige Meter neben der Mutter steht Ina Geerts als Tochter ebenfalls an einem Mikrofon mit Stativ, das frontal zum Publikum ausgerichtet ist. Ihre Mimik ist nicht zu erkennen, da die Haare ins Gesicht gekämmt sind. Die Schauspielerin agiert in erster Linie stimmlich. In regelmäßigen Abständen keucht sie ein rhythmisches Stöhnen, das nach Verzweiflung klingt, ins Mikrofon. Im Gegensatz zu de Muynck spricht sie in dieser Szene keine Worte. Die Klage ist gewissermaßen eine Koproduktion von Mutter und Tochter. Obwohl die große Klagegeste dabei ausbleibt, kann diese Szene dem Zuschauer befremdlich vorkommen. Monströse Gefühle müssen nämlich nicht notwendig mit geisterbahnartigen Effekten des Schrecks und der Vergrößerung einhergehen. Ungeheuer erscheint in dieser Szene vielmehr das Bewahren oder Einnehmen einer Haltung im Angesicht des Todes. Die Formgebung beginnt nicht erst mit dem Einnehmen einer Pose oder der Aussprache eines Textes in Versen, sondern schon beim Einsatz der Atmung, ohne dass konventionelle oder verstehbare körperliche Gesten des Leids oder Mitleids in Szene gesetzt werden müssen. Die Schauspielerinnen stehen konzentriert und kontrolliert, sie wenden sich nicht einander zu. Die Körperfront ist dem Publikum zugewandt. Aber auch hier gibt es keine Blicke, die eine interpersonale Beziehung herstellen wollen. Dadurch wird eine Form der Distanz vermittelt, die sowohl auf das Verhältnis zwischen Schauspielerin und ihrer Rolle, den Klagenden und ihrem Schicksal, als auch den Zuschauern und der Figur bezogen werden kann. Diese gewährleistet, dass bei aller Nachvollziehbarkeit und Verstehbarkeit des Leids eine Art des befremdeten Erschauerns ermöglicht wird. Die Mutter spricht in ruhigem Tonfall, der den gesamten Monolog kennzeichnet. Von einer Entwicklung, – etwa zwischen Leid, Depression, Aufbäumen, Hoffnung, Unsicherheit und schließlich Akzeptanz – kann nicht die Rede sein. Im Moment, da die Stimme erhoben wird, ist dieser Prozess schon gelaufen. Die Klage ist eine Mitteilung. Sie ruft zur Kenntnisnahme auf.

Auch das Schluchzen der Tochter wird in sich wiederholenden Schleifen vorgetragen, die keine Entwicklung beschreiben. Hier ist das Mikrofon bzw. das Ins-Mikrofon-Sprechen integraler Bestandteil des Ausdrucks und zwar nicht nur wegen der technischen Verstärkung, sondern weil die Körperstellung und der Gestus der Aussprache auf das Mikrofon bezogen sind. Während die Klage in diesem Beispiel als akustisches Zwischengeschehen von Mutter und Tochter entsteht, soll das Klagen mit dem abschließenden Beispiel als kollektiver Vorgang beobachtet werden.

Antigone

Es geht um die *Antigone*-Inszenierung des Living Theatre aus den 1970er Jahren, die als Aufzeichnung einer Aufführung in Italien 1980 vorliegt. Das Living Theatre spielt die *Antigone des Sophokles* in der Bearbeitung von Bertolt Brecht, der die Tragödie als Antikriegsstück versteht. Es dauert jedoch über zwanzig Minuten, bis in der Aufführung ein Wort Sophokles' bzw. Brechts fällt. Der Beginn der Aufführung wird schweigend vollzogen. Einzelne Darsteller (ein Mann, eine Frau, dann wieder ein Mann usw.) treten auf die Bühne und richten ihre Körperfront zum Publikum aus. Mit jedem Auftritt verschiebt sich die Konstellation der Darsteller, ohne dass die Zuschauer einzelne Rollen explizit zuweisen können. Nach ungefähr zehn Minuten wird etwa eine Viertelstunde stimmlich (nicht sprachlich) agiert. Der Übergang vom visuellen zu einer Art akustischem Tableau wird abrupt vollzogen. Die Darsteller stürzen schreiend zu Boden, nehmen eine kauernde Haltung ein und verfallen in ein Jaulen, das an den Klang von Alarmsirenen erinnert. Man kann diese Szene als Klage auffassen; auch hier ist die Wiederholung einfacher Lautfolgen zu vernehmen. Die Assoziation zu Kriegssirenen kann auch semiotisch gerechtfertigt werden, denn in der Folge werden die Schlacht und der Kampf zwischen Eteokles und Polymeikes pantomimisch dargestellt. Befremdlich erscheint vor allem die entindividualisierte Form der Klage. Es wird ein gemeinsamer Stimmraum geschaffen, der insofern vielstimmig ist, als man einzelne Lautschleifen vernehmen, diese aber nicht einzelnen Darstellern zuschreiben kann. Zur körperlichen Klagegeste gehört auch hier das Verbergen des Gesichts, das für den Ausdruck von Emotion ansonsten so prominent ist. Eine Zuweisung der Klage zu einzelnen Rollen ist nicht möglich, da die Rollenzuweisung durch Kreon bzw. Julian Beck als Spielführer erst noch erfolgen wird. Man hört und sieht eine Art kollektiven Klagens, das angesichts des Kriegs von einer individuellen Leiderfahrung abstrahiert.

Die Vermittlung von Leid in der Klage – das sollten die durchaus unterschiedlichen Beispiele gezeigt haben – stellt mit den Prämissen vom individuellen Ausdruck der Gefühle und ihrer Ökonomie der Entwicklung auch die Darstellungskonventionen des westlichen Theaters in Frage. Hierin kann ihre mitunter monströse Wirkung auf das zeitgenössische Publikum bestehen. Dabei spielt die Stimme in allen Beispielen eine herausragende Rolle, wobei die Aufmerksamkeit der Zuschauer bzw. Zuhörer gerade auf jene stimmlichen Phänomene gelenkt wird, die im Dienst der Wortsprache sonst häufig überhört werden.

Klage und Anklage

Wenn man davon ausgeht, dass das Klagen als stimmliches Phänomen schon mit der vernehmbaren Atmung oder dem Stöhnen und Keuchen einsetzt und also nicht auf die Wortsprache reduziert werden kann, ist zu fragen: Was sagt die Klage eigentlich?

Um dieser Frage nachzugehen, erscheint es sinnvoll, zwei Aspekte des Klagens zu unterscheiden: die Klage und die Anklage. Als Ausgangspunkt für die Gegenüberstellung sollen folgende zwei Sätze dienen: »Ich klage Ihnen mein Leid.« Und: »Ich klage Sie an.« Der Satz »Ich klage Sie an« ist, wenn nicht sinnlos, so doch stark erläuterungsbedürftig, insofern der Sprecher doch erwähnen sollte, wessen er den Hörer anklagt. (»Ich klage Sie an, das und das gemacht zu haben.«) Die Anklage eröffnet also einen Begründungszusammenhang, der letztlich zu einem Schuld-Diskurs führt. Der Satz »Ich klage Ihnen mein Leid« kann diesen Begründungszusammenhang entbehren. Das heißt, das Leid kann sehr wohl eine Ursache haben und man kann diese Ursache durchaus wissen wollen, doch um zu leiden und um sein Leid zu klagen, muss man diese Ursache ebenso wenig kennen, wie ein Hörer sie verstehen muss, um die Klage zur Kenntnis zu nehmen. Man kann sagen: »Ich weiß nicht, warum ich so leide.« Aber der Satz: »Ich klage Sie an, weiß aber nicht wessen«, ist zumindest kafkaesk.

Die Anklage setzt einen Prozess in Gang, in dem Argumente vorgetragen werden, eine Verteidigung oder ein Urteil provoziert wird. Die Anklage ist ein Appell an jemanden oder etwas und gegen jemanden oder etwas. Sie ist zielgerichtet, indem sie die Veränderung eines Zustands oder ein Urteil herbeiführen will. Die Anklage ist retrospektiv, da sie sich auf etwas bezieht, was schon geschehen ist, und sie ist prospektiv, insofern sie Konsequenzen für die Zukunft fordert. Die Klage hingegen hat keine Zukunft; sie ist geradezu der Ausdruck der Zukunftslosigkeit und verharrt in Gegenwärtigkeit, pocht auf den Moment, in dem die aktuelle Leiderfahrung rumort. Dabei verweist die Klage im Gegensatz zur Anklage auf eine Form der Präsenz, die gerade stimmlich vermittelt sein kann. Denn für eine Anklage muss man seine Stimme gar nicht erheben, das Stellvertreterprinzip ist allgemein anerkannt. Nicht nur vor Gericht kann eine Anklage von anderen vorgebracht werden, dies geschieht auch schriftlich, ohne dass man überhaupt anwesend sein muss. Die Überzeugungskraft des Anklägers wird nicht in Frage gestellt durch die Tatsache, dass dieser in aller Regel gar nicht persönlich in den verhandelten Fall involviert ist. Niemand würde deshalb einem Rechtsanwalt vorwerfen, er wäre nicht echt oder wahrhaftig. Das Delegieren der Klage ist hingegen problematisch oder, wie bei den Klageweibern, zumindest suspekt. Während die Anklage in der Wortsprache zu ihrem Recht kommt, ist das Medium der Klage die Stimme eines Subjekts, das angesichts eines Verlustes Größe gewinnt und – im Gegensatz zum Jammern – akustisch über sich hinausgeht. Das Klagen verweist damit auf einen Aspekt der *condition humaine*, der nicht justitiabel ist.

Appell

Die Unterscheidung von Klage und Anklage kann man nutzen, um noch einmal nach der Fremderfahrung bei der Klage bzw. nach dem Ungeheuren zu fragen, das im Klagen vernehmbar wird. Doris Kolesch hat in ihren Arbeiten zur Stimme betont, dass die Stimme Appellcharakter hat, insbesondere die von Schauspielern auf der Bühne: »In anderer Weise als Klänge oder Geräusche sind diese Stimmen erwiderungsbedürftig, sie appellieren an uns, erheben Anspruch auf eine Antwort – eine Antwort nicht im Sinne einer semantisierbaren Aussage, sondern vor allem im Sinne einer Hinwendung zur oder zum anderen, einer Anerkennung ihrer Existenz.«[16] Demnach wäre zu fragen: Wozu ruft die Stimme der Klagenden auf? Für die Anklage ist diese Frage verhältnismäßig leicht zu beantworten, da sie ja selbst ausspricht, was sie will. Womöglich ist das der Grund dafür, dass man beim Hören des Klagens immer nach der Anklage sucht und den Klagenden fragen möchte: Was willst Du eigentlich? Doch was machen wir, wenn jemand nicht anklagt, sondern uns sein Leid klagt?

Das Ungeheure der Klage scheint eben darin zu bestehen, dass sie nicht das verlangt oder abruft, was der solide Mitteleuropäer für das Leid anderer im besten Fall parat hat – nämlich Mitleid. Mitleid suggeriert eine Form der Nähe und die Möglichkeit des Verstehens oder Sich-Identifizierens. Angesichts der erwähnten Beispiele wird dieses Verfahren problematisch. Mitleid kann der Klage nicht gerecht werden, es kann sie geradezu zerstören, indem es die pathetische Größe, die der Leidende durch die Klage gewinnt, ignoriert oder desavouiert. Die Klage verlangt das Respektieren des Leids. Gefragt ist so eher eine Form der Zeugenschaft, die bekundet: »Ich nehme zur Kenntnis, dass Du (noch) existierst.« Es wird eine Distanz gesetzt, die durch kein Mitleid überwunden wird. Im Stimmraum, den die Klage schafft, echot immer auch eine befremdliche Erfahrung des Menschen, die der Chor der

---

16 Doris Kolesch: »Natürlich künstlich«, in: dies./Jenny Schrödl (Hg.), Kunst-Stimmen, Berlin: Theater der Zeit 2004, S. 19-38, hier S. 35.

Antigone so ausdrückt: »Ungeheuer ist viel. Doch nichts / Ungeheurer als der Mensch.«[17]

Literatur

Aischylos: »Orestie«, in: Bernhard Zimmermann (Hg.), Aischylos. Tragödien, Zürich, Düsseldorf: Artemis & Winkler 1996, S. 215-467.

Brecht, Bertolt: »Die Antigone des Sophokles«, in: ders.: Große kommentierte Berliner und Frankfurter Ausgabe. Band 8, Berlin, Weimar, Frankfurt/Main: Aufbau/Suhrkamp 1992, S. 193-242.

Kolesch, Doris: »Natürlich künstlich. Über die Stimme im Medienzeitalter«, in: dies./Jenny Schrödl (Hg.), Kunst-Stimmen, Berlin: Theater der Zeit 2004, S. 19-38.

Kolesch, Doris/Krämer, Sybille: »Stimmen im Konzert der Disziplinen«, in: dies. (Hg.), Stimme. Annäherung an ein Phänomen, Frankfurt/Main: Suhrkamp 2006, S. 7-15.

Sebald, Winfried G.: Campo Santo, Frankfurt/Main: Fischer 2006.

Stanislawski, Konstantin Sergejewitsch: Die Arbeit des Schauspielers an sich selbst. Teil II, Berlin: Henschel 1996.

Waldenfels, Bernhard: Grenzen der Normalisierung, Frankfurt/Main: Suhrkamp 1998.

---

17 Bertolt Brecht: »Die Antigone des Sophokles«, in: ders., Große kommentierte Berliner und Frankfurter Ausgabe. Band 8, Berlin, Weimar, Frankfurt/Main: Aufbau/Suhrkamp 1992, S. 208.

LAUSCHANGRIFFE.
DAS LEIDEN ANDERER SPÜREN

KATHARINA ROST

In der Performance *Freeing the Voice* (1975) stöhnt, brüllt und schreit Marina Abramović, bis ihre Stimme drei Stunden später vollständig versagt. Zwar wird diese Performance von Abramović selbst in keinen direkten Zusammenhang mit dem Thema ›Schmerz‹ gestellt, dennoch weist sie Dimensionen auf, die implizit auf schmerzhafte Erfahrungen hindeuten – so in der körperlichen Anstrengung der Performerin, die bis zur totalen Verausgabung führt, als auch in der Empfindung der Zuschauer bzw. Zuhörer, die vom Rufen, Schreien, Krächzen und Brüllen der bis zum Verschwinden ausgestellten und preisgegebenen Stimme Abramović' mit Sicherheit nicht unberührt blieben.[1] Sie können sich den Lauten nicht entziehen, die – im wörtlichen Sinn – ›durch Mark und Bein‹ ihrer Körper gehen.

Auch in der Performance *Art must be beautiful* (1975), in welcher Abramović mit Bürste und Kamm durch ihre z. T. recht widerspenstigen Haare fährt, sind es vor allem die lautlichen Dimensionen des Reißens, Zerrens, Rupfens und Kratzens, die eine starke Wirkung haben. So ist

---

1 Die Kunstkritikerin Bojana Pejić deutet Abramović' Schreien als rituelle Reinigung und Befreiung von Sprache. Vgl. Bojana Pejić:»Im-Körper-Sein. Über das Geistige in Marina Abramović' Kunst«, in: Friedrich Meschede (Hg.), Marina Abramović, Ostfildern-Ruit bei Stuttgart: Edition Cantz 1993, S. 9-24, hier S. 11. Doch entgegen der eher positiv besetzten Begriffe der Reinigung und Befreiung lässt sich das Verstummen auch als ein negativ besetzter Vorgang verstehen, der darauf hinweist, dass ein Verlust der Stimme im politischen Sinn extrem verletzbar macht. Elaine Scarry stellt in ihrer umfassenden Studie *The Body in Pain* fest, dass die grundsätzliche Schwierigkeit, Schmerz durch Sprache auszudrücken, dazu führt, dass dieser – sei er durch Folter oder Krieg hervorgerufen – in den Darstellungen der Medien unterrepräsentiert ist, woraus resultiert, dass Gruppen wie politische Gefangene, Gefolterte oder auch Kranke mit chronischen Schmerzen keine politische Stimme haben und damit für die Gesellschaft unhörbar bleiben. Vgl. Elaine Scarry: The Body in Pain. The Making and Unmaking of the World, New York, Oxford: Oxford University Press 1985, S. 12.

das Ziehen, Reißen, Zupfen und Ziepen fast am eigenen Körper spürbar, und die Worte der Performerin »Art must be beautiful, artist must be beautiful« mischen sich in ihrer mal geflüsterten, mal fast gewimmerten und dann doch wieder energischen Intonation als Klangteppich darunter.

Zwei wichtige Aspekte ergeben sich aus diesen beiden Beispielen in Bezug auf die ›schmerzhafte‹ Wirkung. So ist es zum einen die Stimme in ihrer Materialität und Körperlichkeit, die sich im Schrei, im Flüstern und Wimmern – oder auch gerade in ihrem Verschwinden – offenbart, und zum anderen ist es die Lautlichkeit bestimmter Klänge und Geräusche, die mit Schmerz insofern behaftet sind, als ihnen schmerzhafte Wirkungen zugeschrieben werden oder sie selbst tatsächlich körperlichen Schmerz auslösen, wie z. B. durch eine extrem hohe Lautstärke oder durch bestimmte sehr hohe Töne, die im Ohr zu schmerzenden Empfindungen führen können. Insgesamt ist zu differenzieren zwischen Umgangsweisen mit Lautlichkeit, die beim Publikum beispielsweise aufgrund ihrer Lautstärke oder tonalen Eigenart tatsächlich zu Schmerzempfindungen führen, und solchen, die durch den spezifischen Einsatz der Materialität und Medialität von Stimmlichkeit den Eindruck von Schmerz vermitteln und somit im Zuschauer nicht zu eigenen Schmerzen, sondern zur hier betrachteten Wirkung des leiblich-affektiven Mitfühlens führen.

Stimm- und Lautlichkeit stellen meiner Meinung nach die grundlegenden Dimensionen der Schmerzvermittlung und -übertragung im Theater dar. Während dargestellte Schmerzensschreie in Fotografie und Malerei notwendigerweise stumm bleiben, ermöglichen es die Strukturen der aufführenden Künste, den – realen oder fiktiven – Schmerz hinaus zu stöhnen oder zu schreien und das Publikum unmittelbar über das Gehör zu affizieren.[2] Zentral sind dabei vor allem postdramatische Entwicklungen des Sprechtheaters, die mittels verschiedener Strategien die reale Situation der Aufführung und damit auch die individuelle Körperlichkeit und Stimmlichkeit der Darsteller in den Vordergrund rücken. Die Physis der Stimme, d. h. ihre Körperlichkeit, Sinnlichkeit und Materialität, birgt performative Dimensionen, die das Gesagte affirmieren oder kommentieren, aber auch subvertieren können. Es ist das von Roland Barthes als *Korn der Stimme* bezeichnete performative Potenzial der Stimme, welches sich u. a. in Timbre, Klangfarbe, Into-

---

2   Der in diesem Zusammenhang häufig von mir verwendete Begriff der Unmittelbarkeit wird nicht im Sinn von medienfrei oder authentisch verwendet; vielmehr wird damit auf die Nicht-Diskursivität und Leiblichkeit der Wirkungsweise, die sich jenseits bereits sinnhafter Strukturen und Verstehensprozesse vollzieht, abgehoben. Das heißt insbesondere auch, dass diese sich nicht sofort mittels gängiger Kategorien erfassen lässt und daher auch die wissenschaftliche Auseinandersetzung mit ihr erschwert.

nation, Geschwindigkeit und Rhythmus manifestiert und »aus der Tiefe der Hohlräume, Muskeln, Schleimhäute und Knorpel«[3] hervordringt, das im Hinblick auf Vorgänge der Schmerzvermittlung, Schmerzdarstellung bzw. -ausstellung als grundlegend gesehen werden muss. Die Extremerfahrung des Schmerzes lässt sich kaum in Worte fassen;[4] sie übersteigt die Möglichkeiten der diskursiven Erfassung durch ihre Komplexität, Vielfältigkeit und Sinnlichkeit, wie Elaine Scarry anmerkt: »Whatever pain achieves, it achieves in part through its unsharability, and it ensures this unsharability through its resistance to language.«[5] Ist es demnach einerseits problematisch, den eigenen Schmerz angemessen auszudrücken, so stellt sich andererseits die Schwierigkeit, niemals genau wissen zu können, welcher Art der Schmerz ist, den ein anderer empfindet. So intensiv wir demnach unseren eigenen Schmerz empfinden können, indem sich unser Bewusstsein und unsere Wahrnehmung in heftigem Schmerz auf das eigene Dasein und den eigenen Körper konzentrieren, so wenig dringt der fremde Schmerz als Erfahrung zu uns vor, wie z. B. Adam Smith betont: »Mag auch unser eigener Bruder auf der Folterbank liegen – solange wir selbst uns wohl befinden, werden uns unsere Sinne niemals sagen, was er leidet.«[6] Tatsächlich können wir nicht genau wissen, *was* exakt im anderen Körper vor sich geht und von welcher Qualität die Empfindungen sind; dennoch aber ist es m. E. keineswegs so, dass ›niemals‹ spürbar ist, *ob* der andere leidet. Im Gegenteil scheint gerade, *dass* der andere leidet bzw. leiden muss, wenn er bestimmte Situationen, Zustände, Bewegungen oder Handlungen durchläuft, ein implizit vorausgesetztes, körperliches Wissen zu sein.

---

3   Roland Barthes: »Die Rauheit der Stimme«, in: ders.: Der entgegenkommende und der stumpfe Sinn, Frankfurt/Main: Suhrkamp 1990, S. 269-278, hier S. 271.

4   Die Schwierigkeit, Schmerz mitzuteilen, stellt für die Medizin eine große Herausforderung dar, welche sie durch das Erforschen eines angemessenen Schmerz-Vokabulars zu bewältigen sucht. In dem 1975 von Ronald Melzack und Warren Torgerson konzipierten *McGill Pain Questionnaire* wird versucht, die heterogenen und nicht-kommunizierbaren Schmerzempfindungen systematisch in einem bestimmten, differenzierten Vokabular zu erfassen, um eine individuelle und spezielle Diagnose zu ermöglichen. Vgl. Ronald Melzack/Joel Katz: »The McGill Pain Questionnaire: Appraisal and Current Status«, in: Denis Turk/Ronald Melzack (Hg.), Handbook of Pain Assessment, New York: Guilford Press 2001, S. 35-52, hier S. 41.

5   E. Scarry: The Body in Pain, S. 4.

6   Adam Smith: Theorie der ethischen Gefühle (1759), Hamburg: Meiner 1977, S. 2.

›Mit-Schmerzen‹.
Wahrnehmung als Übertragung

In *Das Leiden anderer betrachten* setzt sich Susan Sontag kritisch mit der Problematik der Kriegsfotografie, d. h. mit Fragen des Voyeurismus und der Möglichkeit von Kriegsberichterstattung in Form von Bildern, auseinander:»Man hat gegen Bilder gelegentlich den Vorwurf erhoben, sie machten es möglich, Leiden aus der Distanz zu betrachten – als gäbe es auch eine andere Art des Betrachtens. Doch auch wenn man etwas aus der Nähe betrachtet – ohne Vermittlung durch ein Bild –, tut man nichts anderes als betrachten.«[7]

Dementgegen wird im Folgenden der Frage nachgegangen, ob und inwiefern eine Betrachtung ›aus der Nähe‹ gerade nicht distanziert abläuft, sondern eine spezifische Intimität und Betroffenheit auslösen kann. Bei Beobachtung diverser Theater- und Tanzaufführungen, die mit Schmerz und Verletzung umgehen, wird deutlich, dass eine solche von Sontag negierte ›andere Art des Betrachtens‹ existiert und zwar im Sinne eines den gesamten Körper einbeziehenden ›Mit-Spürens‹ oder ›Mit-Schmerzens‹. Der veränderte Fokus, der im Titel dieses Beitrags durch das Verb *spüren* angezeigt wird, besteht darin, Wahrnehmung nicht auf das Visuelle zu reduzieren, sondern als einen Vorgang des ganz-körperlichen Spürens zu konzipieren, der körperlich-leibliche wie vor allem auch auditive und taktile Dimensionen umfasst. In kritischer Haltung zum Primat des Visuellen ließen sich somit das Auditive und Sensuelle als zentrale und wirkungsvolle Dimensionen der unmittelbaren Einwirkung auf die leibliche Befindlichkeit der einzelnen Zuschauer verstehen.

Meine Annahme ist, dass es sich hierbei um Formen der leiblich-af-fektiven Übertragung[8] handelt, die sich simultan zwischen Akteur und Rezipient abspielen und denen sich die Rezipienten nicht entziehen kön-nen. Die Prozesse, die im Rahmen der Wahrnehmung von Schmerz in Gang gesetzt werden, sind sehr komplex und lassen sich kaum durch ein einziges Konzept erfassen. Dabei erweist sich der – relativ allgemeine – Begriff der Übertragung, der als Prozess des Übertragens, d. h. der Be-wegung des Hinübertragens oder Weitergebens zu verstehen ist, zunächst

---

7 Susan Sontag: *Das Leiden anderer betrachten*, Frankfurt/Main: Fischer 2005, S. 137.

8 Im Gegensatz zur psychoanalytischen Verwendung des Begriffs, vor allem durch Sigmund Freud, in deren Rahmen mit dem Begriff der Übertragung die Projektion von Emotionen auf den Psychoanalytiker bezeichnet wird, bezieht sich die Übertragung hier auf einen sich innerhalb der ästhetischen Wahrnehmung abspielenden Prozess eines ›Energietransports‹, der sich hauptsächlich auf körperlich-leiblicher Ebene vollzieht.

als hilfreich. Er verweist auf den dynamischen Charakter, aufgrund dessen sich die Übertragung nicht eindeutig, sondern immer nur in ihrer den einzelnen Begriff übersteigenden Komplexität und Dynamik bestimmen lässt. Die Übertragungsbewegung ist nur innerhalb eines Zwischenraums oder -stadiums zu verorten. Wenn Leid aus nächster Nähe ›betrachtet‹ wird, hebt sich die Distanz zwischen Betrachtetem und Betrachtendem, von der Sontag spricht, für Momente auf und wird durch die Übertragung überbrückt bzw. aufgehoben. »Die Stimme kann anziehen oder sie kann abstoßen, kann binden oder entzweien; doch stets eignet ihr eine Kraft, die intersubjektiv wirksam wird. Stimmen berühren.«[9]

Der Schmerz, der durch die stimmlichen Verlautbarungen, z. B. des Stöhnens oder des Schreis, erkennbar wird, fährt dem Hörer unmittelbar unter die Haut. Dabei sind es die klanglich-lautlichen Aspekte der brechenden, unkontrollierten Stimme, die den Extremzustand des Schmerzes in einer Weise verkörpern, dass sie nicht als Ausdruck einer sich jenseits davon abspielenden Empfindung interpretiert werden müssen, sondern bereits in sich, in ihrer Materialität den Schmerz enthalten. Dort, »wo im unkontrollierbaren Schmerzensschrei Innen und Außen gerade nicht durch einen Abgrund getrennt erscheinen, den ein zur Empfindung sekundärer, absichtsvoller Ausdruck zu überbrücken hätte, kommt auch der Beobachter unvermeidlich in Kontakt mit dem Schmerz des anderen.«[10] Denn weder ein autonomes Subjekt noch eine intentionale Entscheidung gehen dem Schrei-,Akt' voraus, stattdessen ist es der schmerzende Körper selbst, der sich im Schrei verlauten lässt. Sybille Krämer spricht in diesem Zusammenhang auch von der »Spur des Körpers im Sprechen«[11], wobei sich über die Kommentarfunktion hinaus in der körperlichen Dimension der Stimme unkontrollierbare Komponenten manifestieren, die mehr über das Gesagte, den Sprecher und dessen Beziehung zum Hörer verraten als die tatsächlich gesprochenen Worte. Durch jegliche Form der stimmlichen Verlautbarung ereignet sich eine appella-

9 Sybille Krämer: »Negative Semiologie der Stimme. Reflexionen über die Stimme als Medium der Sprache«, in: Cornelia Epping-Jäger/Erika Linz (Hg.), Medien/Stimmen, Köln: DuMont 2003, S. 65-84, hier S. 68. Es ist in diesem Zusammenhang nicht unbedeutend, dass sich der Begriff der Berührung zum einen auf ein körperliches Anfassen und Angefasst-Werden und zum anderen auf das emotionale Berührt-Sein beziehen lässt.

10 Christian Grüny: »Zur Logik der Folter«, in: Burkhard Liebsch/Dagmar Mensink (Hg.), Gewalt verstehen, Berlin: Akademie Verlag 2003, S. 79-115, hier S. 96.

11 Sybille Krämer: »Erfüllen Medien eine Konstitutionsleistung? Thesen über die Rolle medientheoretischer Erwägungen beim Philosophieren«, in: Stefan Münker/Mike Sandbothe/Alexander Roesler (Hg.), Medienphilosophie. Beiträge zur Klärung eines Begriffs, Frankfurt/Main: Suhrkamp 2003, S. 78-90, hier S. 87.

trve Anrufung des angesprochenen Subjekts, durch welche sich – im doppelten Sinn eines Ansprechens und eines Anspruchs – ein Handlungsspielraum eröffnet.[12] Über die lautlichen und klanglichen Dimensionen der Stimme teilt sich ein Geltungsanspruch mit, der sich nicht nur im Gesagten, sondern schon im Sagen als einem Vorgang der intersubjektiven Bezugnahme zeigt. Der Geltungsanspruch verstärkt sich im Hinblick auf Verlautbarungen des Schmerzes umso mehr, als sich dieser kaum in Worte fassen lässt, sondern vielmehr direkt und fast ausschließlich über jene performativen, lautlichen Dimensionen der Stimme zur Erscheinung kommt. Dementsprechend lässt sich der Angst-, Schreckens- oder Schmerzensschrei nicht als ein auf Repräsentation beruhender Ausdruck, sondern als Teil der Empfindung, die ihn hervorbringt, verstehen, wie Christian Grüny erklärt: »Wer einen solchen Schrei hört, ist von einer bloßen neutralen Kenntnisnahme weit entfernt: Er hört nicht von Schmerzen, sondern er *hört Schmerzen.*«[13]

Klagen, Schreien, Stöhnen: extreme Stimmen

Im Theater gibt es immer wieder Situationen, in denen sich einzelne Zuschauer, provoziert durch die gezeigte Gewalt, abwenden und den Saal verlassen. Manch ein Zuschauer zeigt sich während bestimmter Aufführungen in einer Weise be- und getroffen, dass der Eindruck entsteht, es handelt sich um einen realen Übergriff auf seine leibliche Befindlichkeit. Offenbar existiert eine Verbindung zwischen fremden Schmerzen und dem eigenen leiblich-emotionalen Zustand. Während ich damit nicht behaupten möchte, dass die Empfindungen der Zuschauer Schmerzgefühle sind und auch nicht davon ausgehe, alle Darsteller würden tatsächlich Schmerzen spüren,[14] geht es mir darum, jenseits

---

12 Vgl. Doris Kolesch: »Die Spur der Stimme. Überlegungen zu einer performativen Ästhetik«, in: Cornelia Epping-Jäger/Erika Linz (Hg.), Medien / Stimmen, Köln: DuMont 2003, S. 267-281, hier S. 280.

13 Christian Grüny: »Zur Logik der Folter«, S. 96.

14 Wenn im Rahmen dieses Aufsatzes von Schmerzkonzepten oder einem herrschenden Schmerzverständnis gesprochen wird, so wird damit zwar hauptsächlich auf das von der IASP (International Association for the Study of Pain) 1979 definierte, in den westlich geprägten Kulturen allgemein immer noch gültige Verständnis von Schmerz Bezug genommen, doch betrachte ich ›das herrschende Schmerzverständnis‹ immer insofern kritisch, als ich nicht davon ausgehe, dass es eine einzige umfassende und zutreffende Definition des Schmerzes gibt oder je geben wird. Das Phänomen Schmerz ist zu vielfältig, divers, ambivalent und kontextabhängig, um durch eine einzelne Bestimmung vollständig erfassbar zu sein, wobei aber dennoch nicht zu bestreiten ist, dass es gesellschaftlich machtvolle

dieser Annahmen das spezifische Verhältnis zwischen Akteuren und Zuschauern zu beleuchten, also der Frage nachzugehen, inwiefern und auf welche Weise eine Wechselwirkung und unmittelbare Einflussnahme zwischen beiden Gruppen stattfindet.

Ein besonderer Umgang mit Stimmlichkeit und Schmerz lässt sich z. B. an der von Luk Perceval an der Schaubühne am Lehniner Platz, Berlin, inszenierten *Maria Stuart* nachvollziehen. »Die Hoheit der königlichen Texte muss dabei natürlich erst einmal gebrochen werden. Jansen und Böwe schlagen sich mit ihren Texten, sie fauchen, schreien, ironisieren, gähnen und kotzen die fremden, alten Worte heraus.«[15] Gerade die von Jule Böwe verkörperte Figur der Elisabeth verdeutlicht den engen Bezug zwischen seelischer und körperlicher Bedrängnis einerseits und stimmlicher Verlautbarung andererseits. Insbesondere eine Szene ist mir sehr eindrücklich in Erinnerung geblieben – als Elisabeth einwilligen soll, Maria persönlich zu begegnen, bricht sie in minutenlange Stöhn- und Schreikaskaden des Wortes ›Nein‹ aus, das durch die stimmliche Dehnung und Verzerrung kaum noch zu verstehen, sondern vielmehr als ein klangliches und rhythmisches Pulsieren zu vernehmen ist. In dieser kurzen Sequenz ließen sich sowohl die Wirkkraft als auch die Ohnmacht der Stimme deutlich spüren. Der Klang der leidend auseinander gezogenen und gequält nasal intonierten vokalen Laute des ›Neeeeeeiins‹ fuhr mir direkt durch ›Mark und Bein‹, erzielte also unmittelbare Effekte auf mein leibliches Befinden, die sich beschreiben lassen als wachsende Anspannung und Widerstreben, aber zugleich auch als gesteigerte Aufmerksamkeit für das lautliche Geschehen. Währenddessen manifestierte sich die Ohnmacht der Stimme sowohl im Unvermögen der Figur Elisabeth, durch sinnhafte Äußerungen ihren Schmerz und ihre Bedrängnis auszudrücken, als auch in ihrer offenbar vergeblichen Suche nach Erleichterung durch lautlich-klangliche Äußerungen überhaupt, als darüber hinaus aber auch in der Unkontrolliertheit dieser stimmlichen Bekundung, die auf mich zunehmend wie eine Art unerträglicher, unendlicher Klagegesang wirkte.

Jens Roselt, der die Sängerin Björk als zeitgenössische Version eines ›Klageweibes‹ versteht, beschreibt das Klagen als Schwellenphänomen, bei welchem sinnhafte und sinnliche Dimensionen der Stimme zusammenwirken, aber ihre Wirkkraft hauptsächlich von den klanglich-materiellen Aspekten der Verlautbarungen ausgehen: »Klagen operiert

---

Auffassungen von ›Schmerz‹ gibt, die das Denken über und den Umgang mit Schmerz grundlegend beherrschen, wenn nicht sogar auf bestimmte Weise erst ermöglichen.

15 Ulrich Seidler: »Das Beil fällt langsam, aber sicher«, in: Berliner Zeitung vom 13.02.2006, S. 25. Die Schauspielerinnen sind Yvon Jansen und Jule Böwe.

an der Grenze des Sagbaren. Es vermittelt sich im Klang der Stimme, die gerade dann hörbar wird, wenn die Worte zu Lauten werden. Seufzen, Atmen, Stöhnen, Keuchen, Gurgeln gehören zum Repertoire des Klagens im Allgemeinen und Björks im Besonderen.«[16] Hans-Thies Lehmann weist darauf hin, dass die Wirkung von Schmerz durch Verfahren der Abbildung, Inszenierung oder Symbolisierung abgeschwächt wird,[17] während sie im performativen Gestus des Sich-Zeigens eine Intensivierung erfährt, da sie nicht erst verstanden werden muss, sondern unmittelbar erfahren wird. In diesen Momenten trägt sich der darzustellende Schmerz in den Körper der klagenden Schauspielerin insofern hinein, als er in ihrer realen Anstrengung und Erschöpfung wahrnehmbar wird. So kennt das postdramatische Theater »als körperliche Praxis nicht nur die Darstellung des Schmerzes [...], sondern auch den Schmerz, den Körper in der Arbeit des Darstellens erfahren«.[18]

Abramović geht in ihrer Performance *Freeing the Voice* bis zum Extrem; anstatt zu repräsentieren vollzieht sie die Performance mit und an ihrem eigenen Körper, stellt ihre Stimme in ihrer Materialität, Lautlichkeit, Sinnlichkeit und Vergänglichkeit tatsächlich aus. Deutlich wird die in der Avantgarden zum Beginn des 20. Jahrhunderts und in der Neoavantgarde der 1960er Jahre begonnene Verschiebung hin zu performativen ästhetischen Praktiken. Viele Performer setzen sich in den 1960er Jahren bis in die späten 1970er Jahre auf radikale Weise mit ihrem Körper auseinander; insbesondere in der ›Body Art‹ wird der Körper zum Material der Performance, die ihn in seiner Individualität, Räumlichkeit, Sinnlichkeit und besonders auch in seiner Anfälligkeit ausstellt.

Gotthold Ephraim Lessing diskutiert in seiner Schrift *Laokoon oder Über die Grenzen der Malerei und Poesie* (1766) am Beispiel der antiken griechischen Statue der *Laokoon-Gruppe*[19], warum es die Bildhauer vermieden haben, der Darstellung Laokoons im Augenblick

---

16 Jens Roselt: »Monströse Gefühle«, in diesem Band, S. 157-169.
17 Zur engen Verflechtung von Performativität und Symbolisierung, die nicht ohne einander zu denken sind, vgl. Dieter Mersch: »Körper zeigen«, in: Erika Fischer-Lichte/Christian Horn/Matthias Warstat (Hg.), Verkörperung, Theatralität Band 2, Tübingen, Basel: A. Francke Verlag 2001, S. 75-89, hier S. 84: »Doch gibt es offenbar keine Performanz der Akte ohne Symbolisierung, wie es umgekehrt keine Symbolisierung ohne die Unmittelbarkeit der Vollzüge, d. h. ohne deren Präsenz, zumindest der materiellen Präsenz des Mediums, hier: der Körper gibt. Dann geht in ihre Präsentation anderes, Nichtsymbolisches ein.«
18 Hans-Thies Lehmann: Postdramatisches Theater, Frankfurt/Main: Verlag der Autoren 1999, S. 392.
19 Die Laokoon-Gruppe wird auf das 1. Jahrhundert vor Christus datiert und den rhodischen Bildhauern Hagesandros, Polydoros und Athenodoros zugeschrieben.

seiner tödlichen Verletzung durch schmerzhafte Schlangenbisse einen verzweifelt schreienden Ausdruck zu verleihen. Da Malerei und Bildhauerei, die im Gegensatz zur Poesie nicht durch Sukzession, sondern durch Gleichzeitigkeit ihrer Elemente bestimmt sind, »nur einen einzigen Augenblick der Handlung nutzen, und [...] daher den prägnantesten wählen«[20] müssen, sollte der im Bild oder in der Skulptur fixierte Moment sowohl dem angemessenen gestischen und mimischen Gefühlsausdruck als vor allem aber auch, wie Lessing betont, dem antiken griechischen Ideal der Schönheit gerecht werden. Entscheidend ist für Lessing, dass ein schreiender Laokoon im Hinblick auf dieses Schönheitsideal undenkbar wäre, denn ein zum Schreien aufgerissener Mund und ein derart verzerrtes Gesicht – dargestellt als schwarze Flecken im Gemälde oder tiefe Furchen in der Statuenoberfläche – widersprächen diesem Ideal zutiefst. Entspricht die Darstellung dem Schönheitsideal, so wird durch sie die Fantasie des Betrachters angeregt, die Schmerzen des Helden zu imaginieren, und zugleich wird auch sein Mitleid animiert, an dessen Stelle andernfalls – also durch eine extreme Darstellungsweise bis ins Hässlich-Verzerrte – nur Ekel und Abscheu hervorgerufen würde. Wie Lessing betont, »dem Auge das Äußerste zeigen, heißt der Fantasie die Flügel binden.«[21] Es ist dabei also nicht der pure Schock, nicht die äußerste Entstellung oder Irritation, sondern stattdessen die Vermischung von Schönheit und Schmerz, durch welche sich die Wirksamkeit des Kunstwerks entfaltet.

Der Blick zurück auf die Gegenwart bzw. zur Performance-Kunst der 1960er und 1970er Jahre zeigt, inwiefern es in dieser Zeit doch ›das Äußerste‹ in Form von Verletzung und Inkaufnahme von Schmerz, von verzerrten Gesichtern, Schreien, geöffneten und unförmigen Körper ist, von dem eine heftige Wirkung ausgeht. Ohne Scheu vor Hässlichkeit, Deformation, Gefahr, Risiko oder bleibenden Schäden vollziehen die Akteure ihre z. T. extrem riskanten Performances. Auch wenn zugleich immer die Imagination und Einbildungskraft der Zuschauer angeregt wird, unter den verwendeten Zeichen sinnhafte Zusammenhänge herzustellen, so sind es m. E. dennoch hauptsächlich die Aspekte der Körperlichkeit, Verletzlichkeit, Gefahr und des Risikos, auf denen die starke Wirksamkeit beruht, d. h. gerade auf der Tatsache, dass bis in äußerst radikale Grenzbereiche hinein agiert wird.

---

20 Gotthold Ephraim Lessing: »Laokoon oder Über die Grenzen der Malerei und Poesie« (1766), in: Joseph Kiermeier-Debre (Hg.), Gotthold Ephraim Lessing. Werke in drei Bänden. Band 3, München, Wien: dtv 2003, S. 9-188, hier S. 103f.
21 Ebd., S. 27.

Zwischen den Extremen des Schreis und der Stille liegt eine Bandbreite stimmlicher Manifestationen wie Röcheln, Keuchen, Stöhnen, Ächzen, Klagen, Jammern, Wimmern, Seufzen, Jaulen bis hin zum Zetern und Zischeln, die den Eindruck von – seelischen oder körperlichen – Leiden transportiert und eine unmittelbar sinnliche und affektive Wirkung auf das Publikum haben kann, die neben der im Höchstmaß exponierten Körperlichkeit der gehörten Person vor allem auf der erzeugten intimen Nähe zwischen dem zu Hörenden und den Zuhörenden beruht.[22] Dieser Eindruck von Intimität beruht m. E. vor allem auf der Grenzüberschreitung einer Konvention, welche bestimmte Stimmäußerungen aus der alltäglichen und gesellschaftlich sanktionierten lautlichen Umgebung ausschließt. Anzunehmen ist, dass dieser Ausschlussmechanismus dazu dient, solche Formen von Stimmlichkeit zu tabuisieren und zu verbannen, die zum einen als nicht mehr dem bedeutungsübermittelnden und sich selbst darin zum Verschwinden bringenden Medienideal dienend sowie andererseits – durch die in ihnen sich manifestierende Körperlichkeit – als bestimmte feste Körpergrenzen nicht mehr einhaltend anzusehen sind.

Durchlässige Körper

Der gesellschaftliche Umgang mit Schmerz beruht auf diversen variablen kulturell, sozial und historisch erzeugten Konzepten, an deren Konstruktion äußerst heterogene Diskurse wie Medizin, Religion oder Soziologie, aber auch Aspekte von Geschlecht, Sexualität und Identität beteiligt sind. Schmerz unterliegt in unserer Gesellschaft einem ambivalenten Urteil. Zum einen wird er als Störung des reibungslosen Funktionierens von Alltags- und Wirtschaftsleben bekämpft und tabuisiert. Zum anderen existiert eine lange – auf philosophische und religiöse Einflüsse rekurrierende – Tradition, Schmerzen mit Lebendigkeit, Unmittelbarkeit, Wahrheit und dem Wissen um die eigene Existenz zu verbinden. Was als ›schmerzhaft‹ oder ›nicht schmerzhaft‹ definiert ist, variiert zwischen verschiedenen Kulturen und Gesellschaften und prägt in grundlegender Weise auch die bestehenden Körperkonzepte. Es muss demnach von einem engen Wechsel- und Spannungsverhältnis

---

22 Jenny Schrödl stellt im Hinblick auf die Flüsterstimme das entstehende Verhältnis der Nähe und Intimität heraus, welches zwischen Akteuren und Zuschauern durch das ambivalente »Zusammenspiel von Präsenz und Entzug« entsteht. Vgl. Jenny Schrödl: »Die Intensität des Flüsterns. Zur sinnlichen Erfahrung von Stimmen«, in: Christa Brüstle/Albrecht Riethmüller (Hg.), Klang und Bewegung. Beiträge zu einer Grundkonstellation, Aachen: Shaker 2004, S. 128-134, hier S. 129.

zwischen dem Schmerzverständnis einer Kultur und ihren Körperidealen ausgegangen werden. Von zentraler Bedeutung ist dabei das in einer jeweiligen Kultur, Gesellschaft oder Epoche dominierende Verständnis der Körpergrenzen und -öffnungen, wie Judith Butler betont: »Die Konstruktion fester Körperumrisse beruht auf festgelegten Stellen der Körperdurchlässigkeit und Undurchlässigkeit.«[23]

In der Body Art wird der Körper als offener Organismus vorgeführt, der das Bild des geschlossenen, vollständig kontrollierbaren und nach außen abgrenzbaren Körpers verunsichert und in Frage stellt. Dass der eigene Körper in jedem Moment anfällig ist für äußere Einflüsse wie z. B. Stimmungen und Atmosphären, aber auch gegenüber Einschnitten und Verletzungen lässt ihn nicht mehr als sicheren Hort der Geborgenheit, sondern vielmehr als angreifbare, gebrechliche und schützenswerte Instanz wirken. Um die eigene Verletzbarkeit zu wissen führt zu Gefühlen der Unsicherheit und Gefährdung. Zugleich existiert jedoch auch eine Sehnsucht danach, die eigenen Körpergrenzen aufzulösen und sich in der Weite zu verlieren.[24] Die eigene Haut wird nicht mehr als feste Schutzhülle, sondern stattdessen als bewegliche, permeable Membran oder als durchlässiger Filter begriffen, und der Körper wird als offenes, dynamisches und beeinflussbares System konzipiert. In Konfrontation mit realen Verletzungen und den einerseits verweigerten, andererseits aber durch die Verwendung kultureller Symbole auch forcierten Erklärungs- und Deutungsmustern wird den Zuschauern der Performances eine distanziert reflektierende Haltung erschwert bzw. sogar verwehrt.

Antonin Artaud hat im Manifest des *Theaters der Graumsamkeit* (1932) andere Umgangsweisen sowohl mit Dramatik als auch mit Räumlichkeit sowie der Körperlichkeit und Stimmlichkeit der Schauspieler eingefordert. »Ich füge der gesprochenen Sprache eine andere

---

23 Judith Butler: Das Unbehagen der Geschlechter, Frankfurt/Main: Suhrkamp 1991, S. 195. Die Hervorhebung der performativen Aspekte und Dimensionen in bestimmten Bereichen des Gegenwartstheaters deutet Erika Fischer-Lichte in diesem Zusammenhang als deutliches Kennzeichen eines modifizierten Körperverständnisses, in welchem der Körper als offen, dynamisch, energetisch konzipiert wird. Vgl. Erika Fischer-Lichte: »Entgrenzungen des Körpers. Über das Verhältnis von Wirkungsästhetik und Körpertheorie«, in: Erika Fischer-Lichte/Anne Fleig (Hg.), Körper-Inszenierungen. Präsenz und kultureller Wandel, Tübingen: Attempto 2000, S. 19-34, hier S. 34.

24 Vgl. Oliver König: »Haut«, in: Christoph Wulf (Hg.), Vom Menschen. Handbuch Historische Anthropologie, Weinheim, Basel: Beltz-Verlag 1997, S. 436-445, hier S. 437: »Die Haut ist aber nicht nur Medium von Angst, sondern auch von Lustgefühlen, in denen die Auflösung von (Körper-) Grenzen zum Ziel der tiefsten Sehnsüchte wird.«

Sprache hinzu und versuche, ihre alte magische Wirksamkeit, ihre verzaubernde, unverminderte Wirksamkeit der Sprache des Wortes zurückzuerstatten, deren geheimnisvolle Möglichkeiten vergessen worden sind.«[25] Die von Artaud im Rahmen seines Konzepts des *Theaters der Grausamkeit* entworfenen und geforderten Theaterformen zielen auf die Sensibilisierung des Publikums, d.h. darauf, es aufzurütteln, zu packen und zu erschüttern. Es geht also um ein die Sinne, die Nerven und das körperliche Befinden der RezipientInnen angehendes Theater.[26] Artaud kritisiert,»dass wir kein Gespür mehr haben für das Körperliche ihres [des antiken; K.R.] Theaters. Dass uns die unmittelbar menschliche, lebendige Seite einer Sprechweise, eines Gebärdenspiels, eines ganzen szenischen Rhythmus entgeht.«[27] Ziel ist es, diese Sensibilität und Empfänglichkeit wiederzuentwickeln und dies nicht durch eine radikale Abkehr von Sprache und Sinn, sondern durch die Hervorhebung eben jener Dimensionen an ihnen, die über sie hinausweisen – was zuvor in den Begriffen der Materialität, Physis und Musikalität von Stimmlichkeit angeklungen ist.»Es geht nicht um die Unterdrückung des artikulierten Wortes, sondern darum, den Wörtern etwa die Bedeutung zu geben, die sie im Traum haben.«[28] Traumhafte, assoziative, dynamische Bedeutungsfelder zu eröffnen statt einem linearen Handlungsstrang zu folgen, mehrdeutige und vielschichtige Formen von Stimmlichkeit zur Erscheinung zu bringen statt psychologisch motivierte, kohärente Charaktere aufzubauen, sind Tendenzen des *Theaters der Grausamkeit*, die aus heutiger Sicht als performative Strategien zu bezeichnen sind und ein Konzept von Körperlichkeit entwickeln, das, anstatt im Zeichenhaften aufzugehen, auf sich hin- und über sich hinausweist. In diesem Sinn hebt Doris Kolesch die grenzüberschreitenden, sogar grenzauflösenden Dimensionen hervor, die sich aus der ambivalenten Perspektive auf einerseits verkörperte, andererseits den Körper jedoch auch überschreitende Stimmen ergeben:»Die Stimme wird daher von ihm [Artaud; K.R.] als gleichsam flüssiger Körper, als Körper im Zustand seiner Verflüssigung eingesetzt.«[29]

---

25 Antonin Artaud:»Briefe über die Sprache. Zweiter Brief« (1932), in: ders.: Das Theater und sein Double, München: Matthes & Seitz Berlin 1996, S. 118-122, hier S. 119.

26 Antonin Artaud:»Das Theater und die Grausamkeit (Erstes Manifest)« (1932), in: ders.: Das Theater und sein Double, S. 89-94, hier S. 89.

27 Antonin Artaud:»Briefe über die Sprache. Erster Brief« (1932), in: ders.: Das Theater und sein Double, S. 113-117, hier S. 116.

28 Antonin Artaud:»Das Theater der Grausamkeit (Erstes Manifest)« (1932), in: ders.: Das Theater und sein Double, S. 95-107, hier S. 100.

29 Doris Kolesch:»»Listen to the radio‹: Artauds Radio-Stimme(n)«, in: Forum Modernes Theater 14 (1999), S. 115-143, hier S. 137.

Resonanz des Leibes

Seine besonders intensive Wirkung wird dem *Theater der Grausamkeit* in der Durchbrechung gewöhnlicher Hörmuster durch fremde, neue oder auch unerträgliche Klänge zugeschrieben. Dies sind Irritationen, Störungen und Brüche der Wahrnehmung durch Klänge und Geräusche, die nicht dem traditionellen musikalischen Bereich zugeordnet werden können, sondern die sich als eher geräuschhaft, dissonant oder disharmonisch beschreiben lassen. Artaud weist darauf hin, dass neben der Stimme vor allem bestimmte Dimensionen der Lautlichkeit und des Klangs in engem Zusammenhang mit Schmerz stehen bzw. gestellt werden können, wie z. B. die irritierende Erfahrung eines vollkommen ungewohnten, fremden und verstörenden Klangs.[30]

Als Beispiele des Gegenwartstheaters, in denen besonders auffallende, aus dem gewöhnlichen Hörfeld ausbrechende und daher die Aufmerksamkeit der Rezipienten auf sich lenkende Geräusche zentrale Gestaltungs- und Wirkungselemente darstellen, können sowohl die bereits genannte *Maria Stuart*-Inszenierung, aber z. B. auch *Andromache* von Luk Perceval oder – ganz anders – *Wunschkonzert* von Thomas Ostermeier an der Schaubühne am Lehniner Platz in Berlin angesehen werden. Zwar handelt es sich hier um keine radikal fremden oder extremen Hörerfahrungen, doch wenn in *Maria Stuart* die real geschossenen Pfeile der Bogenschützen sich mit einem leisen, aber eindringlichen Sirren, Zischen und einem finalen ›Plonk‹-Geräusch in die Zielscheibe bohren oder wenn in *Andromache* die vielzähligen spitzen Glasscherben und -splitter unter mürbenden, klirrenden und schabenden Geräuschen in unmittelbarer Nähe der nur spärlich bekleideten und damit in ihrer Verletzlichkeit präsenten Darsteller permanent aneinander reiben, sind es in besonderem Maße die lautlichen und klanglichen Aspekte der Aufführung, die ins Zentrum der Aufmerksamkeit rücken und die intensive und einprägsame Wirkung herbeiführen. Besonders eindringlich ist auch die Nähe der Geräusche zum Kontext Schmerz, der in der Lautlichkeit surrender Pfeile ebenso als ›Konnotation‹ mitschwingt wie im aneinander geriebenen Glas. Die Gefahr und das Bewusstsein der Verletzbarkeit ist als Bedrohung in der Rezeption der Geräusche und Klänge, die in diesen Inszenierungen eingesetzt werden, immer mit enthalten.

Ein anderes Beispiel ist *Wunschkonzert* mit Anne Tismer, in welchem keine Formen extremer Lautlichkeit präsent sind, sondern welches beherrscht wird durch eine umfassende, aber trotzdem ›geräuschhafte

---

30 A. Artaud:»Das Theater der Grausamkeit (Erstes Manifest)« (1932)), in: ders.: Das Theater und sein Double, S.95-108, hier S. 101.

S=ille‹[31], die den gesamten Raum ergreift und in den Zuschauern andere Gefühle der Gefahr und Verletzbarkeit auszulösen vermag als die oben argeführten Inszenierungen Percevals. Diese Stille ist keine Abwesenheit jeglicher Lautlichkeit, denn es ist eine Fülle von diversen Geräuschen zu vernehmen. Die kleinen – auch lautlichen – Rituale des Alltags, z. B. das brodelnd-blubbernde Kochen von Wasser, das leise reibende Rascheln be=m Jacke-Aufhängen und Hausschuhe-Anziehen wie auch das knatterg-knickende Umblättern der Seite eines tristen Werbeprospekts werden dabei aber insbesondere aufgrund der Abwesenheit menschlicher Stimmen zu lautlichen Anzeichen einer tiefgreifenden, verzweifelten Einsamkeit und Traurigkeit, die schließlich im leise und unaufgeregt vollzogenen Selbstmord der dargestellten Figur kulminiert. Während der Aufführung erwies sich daher gerade diese Form der ›Stille‹ als besonders ›schmerzhaft‹ und in ihrer Wirkung als unangenehm, intim und fast unerträglich. Entscheidend ist dabei, dass die hier ausgestellten Geräusche und Klänge sonst in den Privatbereich einer Person ›verbannt‹ sind und nun aber in ihrer Privatheit, Intimität und Körperlichkeit einer Öffentlichkeit präsentiert werden. In dieser Exponiertheit erreichen die Geräusche in ihrer Überdeutlichkeit eine Intensität und Präsenz, die nicht einfach nur bemerkt, sondern durch den Rezipienten am eigenen Leib unmittelbar erfahren wird.

»Der Körper kann zum Resonanzkörper für die gehörten Laute werden, mit ihnen mitschwingen; bestimmte Geräusche vermögen sogar lokalisierbare körperliche Schmerzen auszulösen. Gegen Laute vermag sich der Zuschauer/Zuhörer nur zu schützen, wenn er sich die Ohren zuhält. Er ist ihnen – wie den Gerüchen – in der Regel wehrlos ausgesetzt.«[32]

Den Körper der Zuschauer bzw. Zuhörer als mitschwingenden Resonanzkörper zu verstehen, erinnert an das Konzept des ›Mitschwingens‹, mit dem Georg Fuchs in Der Tanz (1906) die Wahrnehmung von Tanzbewegungen beschreibt. »Andere Menschen in gleiche oder ähnliche rhythmische Schwingungen und damit in einen gleichen oder ähnlichen

31 Vgl. zur Kennzeichnung einer ›geräuschhaften Stille‹ in den Performances von John Cage bei Dieter Mersch: Ereignis und Aura. Untersuchungen zu einer Ästhetik des Performativen, Frankfurt/Main: Suhrkamp 2002, S. 282: »Immer wieder hat Cage betont, dass die Stille eigentlich nicht existiert. Es handelt sich nicht um ein nihil, eine Absenz, die sich als Abwesenheit von ›Etwas‹ verstünde; vielmehr erscheint das Schweigen voller Klänge und Geräusche.«
32 Erika Fischer-Lichte: Ästhetik des Performativen, Frankfurt/Main: Suhrkamp 2004, S. 207.

Rauschzustand«[33] zu versetzen, bestimmt Fuchs als die besondere Wirkung von Tanz auf den äußerlich bewegungslos erscheinenden Beobachter. Ebenso wirkt die hier angesprochene Resonanz nicht nur als das
hörende Empfangen akustischer Schwingungen im Ohr, sondern darüber
hinaus als ein den gesamten Körper des Hörers umfassender Prozess des
›Mit-Schwingens‹. Mit dem Begriff Resonanz lässt sich das Verständnis
der rezeptiven Haltung insofern modifizieren, als er insbesondere auch
auf das ›antwortende‹, aktive Potenzial der Empfänglichkeit der Zuschauer abhebt. Damit wird auf Merschs Konzept der Resonanz
rekurriert, in welchem künstlerische Praxis und Rezeption als Orte und
Tätigkeiten der Einübung dieser Resonanz verstanden werden – im Sinne
einer ästhetischen Askese oder *askesis*. ‚Schmerzhaftes' Theater fungiert
demnach als (Ein-)Übung herausfordernder, anstrengender, sogar grenz-
überscheitender Geistes- und Körperhaltungen, als eine ästhetische
Praxis der – auch ethischen – Sensibilisierung. »Kunst vermag solches zu
lehren. [...] Sie erwiese sich so als Lehrmeisterin der geforderten Einübung (*askesis*) in die Resonanz.«[34] Im Idealfall erlebt der Zuschauer
durch die ästhetische Erfahrung fremden Schmerzes am eigenen Leib
eine gesteigerte Sensibilität. Diese Sensibilität sowohl für die eigene als
auch für die fremde Verletzlichkeit könnte sich darüber hinaus auf das
zukünftige Verhalten und Handeln auswirken und zur Reduktion bzw.
sogar Aufhebung allgemeiner Betäubung und Narkose beitragen.

Literatur

Antonin Artaud: »Briefe über die Sprache. Erster Brief« (1932), in: ders.:
    Das Theater und sein Double (1996), S. 113-117.
Artaud, Antonin: »Briefe über die Sprache. Zweiter Brief« (1932), in:
    ders.: Das Theater und sein Double (1996), S. 118-122.
Artaud, Antonin: »Das Theater der Grausamkeit (Erstes Manifest)«
    (1932), in: ders.: Das Theater und sein Double (1996), S. 95-108.
Antonin Artaud: »Das Theater und die Grausamkeit (Erstes Manifest)«
    (1932), in: ders.: Das Theater und sein Double, S. 89-94.
Artaud, Antonin: Das Theater und sein Double. München: Matthes &
    Seitz 1996.

---

33 Georg Fuchs: Der Tanz. Flugblätter für künstlerische Kultur. Band 6, Stutt-
    gart: Strecker & Schröder 1906, S. 13.
34 Dieter Mersch: Ereignis und Aura. Untersuchungen zu einer Ästhetik des
    Performativen, Frankfurt/Main: Suhrkamp 2002, S. 296.

Barthes, Roland: »Die Rauheit der Stimme«, in: ders.: Der entgegenkommende und der stumpfe Sinn. Frankfurt/Main: Suhrkamp 1990, S. 269-278.

Butler, Judith: Das Unbehagen der Geschlechter, Frankfurt/Main: Suhrkamp 1991.

Epping-Jäger, Cornelia/Linz, Erika (Hg.): Medien/Stimmen, Köln: DuMont 2003.

Fischer-Lichte, Erika: »Entgrenzungen des Körpers. Über das Verhältnis von Wirkungsästhetik und Körpertheorie«, in: Erika Fischer-Lichte/Anne Fleig (Hg.), Körper-Inszenierungen. Präsenz und kultureller Wandel, Tübingen: Attempto 2000, S. 19-34.

Fischer-Lichte, Erika: Ästhetik des Performativen, Frankfurt/Main: Suhrkamp 2004.

Fuchs, Georg: Der Tanz. Flugblätter für künstlerische Kultur. Band 6, Stuttgart: Strecker & Schröder 1906.

Grüny, Christian: »Zur Logik der Folter«, in: Burkhard Liebsch/Dagmar Mensink (Hg.), Gewalt verstehen, Berlin: Akademie Verlag 2003.

Kolesch, Doris: »»Listen to the radio‹: Artauds Radio-Stimme(n)«, in: Forum Modernes Theater 14 (1999), S. 115-143.

Kolesch, Doris: »Die Spur der Stimme. Überlegungen zu einer performativen Ästhetik«, in: Epping-Jäger/Linz (Hg.), Medien/Stimmen (2003), S. 267-281.

König, Oliver: »Haut«, in: Christoph Wulf (Hg.), Vom Menschen. Handbuch Historische Anthropologie, Weinheim, Basel: Beltz-Verlag 1997, S. 436-445.

Krämer, Sybille: »Erfüllen Medien eine Konstitutionsleistung? Thesen über die Rolle medientheoretischer Erwägungen beim Philosophieren«, in: Stefan Münker/Mike Sandbothe/Alexander Roesler (Hg.), Medienphilosophie. Beiträge zur Klärung eines Begriffs, Frankfurt/Main: Fischer 2003, S. 78-90.

Krämer Sybille: »Negative Semiologie der Stimme. Reflexionen über die Stimme als Medium der Sprache«, in: Epping-Jäger/Linz (Hg.), Medien/Stimmen (2003), S. 65-84.

Lehmann, Hans-Thies: Postdramatisches Theater, Frankfurt/Main: Verlag der Autoren 1999.

Lessing, Gotthold Ephraim: »Laokoon oder Über die Grenzen der Malerei und Poesie« (1766), in: Joseph Kiermeier-Debre (Hg.), Gotthold Ephraim Lessing. Werke in drei Bänden. Bd. III, München, Wien: dtv 2003, S. 9-188.

Melzack, Ronald/Katz, Joel: »The McGill Pain Questionnaire: Appraisal and Current Status«, in: Denis Turk/Ronald Melzack (Hg.), Handbook of Pain Assessment. New York: Guilford Press 2001, S. 35-52.

Mersch, Dieter: »Körper zeigen«, in: Erika Fischer-Lichte/Christian Horn/Matthias Warstat (Hg.), Verkörperung. Theatralität Band 2, Tübingen, Basel: A. Francke Verlag 2001, S. 75-89.

Mersch, Dieter: Ereignis und Aura. Untersuchungen zu einer Ästhetik des Performativen, Frankfurt/Main: Suhrkamp 2002.

Pejić, Bojana: »Im-Körper-Sein. Über das Geistige in Marina Abramović' Kunst«, in: Friedrich Meschede (Hg.), Marina Abramović, Ostfildern-Ruit bei Stuttgart: Edition Cantz 1993, S. 9-24.

Roselt, Jens: »Monströse Gefühle«, in diesem Band, S. 133-145.

Scarry, Elaine: The Body in Pain. The Making and Unmaking of the World, New York, Oxford: Oxford University Press 1985.

Schrödl, Jenny: »Die Intensität des Flüsterns. Zur sinnlichen Erfahrung von Stimmen«, in: Christa Brüstle/Albrecht Riethmüller (Hg.), Klang und Bewegung. Beiträge zu einer Grundkonstellation, Aachen: Shaker 2004, S. 128-134.

Seidler, Ulrich: »Das Beil fällt langsam, aber sicher«, in: Berliner Zeitung vom 13.02.2006, S. 25.

Smith, Adam: Theorie der ethischen Gefühle (1759), Hamburg: Meiner 1977.

Sontag, Susan: Das Leiden anderer betrachten, Frankfurt/Main: Fischer 2005.

STIMMEN DER QUEER-DIVEN:
HOSENROLLEN IN DER OPER UND ZARAH
LEANDER AUF DER SCHLAGERBÜHNE

TIINA ROSENBERG

Queers have placed trust in coming out,
a process of vocalization.
Coming out,
we define voice as openness,
self-knowledge, clarity.
And yet the mystery does not
end when coming out begins.

Wayne Koestenbaum in
The Queen's Throat

»Wie schwer ist es eigentlich, Opernsänger zu sein? Macht man nicht einfach den Mund auf und singt? Sieht doch ganz einfach aus – ist es aber nicht«[1], schreibt der Musikkritiker Michael Walsh. Sängerinnen und Sänger müssen sich mit vielen physiologischen Aspekten beschäftigen. Die Stimme durch Atmung, Stimmbänder und Resonanzräume zu kontrollieren, ist ein komplexer Prozess, voll von stimmbaren und unstimmbaren körperlichen Hohlräumen, in denen die vokale Resonanz abläuft und die jeder Stimme ihren bestimmten und einzigartigen Klang verleiht. Die Stimme ist Vibration, die Klangproduktion unsichtbar.

Was eine Stimme zum Leuchten bringt, kann sehr unterschiedlich sein und ist nie ausschließlich eine Frage perfekter Technik. Für Opernfans sind Stimmen ein Narkotikum. Wenn die Aufführung zu Ende ist, wenn der bzw. die DirigentIn den Taktstock niederlegt und die Diva den Jubel des Publikums entgegennimmt, ist dies der Gipfelpunkt des Erlebnisses für Opernfans.

---

1   Michael Walsh: Keine Angst vor Opern, München: Piper Verlag 1997, S. 157.

Was die Stimme in diesem Aufsatz zum Leuchten bringen soll, ist einerseits die Gender-Ambivalenz der Hosenrollen in der Oper und andererseits die der schwedischen Schlagerdiva Zarah Leander. Hosenrollen und Zarah Leander sind Queer-Diven insofern, als Hosenrollen sich des Mezzosoprans bedienen, während Zarah Leander mit tiefer Altstimme singt. Hosenrollen werden in diesem Aufsatz als Rollen wie Cherubin aus *Figaros Hochzeit* und Octavian aus dem *Rosenkavalier* diskutiert. Zarah Leander dagegen ist eine Soloartistin und eine individuelle Diva, die mit Hosenrollen das tiefere Stimmregister für Frauenstimmen teilt. Diesen Diven ist gemeinsam, dass sie nie ein bruchloses Ideal von Weiblichkeit formulieren. Durch ihr exzentrisches Gender-Verhalten auf und außerhalb der Bühne bauen die Diven mit tiefen Frauenstimmen sich eine faszinierende Klangwelt der Gender-Doppeldeutigkeit auf.[2]

Hier geht es damit um zwei verschiedene Gattungen der Diven. Die Hosenrollen gestalten in der Regel ein leichtes lesbenerotisches Begehren und sind grundsätzlich »good girls«. Zarah Leander dagegen wird durch ihre Position als die ehemalige Nazi-Diva in der Unterhaltungskultur des Dritten Reiches für immer ein »bad girl« bleiben. Die Diva (das lat. Femininum zu *divus*: göttlich) ist ein besonderer Typ von Star, der seine Auftritte ins Leben jenseits der Bühne verlängert. Die Diva wird hier weder als »die Göttliche« noch als eine »Femme fatale« bezeichnet, sondern als eine Frau mit einer bedeutenden Stimme. Die Stimme bedeutet hier nicht nur das konkrete Singen, sondern auch eine gewisse Machtposition. Dank ihrer Position und ihrer Stimme kann die Diva das traditionelle Gender-Verhalten in Frage stellen und punktuell sogar ablehnen.

In diesem Aufsatz werden einige Aspekte der queeren Stimmenästhetik diskutiert. Einleitend wird die Problematik der Frauen in der Oper kurz erläutert. Danach werden zwei für die queere Stimmenästhetik zentrale Begriffe – »sapphonische« Stimme und »Homovokalität« – präsentiert. Abschließend wird die Stimme von Zarah Leander erörtert. Sowohl Hosenrollen als auch Zarah Leander gehören zu der »closet culture«, das heißt zu der nicht offenen, versteckten Lesben- und Schwulenkultur. Die moderne Queer-Bewegung hat ihre eigenen Lieder und Artistinnen, und so könnte man denken, dass die Oper und die ältere Schlagerkultur auf das Altenteil gesetzt worden sind. So einfach ist es aber nicht. Diese Frauenstimmen sind immer noch ein wichtiger Bestandteil der queeren Kulturtradition. Die klassischen Opernhosenrollen gehören zur Tradition

---

2   Vgl. Hans-Otto Hügel: Handbuch Populäre Kultur. Begriffe, Theorien und Diskussionen, Stuttgart, Weimar: J.B. Metzler 2003, S. 159-164.

von Frauen in Männerkleidern.[3] Zarah Leander war (und ist immer noch) vor allem eine Schwulendiva, sie hatte (und hat) aber auch lesbische Bewunderinnen. Hosenrollen teilen mit Zarah Leander eine doppeldeutige Gender-Positionierung, und beide haben ihren eigenen Platz und Status in der Queerästhetik.

Frauen und Oper

Für die Diskussion zu Frauen in der Oper stehen zwei konkurrierende Diskurse. Erstens, die Frauen werden als Opfer der Opernkunst betrachtet und besitzen deswegen keine eigene »Stimme«, d. h. keine Subjektposition.[4] Cathérine Cléments feministische Pionierarbeit *Opera, or the Undoing of Women* analysiert die Oper als eine Form von Opferritual, das von männlichen Librettisten, Komponisten, Regisseuren, Dirigenten und Opernchefs inszeniert wird. Clément schreibt:

»Opera is not forbidden to women. That is true. Women are its jewels, you say, ornament indispensable for every festival. No prima donna, no opera. But the role of jewel, a decorative object, is not a deciding role; and on the opera stage women perpetually sing their eternal undoing. The emotion is never more poignant than at the moment when the voice is lifted to die. Look at these heroines. With their voices they flap their wings, their arms writhe, and then there they are, dead, on the ground.«[5]

Die Oper ist ein männliches Paradigma *par excellence*. Auch die tatkräftigen, selbstständigen und aktiven Frauen sterben am Ende. In erster Linie werden Frauen, die Widerstand leisten, geopfert. Clément deutet in ihrem Buch darauf hin, dass es letzten Endes nicht darum geht, *dass* die Frauen sterben, sondern *wie* sie sterben. Carmen, Gilda, Butterfly und viele andere werden mit dem Messer getötet, nicht selten geht es um Selbstmord. Violetta und Mimi sterben an Tuberkulose; Norma, Brünnhilde und Jeanne d'Arc werden verbrannt. Einige ertrinken, andere werden vergiftet. Ein Theaterbesuch wird für Frauen zu ihrem eigenen Begräbnis, konstatierte Hélène Cixous in den siebziger Jahren.[6]

---

3 Vgl. Gertrud Lehnert: Wenn Frauen Männerkleider tragen. Geschlecht und Maskerade in Literatur und Geschichte, München: dtv 1997; Tiina Rosenberg: Byxbegär (Hosenbegehren), Göteborg: Anamma 2000.
4 Cathérine Clément: Opera or the Undoing of Women, London, New York: I.B. Tauris Publisher 1988.
5 Ebd., S. 5.
6 Hélène Cixous: »Aller à la mer«, in: Richard Drain, Twentieth Century Theatre. A Sourcebook, London, New York: Routledge 1995, S. 133-135.

Die Oper der toten Frauen hat eine Grundstruktur, in der die Frauen am Anfang Widerstand leisten, danach zum Schweigen gebracht und schließlich getötet werden. Die Musikwissenschaftlerin Susan McClary stellt fest, dass Cléments deprimierende Aufzählung toter Frauen in der Oper leider stimmt.[7] Clément analysiert jedoch vor allem weibliche Charaktere in der *opera seria*, der seriösen oder tragischen Oper. Sie ignoriert die komische Oper und das genderüberschreitende Potenzial der Hosenrollen. Heldinnen der komischen Opern und deren Hosenrollen sind dagegen tatkräftig und setzen ihre Vorsätze in der Regel in die Tat um.[8]

Eine interessante Ausnahme sind die drei Gemeinschaftsproduktionen von Lorenzo da Ponte und Mozart, in denen es je ein zentrales weibliches Trio gibt: Dorabella, Fiordiligi und Despina in *Così fan Tutte*; Anna, Elvira und Zerlina in *Don Giovanni*; Susanna, die Gräfin Almaviva und die Hosenrolle Cherubin in *Figaros Hochzeit*. In diesen Werken leisten die Frauen dem Patriarchat gegenüber Widerstand. Sie sind die eigentlichen Hauptpersonen dieser Opern. Sie führen die Intrige weiter, bilden Allianzen über Klassengrenzen hinweg, gewinnen die Sympathie des Publikums und stehen am Ende als Sieger da.

Der zweite Diskurs zu Frauen in der Oper ist von der Musikwissenschaftlerin Carolyn Abbate in ihrem Aufsatz »Opera: or, the Envoicing of Women« präsentiert worden. Im Gegensatz zu Clément behauptet sie, dass die Oper als Kunstform den Frauen eine ›Stimme‹ *(envoicing)* gebe. Auch wenn der Handlungsspielraum in den Libretti für die Frauen begrenzt ist, der vokale Spielraum sei umso größer. Die Kastratenstimmen ebenso wie später die Frauenstimmen sind grundlegend für die Oper. Sie ermöglichen den Marginalisierten eine Stimme. Das Stimmerlebnis, nicht die Notation der Stimme, überschreitet die ›Maskulinität‹ der Musik.[9] So gelingt es diesen Stimmen, ganz neue und unerwartete Bedeutungsräume zum Leuchten zu bringen.

---

7   Susan McClary: Feminine Endings. Music, Gender and Sexuality, Minnesota, London: University of Minnesota Press 1991, S. 171.

8   Ralph P. Locke:»What Are These Women Doing in Opera?«, in: Corinne E. Blackmer/Patricia Juliana Smith (Hg.), En Travesti: Women, Gender Subversion, Opera, New York: Columbia University Press 1995, S. 59-98, hier S. 62.

9   Carolyn Abbate:»Opera: or, the Envoicing of Women«, in: Ruth A. Solie (Hg.), Musicology and Difference. Gender, Sexuality and Music Scholarship, Berkeley, Los Angeles, London: University of California Press 1993, S. 225-258. Vgl. auch: Wayne Koestenbaum: The Queen's Throat. Opera, Homosexuality and the Mystery of Desire, London: Penguin Books 1993.

Die sapphonische Stimme

Hosenrollen können in drei Kategorien unterteilt werden: erstens, das Kastratenerbe; zweitens, die zufällige Verkleidung und drittens, Frauen in den Rollen junger Männer, z. B. Cherubin in *Figaros Hochzeit* oder Octavian in *Der Rosenkavalier*. Die dritte Kategorie, verkörpert durch Cherubin und Octavian, präsentiert den Körper und die Stimme einer Frau auf der Bühne. Die Hosenrolle produziert hier eine Dissonanz zwischen Geschlecht (Präsentation) und Gender (Repräsentation). Der Zuschauer sieht sich mit drei Dimensionen von Körperlichkeit konfrontiert: dem anatomischen Geschlecht, der Gender-Identität und der Gender-Performance bzw. Gender-Darstellung. Sobald sich die Anatomie vom Gender des Performers oder der Performerin (SängerIn, SchauspielerIn) unterscheidet und sich beides außerdem von der Gender-Performance der Hosenrolle unterscheidet, entstehen Dissonanzen nicht nur zwischen Geschlecht und Performance, sondern auch zwischen Geschlecht und Gender sowie darüber hinaus zwischen Gender und Performance.

Die genderdissonante Frauenstimme gehört zu den tieferen Frauenstimmen. Der Terminus »Alt« bezeichnet häufig Frauenstimmen, die nicht im Sopran singen. »Alt« ist aber ein sehr weiter Begriff und umfasst mindestens vier Kategorien. Es kann sogar eine fünfte Kategorie hinzugefügt werden, wenn wir nach Stimmen außerhalb der Opernwelt suchen, wie beispielsweise die tiefe Stimme von Tracy Chapman in der Pop- und Rockmusik. Die erste Kategorie der tiefen Frauenstimmen der Oper ist der Koloraturmezzo. Dazu gehören Sängerinnen wie Teresa Berganza und Marylin Horne. Die lyrischen Mezzosoprane stellen häufig Hosenrollen dar wie Octavian *(Der Rosenkavalier)*, Chérubin *(Chérubin)*, Sextus *(La Clemenza di Tito)*, Mignon *(Mignon)* und Cherubin *(Figaros Hochzeit)*. Die Mezzosopranistin Federica von Stade besitzt die perfekte Stimme für diese Art von Rollen. Sie ist in der Lage, sich mühelos im gesamten Register zu bewegen.

Der Unterschied zwischen dem dramatischen Mezzosopran und dem Kontra-Alt ist nicht leicht zu definieren. Die Reichweite beider Stimmen ist im Großen und Ganzen die gleiche. Jedoch hat ein Kontra-Alt, wie Zarah Leander, einen dunkleren, teilweise einen fast ›obszönen‹ Klang. Während Soprane und gelegentlich auch Mezzosoprane nach den hohen Tönen streben, wird ein Kontra-Alt sich in die tieferen und dunkleren Register ihrer Stimme begeben, wie etwa in Glucks *Orfeus* und Johann Strauss' *Fledermaus*.

Die Stimmen der Hosenrollen, die in der Regel Mezzosoprane sind, werden von der Musikwissenschaftlerin Elizabeth Wood als »sapphonisch« bezeichnet. Sie verortet in diesen Stimmen eine lesbische Spezifik und ein lesbisches Begehren. Die sapphonische Stimme kann auch als *queer* bezeichnet werden. Der Klang dieser Stimme ist tief und verführerisch. Er stellt kulturell konstruierte Grenzziehungen zwischen verschiedenen Typen von Stimmen (Sopran/Mezzo/Tenor/Alt) in Bezug auf deren Polarisierung zwischen Gender und Sexualität in Frage:

»Sapphonics [...] has overtones and resonances in and beyond voice production and hidden vestibules of the body. I mean to use it as a mode of articulation, a way of describing a space of lesbian possibility, for a range of erotic and emotional relationships among women who sing and women who listen.«[10]

Wood stellt sich eine imaginäre Intimität der Stimmen vor. Für sie existiert das lesbische Kontinuum, von dem die lesbische Feministin Adrienne Rich spricht, in der sapphonischen Stimme und in den sapphonischen Opern.[11]

Die Musikwissenschaftlerin Susan McClary bemerkt in *Feminine Endings: Music, Gender and Sexuality*, dass »by far the most difficult aspect of music is to explain its uncanny ability to make us experience our bodies in accordance with its gestures and rhythms«.[12] McClary führt aus, es sei eine Funktion der musikalischen Struktur, die in der Periode von 1600 bis 1900 geschaffen wird, ein Begehren zu erwecken und zu kanalisieren. Mehr als je zuvor wurden Gender und Sexualität im 17. Jahrhundert hervorgehoben. Die neuen öffentlichen Kunstformen entwickelten Techniken zur Manipulation des Begehrens, »for *hooking* the spectator«[13].

Für die Oper scheint die musikalisch-dramatische Bewegung von einer verführerischen Einleitung zu einer Klimax selbstverständlich. McClary aber insistiert darauf, dass diese Struktur auch für andere Kunstformen Gültigkeit besitzt. Musik von Bachs Fugen bis Brahms Sinfonien peitscht sexuelle Energien auf, die sowohl verhindert als auch zugelassen werden. Michel Poizat geht in seinem Buch *Angel's Cry: Beyond the Pleasure Principle of Opera* von der Lacanschen Psychoanalyse aus, um die Frage zu beantworten, warum Opernfans die Oper so leidenschaftlich lieben. Seine These ist, dass es um eine Suche nach *jouissance* geht, nach einem Erlebnis, das in der französischen Ter-

---

10 Elizabeth Wood: »Sapphonics«, in: Philip Brett/Elizabeth Wood/Gary C. Thomas (Hg.), Queering the Pitch: The New Lesbian and Gay Musicology, New York, London: Routledge 1994, S. 27-66, hier S. 27.
11 Vgl. Adrienne Rich: »Compulsory Heterosexuality and Lesbian Existence«, in: Henry Abelove/Michèle Aina Barale/David M. Halperin (Hg.), Lesbian and Gay Studies Reader, New York, London: Routledge 1993, S. 227-254.
12 S. McClary: Feminine Endings, S. 23.
13 Ebd., S. 36.

minologie ein orgasmusähnliches Gefühl von erotisiertem Genuss
bezeichnet.[14]

Die romantisch-erotische Hosenrolle

Der Charme der Hosenrollen ergibt sich aus der Gender-Vermischung.
Die Zuschauerin sieht nicht nur, wie Roland Barthes darlegt, Konventio-
nen (Repräsentationen), sondern vor allem Körper (Präsentationen) auf
der Bühne. Diese doppelte Qualität der Bühne präsentiert gleichermaßen
die dargestellte Rolle und die Sängerin/Performerin.[15] Trotz der männlichen Gender-Konvention der Hosenrollen verkörpern klassische Hosenrollen selten de facto Männer/männliche Körper. Vielmehr wird im Gegenteil der weibliche Körper der Hosenrolle durch dessen Verkleidung
hervorgehoben. In der Repräsentation (junger Mann) auf der einen Seite
und der Präsentation (Frauenkörper) auf der anderen finden wir eine Dialektik, wie sie in Travestie und Dragshows üblich ist. Die spezielle Anziehungskraft von Hosenrollen besteht gerade in ihrer Fähigkeit, eine
temporäre Vision der beweglichen und flexiblen Gender-Positionen an-
zubieten, die nicht von der heterosexuellen Norm geregelt werden. Wenn
der Fokus des Begehrens durch die Travestie-Verkleidung verschoben
wird, richtet sich auch das Begehren woanders hin.

Man kann die sapphonische Hosenrolle als eine romantisch begehrende Rolle bezeichnen. Die Operntradition ist durch eine gewisse Gen-
der-Elastizität gekennzeichnet. Die Oper ist *queer,* allerdings nicht notwendigerweise homosexuell *per se.* Queertheoretikerin Eve Kosofsky
Sedgwick definiert »queer« als »the open mesh of possibilities, gaps,
overlaps, dissonances and resonances, lapses and excesses of meaning
when the constituent elements of anyone's gender, of anyone's sexuality
aren't made (or *can't* be made) to signify monolithically«.[16] In der
Kastraten- und Hosenrollentradition stimmt der biologische Körper
weder mit der Stimme noch mit dem Körper des Rollendarstellers
überein. Hosenrollen wie Cherubin in *Figaros Hochzeit* und Octavian im
Rosenkavalier sind »Frauenmänner« oder »Männerfrauen«, die in der
Oper junge Männer darstellen sollen. Sie präsentieren Frauenkörper und

---

14 Michel Poizat: Angel's Cry: Beyond the Pleasure Principle in Opera,
Ithaca, London: Cornell University Press 1992.
15 Roland Barthes: Roland Barthes by Roland Barthes, London: Papermac
1995, S. 83.
16 Eve Kosofsky Sedgwick: Tendencies, Durham, NC: Routledge 1993, S. 8.
Vgl. Tiina Rosenberg: »The Touch of Opera, or Can a Feminist Forgive
Anything for a Good Tune?«, in: Journal of Theatre and Drama 4 (1998), S.
23-36.

Frauenstimmen auf der Bühne. Diese Hosenrollen-Konvention ruft eine queere Dissonanz zwischen Geschlecht und Gender hervor. Die Stimme, und damit auch ihr Geschlecht/Gender, ist der Partitur des Komponisten eingeschrieben. Das bedeutet, dass die Wahl des Geschlechtes der Sängerin kein Zufall ist. Es handelt sich um eine Form von Stimmen-Transvestismus *(sonic cross-dressing)*, welcher auf eine alte Tradition zurückgeht. Dieser Tradition nach müssen die Hosenrollen von Frauen gesungen werden, um vom Publikum als junge Männer rezipiert werden zu können.

Als Erläuterung zum *Rosenkavalier* und zu der Hosenrollen-Problematik schreibt Kurt Pahlen:

»Manchem musikhistorisch nicht geschulten Besucher des *Rosenkavaliers* mag es auffallen, dass die Titelfigur des Jünglings Octavian von einer Frauenstimme gesungen wird. Das kommt aus alter Tradition, aber steht zu modernem Bühnensinn nicht im Widerspruch. Um nicht weiter auszuholen: Mozart vertraut seinen Cherubin (in *Figaros Hochzeit*) einer Frauenstimme in Männergewändern an. Es handelt sich um einen Jüngling, eben erst dem Pubertätsalter entwachsen, vielleicht sogar noch mitten drin. Eine Männerstimme wäre ihm nicht adäquat, würde sein wahres Wesen nicht so gut erfassen, wie eine dunklere Frauenstimme dies tun kann, – so als wäre der Stimmwechsel eben noch nicht abgeschlossen, wie dies bei einem Jüngling von 16-17 Jahren damals der Fall sein konnte.«[17]

Pahlen konstatiert, dass »Octavian doch kein Mann ist«.[18] Die Frage, weswegen diese Rolle nicht von einem leichten, hohen Tenor gesungen wird, beantwortet Pahlen damit, dass Strauss keine Tenöre mochte. Strauss komponierte die Rolle des Octavians als eine ausgesprochene Hosenrolle. Wenn wir das Argument von Kurt Pahlen von dem »musikhistorisch nicht geschulten Besucher« theoretisieren, könnten wir behaupten, dass das queere Auge als »musikalisch ungeschultes« die kon-

---

17 Kurt Pahlen: »Der Rosenkavalier in Schlagworten«, in: ders. (Hg.), Richard Strauss. Der Rosenkavalier, München: Wilhelm Goldmann Verlag 1980, S. 384-388. Im *Rosenkavalier* (1911) von Richard Strauss und Hugo von Hofmannsthal liebt der junge Octavian leidenschaftlich die Feldmarschallin Fürstin Werdenberg. Eines Morgens während des Frühstücks werden Octavian und die Feldmarschallin von Baron von Ochs überrascht. Octavian verwandelt sich zu »Mariandl« und pariert dadurch die Situation. Ochs ist in Wien, um die schöne und reiche Sophie zu heiraten und nach verschiedenen Verwicklungen wird entschieden, dass Octavian als »Rosenkavalier« an Ochs' Stelle eine Rose an Sophie überreichen soll. Am Ende der Oper schließt Octavian Sophie in seine/ihre Arme und verlässt die Bühne mit ihr.

18 Vgl. ebd.

krete Präsentation der Stimme und des Körpers (als weibliche) genießt, während das Auge der/des »musikalisch geschulten« Zuschauerin/ Zuschauers die Stimme und den Körper »korrekt« auffasst und einen jungen Mann vor sich sieht.

Sowohl Cherubin als auch Octavian verfügen über eine doppelte Machtposition: einerseits durch ihre Klassenzugehörigkeit und andererseits durch ihr »männliches« Gender. Beides impliziert einen höheren sozialen Status und damit einhergehend eine größere Handlungs- und Bewegungsfreiheit. Aber die Männlichkeitsmaskerade von Cherubin und Octavian ist nicht besonders überzeugend. Corinne E. Blackmer und Patricia Juliana Smith schreiben in ihrer Einleitung zur Anthologie *En Travesti: Women, Gender Subversion, Opera*, dass die Tradition der Hosenrollen viele Fragen provoziert, die sich sicher viele gestellt haben, die aber nicht beantwortet wurden. Oft ist nicht einmal der Versuch einer Antwort gewagt worden. Bedeutet denn die Hosenrolle einfach eine Maskerade, oder kann es sich nicht möglicherweise ebenso gut um einen Flirt zwischen zwei Frauen handeln?[19]

Es ist schwierig, Cherubin und Octavian ohne Weiteres in Lesbenheldinnen der Oper zu verwandeln. Unmöglich ist es aber nicht. Der Theaterkritiker Willi Schuh notierte schon in den dreißiger Jahren:

»Der verklärende Zauber adeliger Jugend liegt über diesem modernen Cherubino, der von allen Hofmannsthal'schen Abenteurern der unwiderstehlich-liebenswürdigste ist – vielleicht weil die Hosenrolle das Erotische ins Zweigeschlechtliche verwirrt und ein irrationales Element einmischt, durch das die Figur völlig dem Einstrom lieblicher Musik preisgeben wird.«[20]

Der Musikwissenschaftler William Mann findet im Gegensatz zu Schuh die Hosenrolle Octavian geschmacklos:

»[B]ut it seems distasteful that Hofmannsthal should have cast so sexually virile a figure as a female role, particularly in the opening scene which demands overt demonstrations of the most passionate love – it is seldom that the two actresses involved manage to avoid suggesting a repellent sort of Lesbianism as they hug and caress one another, crooning torrid endearments. As if to atone for this disastrous miscalculation, Strauss leaves no doubt in the intro-

---

19 Corinne E. Blackmer/Patricia Juliana Smith (Hg.): En Travesti: Women, Gender Subversion, Opera, New York: Columbia University Press 1995, S. 11.

20 Vgl. Willi Schuh: Kritiken und Essays. Band 1: Über die Opern von Richard Strauss, Zürich: Atlantis Verlag 1947, S. 51.

duction to the first act that Octavian is a proper man. The opera begins with an unrestrained and highly suggestive musical description of the act of love.«[21]

Aber in London stöhnte die lesbische Komponistin Ethel Smyth lustvoll nach der Aufführung des *Rosenkavaliers* in London 1913 und schrieb in *The Suffragette*, dass sie »spasm upon spasm of physical delight« erlebt hatte.[22] Als ein Zeichen für Lesbenintertextualität lässt die Autorin Jeanette Winterson ihren Roman *Art and Lies* auf neun Seiten mit der Partitur zum Rosenkavalier enden.[23] Die Hosenrollen stellen keine »Männer« dar, sondern eben Hosenrollen. Es geht nicht um eine Dragshow, sondern um eine Gender-Performance, die eine lesbenerotische Position auf der Bühne ermöglicht.

»Die Cherubinade«

Das Vorbild von Octavian im *Rosenkavalier* ist Mozarts Cherubin in *Figaros Hochzeit*. Cherubin ist eine Hosenrolle, die von einer Sopranistin oder Mezzo-Sopranistin gesungen werden kann.[24] »Die Cherubinade« impliziert eine dramaturgische Dissonanz an sich. Cherubin begehrt und liebt leidenschaftlich alle Frauen, denen sie/er begegnet und stört ununterbrochen die Pläne der anderen Charaktere.[25] Der Graf Almaviva be-

21 William Mann: Richard Strauss. A Critical Study of the Operas, London: Cassell 1964, S. 104.
22 Zitiert nach Elizabeth Wood: »The Lesbian in the Opera: Desire Unmasked in Smyth's Fantasio and Fête galante«, in: C.E. Blackmer/P.J. Smith: En Travesti, S. 285-305, hier S. 303.
23 Jeanette Winterson: Art & Lies, London: Vintage 1994.
24 *Figaros Hochzeit* (1786) von Lorenzo da Ponte und Wolfgang Amadeus Mozart basiert auf dem Schauspiel von Pierre-Augustin Caron de Beaumarchais (1781). Das Drama hat in Teilen einen historischen Klassenkampf zur Grundlage, in dem der Diener Figaro gegen seinen Hofherren Graf Almaviva revoltiert. Beaumarchais kritisierte das Fundament des »ancien régime«, nämlich die Kirche, die Armee und das Königtum. In der Opernversion haben da Ponte und Mozart die Handlung im Großen und Ganzen beibehalten, aber sie überführten den politischen Fokus des Stückes in eine erotische Intrige. Der revolutionäre Klassenkampf von Beaumarchais wurde auf die Figur Cherubino d'amore (wie der Musiklehrer Basilio Cherubin nennt) fokussiert. Schon Beaumarchais schrieb, dass alle auf dem Schloss den unwiderstehlichen und jugendlich-charmanten Cherubin liebten. Beaumarchais bemerkte weiter, dass die Rolle Cherubins von einer jungen hübschen Frau gespielt werden sollte, weil ein Mann sie nicht mit ausreichender Finesse spielen könne.
25 Dietmar Holland: »Was in unseren Zeiten nicht erlaubt ist, gesagt zu werden, wird gesungen. Zur subtilen Sozialkritik in Mozarts ›Le nozze di Figaro‹«, in: Attila Csampai/Dietmar Holland (Hg.), Wolfgang Amadeus Mo-

trachtet sie/ihn als einen Störenfried, weil Cherubins erotische Pläne dauernd mit seinen eigenen kollidieren. Und der Graf hat tatsächlich Grund, eifersüchtig zu sein. Cherubin verkörpert eine schwer bestimmbare Mischung aus Adoleszenz und Libertinage. Unschuldig wie ein neugeborenes Kind ist sie/er auf keinen Fall.

Ein Beispiel für Cherubins aktives Begehren ist die Arie »Non so più cosa son, cosa faccio« (I:6), eine *aria agitata*, eine sehr gefühlsintensive Arie:

> Non so più cosa son, cosa faccio
> Or di fuoco, ora son di ghiaccio
> Ogni donna cangiar di colore,
> Ogni donna mi fa palpitar.
>
> Solo ai nomi d'amor, di diletto
> Mi si turba, mi s'altera il petto,
> E a parlare mi sforza d'amore
> Un desio ch'io non posso spiegar!
>
> Parlo d'amor vegliando,
> parlo d'amor sognando,
> a l'acqua, a l'ombra, ai monti,
> ai fiori, a l'erbe, ai fonti,
> a l'eco, a l'aria, ai venti,
> portano via con sé
> E se non ho chi m'oda
> parlo d'amor con me.

»Non so più« ist in zwei Sektionen unterteilt. Die erste Hälfte der Arie besteht aus zwei Strophen, die beide drei zehnsilbige Zeilen und eine vierte mit neunsilbiger Zeile haben. Diese Zeilen werden durch die Struktur aabc, ddbc vereint. Musikalisch hat Mozart eine Bewegung in die Partitur eingebaut, die mit Cherubins eigener Bewegung zusammenhängt: aus dem streng gereimten Gedicht heraus und in den freieren, direkteren und leidenschaftlicheren Stil hinein. Die Dreitaktphrasen werden zu Zweitaktphrasen erhöht, und die Harmonik, die auch intensiver wird, landet in einem dunklen Septim-Akkord, einem unaufgelösten

---

zart. Die Hochzeit des Figaro: Texte, Materialien, Kommentare, Reinbek bei Hamburg: Rowohlt 1982, S. 9-29, hier S. 15. Holland beschreibt Cherubin als »Störenfried« und Wye Jamison Allanbrook spricht von »a touchstone for all the other characters«. Vgl. Wye Jamison Allanbrook: Rythmic Gesture in Mozart: Le Nozze di Figaro & Don Giovanni, Chicago, London: University of Chicago Press 1983, S. 85.

Akkord mit einer sehr starken Betonung des Wortes »desio« (Begehren).
»Desio« ist das erste und das einzige Wort, das in der Arie wiederholt
wird. Es ist, als ob dieses Wort aus der Arie herausgestellt würde. Durch
die Wiederholung wird die leidenschaftliche Intensität der Arie zu dieser
wichtigen Kadenz unterstrichen, die gefehlt hätte, wenn die metrische
Struktur beibehalten worden wäre.

Die Arie betont das aktive Begehren Cherubins. Sie/er »monologi-
siert«, ist aber nicht verzweifelt, eher fragend, unsicher, aber interessiert,
genau wie junge Menschen, wenn es um Sex, Attraktion und Begehren
geht. *Begehren* wird hier, so wie die Literaturwissenschaftlerin und
Queertheoretikerin Eve Kosofsky Sedgwick dieses Wort einmal definierte, wie folgt benutzt: »[I] will be using ›desire‹ in a way analogous
to the psychoanalytic use of ›libido‹ – not for a particular affective state
or emotion, but for the affective or social force, the glue, even when its
manifestation is hostility or hatred or less emotively charged, that shapes
an important relationship.«[26] Cherubin ist von Frauen besessen. Dass es
sich ausgerechnet um eine Hosenrolle handelt, macht die Situation umso
interessanter. Man könnte diese Arie auch eine lesbische »Coming-Out-
Arie« nennen. Die junge Frau fragt sich, was mit ihr los ist. Sie wird von
ihrer eigenen inneren Stimme »bombardiert«. Es könnte sich selbstverständlich auch um einen jungen Mann handeln, jedoch kann man es nicht
darauf reduzieren.

Homovokalität versus Heterovokalität

In *Figaros Hochzeit* wird Cherubin von der Gräfin und Susanna als Frau
verkleidet. Cherubin soll nämlich in der »Verkleidungskomödie« im
vierten Akt mitwirken. Die Arie »Voi che sapete« drückt das erotische
Dreieck zwischen Cherubin, der Gräfin und Susanna aus. Die verwir-
rende Verkleidung, die Trippelverkleidung in der Art von Shakespeares
Komödien, verstärkt die erotische Dimension der Oper. Die Verkleidung
ist Teil der Intrige, aber Susanna und die Gräfin interessieren sich sowohl
für die junge Frau als auch für den jungen Mann, die beide an dieser
Stelle so vorteilhaft in ein und demselben Körper auftreten.

Somit gibt es eine Möglichkeit, drei Frauen gleichzeitig zu studieren.
Es ist interessant, wie Hosenrollen Frauen auf der Bühne ansprechen und
buchstäblich anfassen. Die Literaturwissenschaftlerin Terry Castle diskutiert in diesem Zusammenhang in ihrem Essay »In Praise of Brigitte

---

26 Eve Kosofsky Sedgwick: »Introduction«, in: dies., Between Men: English
Literature and Male Homosocial Desire, New York: Columbia University
Press 1985, S. 1-20, hier S. 2.

Fassbaender« die Begriffe Heterovokalität und Homovokalität sowie Gynophilie.[27] Sie bespricht, wie Sängerinnen auf der Bühne einander berühren beziehungsweise die Berührung vermeiden. Hetero- und Homovokalität sind für Castle eher ein szenischer Effekt denn eine vokale Technik. Sie nimmt Maria Callas und Brigitte Fassbaender als Beispiele. Callas ist, Castles Meinung nach, heterovokal, weil ihre Stimme sich so deutlich an Männer richtet. Brigitte Fassbaender richtet sich hingegen an Frauen, sowohl auf als auch außerhalb der Bühne:

»In Fassbaender's case, the address – what one might term the directionality of the vocal appeal – is completely different. Fassbaender seems by contrast acutely aware of female listeners, and to include precisely where Callas seems to exclude. The distinctive virility of Fassbaender's singing may be less a matter of vocal technique, in other words, than a matter of theatricality, of a certain attitude towards her audience. Indeed, she often gives the impression of singing ›for‹ women and women alone – of conceiving her roles, and projecting them outward, in a manner carefully designed to appeal to an attending, if visible, cohort of female fans. Where Callas is heterovocal, Fassbaender is homovocal.«[28]

Für Castle verfügt Fassbaender über eine kompetente, lesbenmaskuline »butch«-Stimme. Besonders begeistert ist sie von Fassbaenders Octavian-Interpretation. *Der Rosenkavalier* beginnt mit einem stürmischen, wilden Ruf oder Aufschrei der Hörner im Orchester. Das lange musikalische Vorspiel schildert die Liebesnacht der Marschallin und ihrer/ihres jungen Geliebten, der/des von ihr zärtlich »Quinquin« genannten Grafen Octavian Rofrano, einer Hosenrolle im Mezzosopran. Der Musikkritiker Willi Schuh ist in seiner Einschätzung zwar nicht so nachdrücklich wie Terry Castle, dennoch notierte er bereits frühzeitig, dass es dem Librettisten und Komponisten im *Rosenkavalier* genau so wie in *Figaros Hochzeit* gelang, die Gender-Dramaturgie der Shakespeare-Komödien nachzuahmen. Octavian ist der wiederauferstandene Cherubin, der mit den Gestalten der Marschallin, der Sophie und auch mit dem Ochs von Lerchenau auf eine »heimliche« Weise verbunden ist.[29] »Das unenträtselbare Ineinanderweben von Mädchenhaftem und Bubenhaftem in Octavian-Mariandl, dieser doppelte und dreifache Geschlechteraustausch, bei

---

27 Terry Castle: »In Praise of Brigitte Fassbaender«, in: The Apparitional Lesbian. Female Homosexuality and Modern Culture, New York: Columbia University Press 1993, S. 200-238.
28 Ebd., S. 227.
29 W. Schuh: Kritiken und Essays, S. 31.

dem durch das Mädchenkleid der Junge und durch den Kavaliersrock das Mädchen immer unendlich reizvoll durchscheint,«[30] schreibt Schuh. Terry Castle sieht die von Schuh angedeutete Lesbenerotik viel deutlicher:

»The very butchness with which she tackles, say, a role like Octavian – the sheer, absolutist bravado of the impersonation – infuses it with a dizzying homosexual charge. The more dashingly Fassbaender pretends, the more completely she fails – with the result that a new stage illusion takes shape: that of a woman robustly in love with another woman. When Fassbaender-as-Octavian, singing of her passion for the Marschallin, takes her fellow diva in her arms, I find it difficult not to take *her* literally – to read ›past‹ the narrative fiction toward what I am actually seeing: a woman embracing a lover, even as she pantomimes the part of an impetuous boy. The very deftness of the pantomime prompts a kind of lesbian chauvinism: this is a woman (we are invited to imagine) who is as good as, if not better than, any man.«[31]

Fassbaender mobilisiert Gynophilie auf der Bühne, also »exaltation in the presence of the feminine«.[32] In Terry Castles Verständnis hat Brigitte Fassbaender in der Rolle des Octavian auf der Bühne leidenschaftlichen Sex mit der Marschallin. »No matter how artfully ›true to life‹ the boyish gestures, Fassbaender-in-drag fools no one: the fact that the boy is female, that the voice is a woman's voice, remains inescapable.«[33] Aus meiner Sicht wird der Höhepunkt der Bühnen-Gynophilie mit Octavians Überreichung der Rose an Sophie erreicht. Diese Szene ist besonders interessant, weil Octavian hier eigentlich als Rosenkavalier agiert und die Rose im Namen des Baron Ochs an Sophie überreicht. Aber Sophie hat nur Augen für Octavian und verliebt sich auf der Stelle in sie/ihn.

Die Rose wiederum ist nicht nur ein konkretes Symbol für das weibliche Geschlecht. Was außer ihr noch überreicht wird, ist die Stimme. Der Klang der Stimme wird von den inneren (Stimm-)Lippen produziert, und kann somit als das Duplikat der Vagina beschrieben werden.[34] Die Geschlechtertheoretikerin Luce Irigaray führt aus, dass Frauen die Berührung mehr genießen als das bloße Zuschauen. Frauen verfügen überall über sexuelle Organe: auf und innerhalb ihres Körpers. Irigarays Betonung liegt dabei besonders auf den Lippen (Mund und Vagina) sowie

---

30 W. Schuh: Kritiken und Essays, S. 30.
31 Vgl. T. Castle: »In Praise of Brigitte Fassbaender«, S. 230.
32 Ebd.
33 Ebd.
34 W. Koestenbaum: The Queen's Throat, S. 160; Sam Abel: Opera in the Flesh: Sexuality in Operatic Performance, Boulder, Colorado: Westview Press 1996.

den Innenseiten der Hände. Die lesbenerotische Spezifik, die sich meiner Meinung nach noch durch die Visualität verstärkt, wird einerseits durch die Stimme mittels der äußeren und inneren (Stimm-)Lippen produziert, jedoch andererseits auch vom gesamten Körper, insbesondere durch die vaginalen Lippen, hervorgebracht. Und Sophie singt wie nie zuvor: »Denn das ist ja so schön, so schön!«

Die Leander

Mit Zarah Leanders Stimme betreten wir ein anderes Territorium. Die lesbenerotischen Hosenrollen sind im Vergleich zu Leander harmlos romantisch. Allerdings, aber das war nur eine Kuriosität, spielte Zarah Leander eine Opernsängerin in dem Film *Heimat* und trat in einer Hosenrolle, nämlich als Glucks Orfeus, auf. Dieser Auftritt hatte jedoch sehr wenig gemein mit den klassischen Hosenrollen auf dem Theater. Zarah Leander war zu Hause im Film und in der Populärmusik. Schlager wurde zu ihrer Lieblingsgattung. Die Oper und der Schlager sind aber nicht so weit von einander als Musikgattungen entfernt, wie man vielleicht heute denkt. Schlager nennt man nämlich ab Mitte des 19. Jahrhunderts beliebte Melodien aus Oper und Operette, später auch neue Lieder. Als Schlager werden heute ganz allgemein leicht eingängige Gesangstücke mit oftmals humoristischen oder sentimentalen Texten bezeichnet. Einfache Rhythmen und Melodiefolgen, die auf schnelle Wiedererkennung angelegt sind, bestimmen seinen Charakter.[35]

Zarah Leander war ein großer Star der UFA von 1937 bis 1943 und sie trat in folgenden Filmgattungen auf: Revuefilme *(Zu neuen Ufern)*, Operetten- und Musikfilme *(Es war eine rauschende Ballnacht)*, musikalische Melodramen *(La Habanera, Der Blaufuchs)* und in Schlagerfilmen. Leanders Stimme oder eher, wie sie ihre Stimme einsetzte, brach mit der Verbindung zwischen Körper und Stimme in einer Art und Weise, die nicht dem filmischen Narrativ folgt, sondern die Musiknummern der Filmstory zur Hauptattraktion des Filmes machte. Die Dynamik entfaltete sich dominant in der Stimme und den Liedern von Leander und nicht in erster Linie über die filmische Erzählung.[36] »Leander's success as musical star depended, then, on a detachment of her voice from the body image on film: a fracturing of the unity between image and sound

---

35 Vgl. Ludwig Finscher (Hg.): Die Musik in Geschichte und Gegenwart. Allgemeine Enzyklopädie der Musik. Teil 8, Kassel: Bärenreiter 1998, S. 1063-1070.

36 Erica Carter: Dietrich's Ghosts: The Sublime and the Beautiful in Third Reich Film, London: The British Film Institute 2004, S. 173-202.

that was the prerequisite for what Schlamp and other contemporaries described as her voice's capacity for explosion into flight.«[37] Die erfolgreichen Hits und Schlager dominierten das Interesse des Publikums. Die Lieder wurden ihrem ursprünglichen Kontext entfremdet. Diese Bewegung von Liedern, Schlagern und Chansons im Film sind das Charakteristische für Leander-Filme.

Leanders Entwicklung vom Musikfilm zum Schlagerfilm wurde bereits in ihren UFA-Produktionen sichtbar, bis sie sich schließlich in den 1950er und 1960er Jahren als ihr spezielles Markenzeichen etablierte.

»It is in these moments of stylistic fracture that Leander's voice begins to detach itself from the diegetic and visual spaces of the film text, and to assume the identity it possesses within the public space of mass culture as a disembodied acoustic presence. For if the first apparatus of representation that displaces Leander's voice from its location in the individual film text is genre, and then the second is the culture of *Schlager*, or hit song itself as it developed within the popular music industry in tandem with sound film.«[38]

Mit dem Tonfilm entstanden eine Menge von Film-Musicals, Musikfilmen und Filmrevuen, die fortan zur Basis für die Entwicklung des Schlagers wurden. *Kann denn die Liebe Sünde sein, Nur nicht aus Liebe weinen, Ich weiß, es wird einmal ein Wunder gescheh'n, Jede Nacht ein neues Glück, Waldemar, Yes Sir!, Merci, mon ami, Es war wunderschön* sind nur die bekanntesten Titel, mit denen Zarah Leander zur Ikone der Homosexuellen während der 1950er und 1960er Jahre wurde. Das Aufkommen des Fernsehens als Massenmedium und die Repertoire-Kinos mit ihrer nostalgischen »Retro-Unterhaltung« beförderten die Nachkriegskarriere von Leander. Guido Knopp schreibt:

»Auch mit ihren Liedern thematisierte sie immer wieder das nicht Erlaubte: Freche, emanzipierte, ja fast schlüpfrige Texte [...] widersprachen herrschenden Moralvorstellungen und rührten an Tabus [...], die Mischung aus Übermutter und Vamp [hatte ihr] eine homosexuelle Anhängerschaft garantiert.«[39]

Leanders tiefe Altstimme wurde gelegentlich als »unnatürlich« beschrieben, als eine Stimme, die die Tür in den queeren Raum weit öffnen

---

37 Erica Carter: Dietrich's Ghosts: The Sublime and the Beautiful in Third Reich Film, London: The British Film Institute 2004, S. 193.
38 Ebd., S. 195f.
39 Guido Knopp: Hitlers Frauen und Marlene, München: C. Bertelsmann Verlag 2001, S. 30.

konnte.[40] Paul Seiler, ein treuer Leanderfan in Berlin, sammelte in seinem Buch *Zarah Leander: Ich bin eine Stimme* Kommentare zu Leanders Stimme:

»Zarahs Stimme ist ein Kapitel für sich, sie pflegt zwei Wirkungen hervorzurufen: Erstaunen und Bewunderung, dass eine so ›unweibliche‹ Stimme solchen Wohlklang, so feine Nuancierungen und so bezaubernden weiblichen Charme enthalten kann. Die Schwedin hat selbst einmal eine klare Antwort auf die oft gestellte Frage: ›Warum singen sie so tief?‹ gegeben. Sie sagte nämlich: ›Weil ich nicht höher singen kann.‹«[41]

Diese außergewöhnliche Stimme und ihr Travestielook haben Zarah Leander in der Nachkriegszeit zu einer queeren Diva gemacht. »Choosing a diva to love is like inaugurating any erotic arrangement«[42], schreibt Koestenbaum. Die extraordinäre, tragische, komische, böse, glamouröse, provozierende, sentimentale und scharfe Frau ist gewöhnlich eine mehr oder weniger heterosexuelle, aber nie ganz heteronormative Frau. Diven wie Bette Midler, Joan Crawford, Bette Davis, Asta Nielsen, Marlene Dietrich, Edith Piaf, Greta Garbo, Zarah Leander, Maria Callas, Birgit Nilsson, Barbra Streisand und Madonna sind Frauen, die nicht nur ihre Umgebung provoziert haben, sondern auch die heteronormative Weiblichkeit. Eine Voraussetzung für die Queer-Diva ist ihre Großartigkeit (»larger-than-life«), aber auch, dass ihr vom Leben richtig übel mitgespielt wird: Alkoholismus, Drogen, Selbstmordversuche, zu viel Sex, zu viel Schlamperei, zu wenig Anständigkeit. Ein unglückliches Liebesleben ist ein Muss für die Queer-Diva. Nur die Frau, die genügend geopfert hat, die sozusagen »sozial misslungen« ist, kann damit rechnen, eine Queer-Diva zu werden. Die Queer-Diva ist eine Position, die niemand selbst wählen kann, sondern das Queer-Publikum wählt seine Diven.[43]

Eine Diva in der männlichen Queerästhetik richtet sich normalerweise an Männer. Sie kann aber auch einen lesbischen Subtext haben,

---

40 Alice A. Kuzniar: The Queer German Cinema, Stanford, California: Stanford University Press 2000, S. 63.

41 Paul Seiler: Zarah Leander: Ich bin eine Stimme, Berlin: Ullstein 1997, S. 138. Fast drei Jahrzehnte begleitete Paul Seiler Zarah Leander. Seine Sammlung von mehr als 5000 Zeitungsartikeln und über 500 Fotografien ist im Filmmuseum am Potsdamer Platz in Berlin zu finden. Seiler hat sich für Zarah Leanders Vermächtnis verantwortlich gefühlt. »Ich glaube auch«, schreibt Seiler, »dass sie mit ihrer Energie in mir enthalten ist.« Vgl. Paul Seiler: Zarah Leander: Ein Kultbuch, Hamburg: Rowohlt 1985, S. 16.

42 W. Koestenbaum: The Queen's Throat, S. 20.

43 Tiina Rosenberg: Queerfeministisk agenda (Queerfeministische Agenda), Stockholm: Atlas 2002, S. 129.

wie es bei Diven wie Asta Nielsen, Greta Garbo, Marlene Dietrich und Zarah Leander der Fall ist. Der queere »Subtext« ist in den Gesten und in der Stimme der Diva »versteckt«. Die doppeldeutige Gender-Positionierung ermöglicht auch eine Identifikation und ein Begehren über Geschlechtergrenzen hinaus. Homosexuelle Männer haben sich, historisch gesehen, nicht ohne weiteres mit der hegemonialen Maskulinität identifiziert. Sie haben auch oft nicht die Möglichkeit gehabt, ihr Begehren offen zu zeigen. Die Diva, »the fallen woman«, hat daher als kulturelles Zeichen, als ein »stand-in« für das schwule Begehren funktioniert.

Der Divakult kann natürlich mehrere Gründe haben, aber Gender-Ambivalenz ist einer davon. Im Divakult erscheint eine Frau auf der Bühne oder auf der Leinwand, aber ihr Gender und ihre Sexualität sind selten eindeutig. Die Bühnenpersona von Zarah Leander präsentierte in den 1950er und 1960er Jahren eine Mischung aus Ironie und Humor. Leanders Stimme war tief und gender-dissonant, ihre Texte frech und voller Humor. Wie kaum ein anderer Altstar eignete und eignet sich Zarah Leander bestens für die Travestie. Ihre Stimmlage ist von einem Mann relativ leicht zu treffen, so dass ihre Lieder zum Repertoire vieler Damenimitatoren gehören.

Davon geht die Welt nicht unter

Paul Seiler beantwortet die Frage, warum Homosexuelle Leander verehrter: »Wir waren süchtig nach Zarah, nach ihrem pathetischen Stil, ihren überlebensgroßen Gefühlsausbrüchen, Walkürenauftritten, ihrer dunklen, fast männlichen Stimme [...]. Für viele war sie Vater und Mutter zugleich, sie war auch die Ersatzdroge für nicht ausgelebte Gefühle.«[44] Gefühle sind komplexe soziale Phänomene. Es ist nicht so, dass Männer im Publikum sich automatisch mit Männern auf der Bühne identifizieren. Die soziale Organisation der Gefühle und die Mysterien der Identifikation interessieren mich. Theodor W. Adorno dagegen findet, dass die Wirkung von Schlagern und ihre soziale Rolle im Schema der Identifikation zu umreißen ist. Sie ist vergleichbar der Wirkung von Filmstars und appelliert an eine »lonely crowd«, an Atomisierte und Unmündige.[45] Adorno schreibt: »Als einer der vielen, die mit jenem fiktiven Subjekt, dem musikalischen Ich, sich identifizieren, fühlt er

---

44 Bernhard Rosenkranz/Gottfried Lorenz: Hamburg auf anderen Wegen: Die Geschichte des schwulen Lebens in der Hansestadt, Hamburg: Lambda 2005, S. 132.
45 Theodor W. Adorno: »Leichte Musik«, in: ders.: Dissonanzen. Einleitung in die Musiksoziologie, Frankfurt/Main: Suhrkamp 1973, S. 205.

zugleich seine Isolierung gemildert, sich eingegliedert in die Gemeinde der Fans.«[46] Adorno hat Angst vor dem Fall in einen emotionalen Zustand, der leicht zu manipulieren ist.

Der »Fall«, den so viele fürchten, symbolisiert nicht nur verlorene Weiblichkeit, sondern auch verlorene Männlichkeit. »To fall« (to fall in love, in Ohnmacht fallen usw.) bezeichnet in mehreren europäischen Sprachen emotionale Ausbrüche und Affekte, bei denen die Kontrolle verloren geht. Es handelt sich um emotionale Zustände, wo im Grunde genommen alles passieren kann. In der christlichen Tradition hängen der Fall und die Sünde eng miteinander zusammen, und hier ist die Sexualität sehr häufig ein wesentliches Risiko, die zu einem Fall verlocken kann.

Für die queere Diva hängt »der Fall« meistens mit sozialer Scham und mit einer »verlorenen« Weiblichkeit (d. h. Anständigkeit) zusammen. Die individuelle Erfahrung von Scham ist sowohl ein privates Gefühl als auch ein öffentliches Ereignis. Die/der Schuldige wird beobachtet, sie/er *fällt* auf und kann sich nicht vor den Blicken der anderen verstecken. Die Scham kann als ein negatives Selbstbild/Gefühl bezeichnet werden. Gleichzeitig ist die Scham ein sozialer Akt. Die unerwartete Sichtbarkeit von Scham hängt immer mit irgendeiner Normverletzung zusammen.[47]

Die Normkränkung oder -verletzung durch Homosexualität produziert zum Beispiel eine spezifische Form von sozialer Scham, die mit Geschlecht und Sexualität zusammenhängt. Was Zarah Leander betrifft, hängt deren Scham mit ihrer Vergangenheit in Nazi-Deutschland zusammen. Sie wurde wie Hendrik Höfgen, die Hauptperson in Klaus Manns Roman *Mephisto: Roman einer Karriere* (1936)[48], zu einem gefeierten Star in Nazi-Deutschland. Filmregisseur Rainer Werner Fassbinder untersuchte das Thema in dem Film *Lili Marleen* (1980) und fragte sich damals, ob man das Recht hat, Karriere zu machen, um in einem Regime wie dem Nationalsozialismus zu überleben?[49] Für Leander stellt sich die Frage anders als für den fiktiven Charakter Höfgen. Als Ausländerin ist sie freiwillig nach Berlin gefahren. Sie hat sich als »politischen Idioten« bezeichnet und die Entscheidung, für die UFA zu arbeiten, selbst getroffen. In Schweden ist sie immer noch kontrovers.

---

46 Th. W. Adorno: »Leichte Musik«, S. 206.

47 Vgl. Jens Roselt: »Die Würde des Menschen ist antastbar. Der kreative Umgang mit der Scham«, in: Carl Hegemann (Hg.), Erniedrigung genießen. Kapitalismus und Depression III, Berlin: Alexander Verlag 2002, S. 47-59.

48 Klaus Mann: Mephisto. Roman einer Karriere, Reinbek bei Hamburg: Rowohlt 2004.

49 Robert Fischer (Hg.): Fassbinder über Fassbinder. Die ungekürzten Interviews, Frankfurt/Main: Verlag der Autoren 2004, S. 573.

Auch wenn Leander politisch gesehen ein komplizierter Fall ist, kann ihre Popularität in der Nachkriegszeit durch die Mischung von Scham, ihrer charismatischen Gender-Performance (ihre Stimme und ihr Travestielook) und ihrem Sinn für Humor verstanden werden. Sie war cool, um ein modernes Wort zu benutzen, und sie war *camp,* um ein queeres Wort dafür zu verwenden. Bei dem Divakult handelt es sich nämlich nicht nur um eine traumatische Schamgemeinschaft, sondern er funktioniert auch als eine queere Widerstandsstrategie, in der die Diva *camp* ist.[50] In der Queerästhetik bezeichnet *camp* eine subversive Strategie, die von der »closet culture« entwickelt wurde und die im Gegensatz zu Realismus und Naturalismus Fantasie, Artifizialität und vor allem Ironie betont. In der Campästhetik wird eine artifizielle und kitschige Verfremdung erreicht. In diesem Kontext werden Heteronormativität und Intoleranz ironisiert. Die Campästhetik ist ein altes, internes Kommunikationssystem innerhalb der schwulen Kultur, in der Diven sowie ein besonderes Musikrepertoire zentral sind.[51]

Vieles deutet darauf hin, dass Zarah Leander als Künstlerin und als Privatperson eine historische Neuinterpretation durchläuft.[52] Ihre UFA-Filme waren überwiegend Musik- und Schlagerfilme und sind nicht zu vergleichen mit Filmen, die einen eindeutig antisemitischen und nazistischen Inhalt hatten wie etwa *Jud Süß,* in dem die Schauspielerin Kristina Söderbaum mitwirkte. Aber dennoch ist ihr vorzuwerfen, dass sie sich mehr für ihre Karriere als für die politischen und die menschlichen Zustände in Nazi-Deutschland interessierte.

Außerdem hat Zarah Leander ihrem Publikum sehr viel bedeutet. Ihre durchdringende, fast männliche Altstimme war bestens geeignet, um Liebeskummer und Angst vor Isolation und Verfolgung vergessen zu machen. Der Berliner *Lokalanzeiger* schrieb über den Film *Zu neuen Ufern* (1937): »Über allem liegt der Glanz einer Stimme. Sie ist berauschend wie schwerer dunkler Wein. Sie kann so wuchtig klingen wie der Ton einer Orgel. So durchsichtig scheinen wie Glas, so tief wie Metall. In dieser Stimme ist alles: der Jubel, das Glück, des Lebens trunkene Melodie und sein wilder Schmerz.«[53]

Im Theater des Westens verabschiedete sich Zarah Leander im Oktober und November 1973 von ihrem Berliner Publikum. Paul Seiler war dabei und schrieb:

50 Vgl. Fabio Cleto (Hg.): Camp: Queer Aesthetics and the Performing Subject. A Reader, Minnesota: University of Michigan Press 1999.
51 Vgl. Richard Dyer: »Judy Garland and Gay Men«, in: Heavenly Bodies: Film Stars and Society, London, New York: Routledge 2004, S. 137-191.
52 Vgl. Jutta Jacobi: Zarah Leander: Das Leben einer Diva, Hamburg: Hoffmann und Campe 2006.
53 P. Seiler: Ich bin eine Stimme, S. 296f.

»Der Einsatz ist ungeheuer. Der tiefe Leander-Ton, der mit dem ›Ich weiß (es wird einmal Wunder gescheh'n)‹ laut herausbricht, fährt so dröhnend in den Saal (der Kontra-Alt durch Mikrofon noch einmal verstärkt) und die Wand über die Ränge herauf, dass man meint, die Galerie breche ab, man stürze in den Keller; der Resonanzraum dieser Brust muss so groß sein wie der Raum des Theaters einschließlich Unterbau. Nie habe ich einen stärkeren tiefen Tonschlag gehört als diesen; ein Regiment singender Dragoner ist ein Knabenchor gegen den umwerfenden Angriff.«[54]

Der Performance-Stil Zarah Leanders geht von einem spezifischen Gestus aus, der aus ihrer Stimme, ihren Händen und ihrer Vertikalität besteht. Vertikal meint in diesem Zusammenhang ›phallisch‹. Leander steht aufrecht, bewegt nur ihre Arme und füllt den Raum mit ihrer Stimme. Seiler beschreibt diesen Gestus folgendermaßen: »Sie kam nicht auf die Bühne. Sie *trat* auf. [...] Der statuarische Körper unterstützte diese Ausstrahlung, und nur die großen Gebärden der Arme und Hände brachten Bewegung in ihre Auftritte.«[55] Das Statuarische ist ein phallisches und dadurch ein maskulines, kulturelles Zeichen. In der abendländischen Ikonografie repräsentiert das Horizontale das Weibliche und das Vertikale das Männliche. Kurz gesagt: in der klassischen westlichen Kunst liegen die Frauen, während die Männer aufrecht stehen. Die Leander der 1960er und 1970er Jahre war nie horizontal, weder metaphorisch noch buchstäblich. Sie stand aufrecht, sie sang mit ihrer Butch-Stimme und penetrierte ihr Publikum durch diesen Gestus. Vielleicht erklärt dieser Leander-Gestus ihre Popularität in der Schwulengemeinschaft, oder wie Seiler den Leander-Gestus folgendermaßen zusammenfasst: »Jetzt [...] wende ich mich wieder der unsterblichen Zarah zu: vor meinen Augen sehe ich sie, das Haupt majestätisch erhoben und stolze Trauer im umflorten Blick, höre das dunkle, aufgeraute Timbre ihrer voluminösen Orgelstimme, der es möglich war, wie ein Kritiker schrieb, Trivialkunst zu adeln.«[56]

Literatur

Abbate, Carolyn: »Opera: or, the Envoicing of Women«, in: Ruth E. Solie (Hg.), Musicology and Difference. Gender, Sexuality and Music Scholarship, Berkeley, Los Angeles, London: University of California Press 1993, S. 225-258.

---

54 P. Seiler: Zarah Leander: Ein Kultbuch, S. 174f.
55 Ebd., S. 109.
56 Ebd., S. 183f.

209

Abel, Sam: Opera in the Flesh: Sexuality in Operatic Performance, Boulder, Colorado: Westview Press 1996.

Adorno, Theodor: »Leichte Musik«, in: ders., Dissonanzen. Einleitung in die Musiksoziologie, Frankfurt/Main: Suhrkamp 1973, S. 199-218.

Allanbrook, Wye Jamison: Rythmic Gesture in Mozart: Le Nozze di Figaro & Don Giovanni, Chicago, London: University of Chicago Press 1983.

Blackmer, Corinne E./Smith, Patricia Juliana: En Travesti: Women, Gender Subversion, Opera, New York: Columbia University Press 1995.

Carter, Erica: Dietrich's Ghosts: The Sublime and the Beautiful in Third Reich Film, London: The British Film Institute 2004.

Castle, Terry: »In Praise of Brigitte Fassbaender«, in: The Apparitional Lesbian. Female Homosexuality and Modern Culture, New York: Columbia University Press 1993, S. 200-238.

Cixous, Hélène: »Aller à la mer«, in: Richard Drain (Hg.), Twentieth Century Theatre. A Sourcebook, London, New York: Routledge, 1995, S. 133-135.

Clément, Cathérine: Opera or the Undoing of Women, London, New York: I. B. Tauris Publishers 1988.

Csampai, Attila/Holland, Dietmar (Hg.): Wolfgang Amadeus Mozart. Die Hochzeit von Figaro: Texte, Materialien, Kommentare, Reinbek bei Hamburg: Rowohlt 1982.

Dyer, Richard: »Judy Garland and Gay Men«, in: Heavenly Bodies: Film Stars and Society, London, New York: Routledge 2004, S. 137-191.

Hügel, Hans-Otto: Handbuch Populäre Kultur. Begriffe, Theorien und Diskussionen, Stuttgart, Weimar: J.B. Metzler 2003.

Jacobi, Jutta: Zarah Leander. Das Leben einer Diva, Hamburg: Hoffmann und Campe 2006.

Koestenbaum, Wayne: The Queen's Throat. Opera, Homosexuality and the Mystery of Desire, London: Penguin 1993.

Knopp, Guido: Hitlers Frauen und Marlene, München: C. Bertelsmann 2001.

Kosofsky Sedgwick, Eve: »Introduction«, in: dies., Between Men: English Literature and Male Homosocial Desire, New York: Columbia University Press 1985, S. 1-27.

Kosofsky Sedgwick, Eve: Tendencies, Durham NC: Routledge 1993.

Kuzniar, Alice A.: The Queer German Cinema, Stanford CA: Stanford University Press 2000.

Lehnert, Gertrud: ›Wenn Frauen Männerkleider tragen‹: Geschlecht und Maskerade in Literatur und Geschichte, München: dtv 1997.

Locke, Ralph P.:»What Are All These Women Doing in Opera?«, in: Blackmer/Smith (Hg.), En Travesti: Women, Gender Subversion, Opera (1995), S. 59-98.

Mann, William: Richard Strauss. A Critical Study of the Operas, London: Cassell 1964.

McClary, Susan: Feminine Endings. Music, Gender and Sexuality, Minnesota, London: University of Minnesota Press 1991.

Pahlen, Kurt:»Der Rosenkavalier in Schlagworten«, in: ders. (Hg.), Richard Strauss. Der Rosenkavalier, München: Wilhelm Goldmann Verlag 1980.

Poizat, Michel: Angel's Cry: Beyond the Pleasure Principle in Opera, Ithaca, London: Cornell University Press 1992.

Rich, Adrienne:»Compulsory Heterosexuality and Lesbian Existence«, in: Henry Abelove/Michèle Aina Barale/David M. Halperin (Hg.), Lesbian and Gay Studies Reader, New York, London: Routledge 1993, S. 227-254 .

Roselt, Jens:»Die Würde des Menschen ist antastbar. Der kreative Umgang mit der Scham«, in: Carl Hegemann (Hg.), Erniedrigung genießen. Kapitalismus und Depression III, Berlin: Alexander Verlag 2002, S. 47-59.

Rosenberg, Tiina: Byxbegär (Hosenbegehren), Göteborg: Anamma 2000.

Rosenberg, Tiina: Queerfeministisk agenda (Queerfeministische Agenda), Stockholm: Atlas 2002.

Rosenberg, Tiina:»The Touch of Opera, or Can a Feminist Forgive Anything for a Good Tune?«, in: Journal of Theatre and Drama 4 (1998), S. 23-36 .

Rosenkranz, Bernhard/Lorenz, Gottfried: Hamburg auf anderen Wegen: Die Geschichte des schwulen Lebens in der Hansestadt, Hamburg: Lambda 2005.

Schuh, Willi: Kritiken und Essays. Über Opern von Richard Strauss. Bd. 1, Zürich: Atlantis Verlag 1947.

Seiler, Paul: Zarah Leander: Ein Kultbuch, Hamburg: Rowohlt 1985.

Seiler, Paul: Zarah Leander: Ich bin eine Stimme, Berlin: Ullstein 1997.

Walsh, Michael: Keine Angst vor Opern, München: Piper Verlag 1997.

Wood, Elizabeth:»Sapphonics«, in: Philip Brett/Elizabeth Wood/Gary C. Thomas (Hg.), Queering the Pitch: The New Lesbian and Gay Musicology, New York, London: Routledge 1994, S. 27-66.

Wood, Elizabeth:»The Lesbian in the Opera: Desire Unmasked in Smyth's Fantasio and Fête galante«, in: Blackmer/Smith (Hg.), En Travesti: Women, Gender Subversion, Opera (1995), S. 285-305.

STIMME UND RAUM

FRANZISKA BAUMANN *STIMME UND RAUM* (CD): EINE EINFÜHRUNG

JENNY SCHRÖDL

Franziska Baumann (geb. 1965) ist Sängerin, Komponistin und Klangkünstlerin im Bereich der Improvisation und der zeitgenössischen Musik. Als Vokalistin experimentiert sie mit dem klanglichen Potenzial der Stimme, wobei sie verschiedene – timbrale, verbale und perkussive – Vokaltechniken benutzt. Zu ihren Markenzeichen gehört darüber hinaus ein in Zusammenarbeit mit STEIM, Amsterdam, entwickelter Sensorhandschuh, ein elektronisch interaktives Instrument, das es ihr ermöglicht, Stimm-, Klang- und Raumartikulationen gestisch in Echtzeit umzusetzen und zu kontrollieren.[1]

Das Repertoire der Schweizer Künstlerin ist vielschichtig und reicht von Solo- und Ensemblekonzerten über Radio- und Hörspielarbeiten bis hin zu Raumklangprojekten und Klanginstallationen. Zu Letzteren gehören beispielsweise Arbeiten wie »Klang Aar(i)e« (ISCM World Music Days 2004, Bern) oder »Stimmen und Gezeiten« (Musikfestival Flims Klang 2004), bei denen schwimmende Lautsprecher auf einem See sowie Lautsprecher in den umliegenden Bäumen Klänge und Konzerte übertrugen. Jüngere Projekte sind u. a. eine mit anderen VokalkünstlerInnen produzierte Klang- und Leseperformance (»Vom Verschwinden und Vergessen«, 2006) sowie die mit dem Tanzensemble *a-tempo* entwickelte Performance »Cymatics« (2007). Ebenso gründete Baumann das Stimmenensemble VOXLab mit VokalistInnen aus der Schweiz und Deutschland.

Franziska Baumann war im Rahmen der Tagung »Raum-Klänge. (A-)topien der Stimme« an der FU Berlin (2006) eingeladen, eine Performance zum Thema »Stimme und Raum« zu gestalten. In einer etwa 45 Minuten dauernden Aufführung schuf sie mit Stimme und mit elektronisch – via Sensorhandschuh – produzierten Klängen komplexe Stimmsowie Klanglandschaften und verdichtete Atmosphären. Die dem Buch beiliegende CD *Stimme und Raum* ist allerdings keine Reproduktion

---

1 Vgl. die Website von Franziska Baumann: www.franziskabaumann.ch.

dieser Performance, sondern eine eigenständige Arbeit, die Baumann speziell für diese Publikation produziert hat. Generell sind für Baumann Live-Konzerte und CD-Produktionen sehr verschiedene Vermittlungsformen, wie sie in einem persönlichen Interview erklärte: »Die CD ist eine körperlose Erinnerungsform. Das Vorher und Nachher hat eine andere Bedeutung als in der körperlich vermittelten Musik. Auf der CD werden Formgestalten und Stimmzellen gedreht, überarbeitet, verräumlicht und nochmals anders beleuchtet. Ich kann in der Zeit beliebig vor- und zurückgehen. Auf der Bühne habe ich nur den Moment und meine Gestik, meinen Körper – meine Präsenz vermittelt Gestalten, die auf einer CD nicht wiederzugeben sind.«[2] Trotz der Verschiedenheit von Live-Aufführungen und elektronischen Produktionen finden sich bei Baumann Stimmphänomene und Klangkompositionen, die sowohl live als auch auf CD vorkommen. So erinnern mich verschiedene Passagen der insgesamt 13 Stücke an die Performance der Künstlerin, z. B. eine Sequenz aus »Lips and Clouds«, in der aus einer surrenden und zischenden Geräuschkulisse eine einzelne hohe, widerhallende Stimme hervortritt.

Im Mittelpunkt der CD steht die Stimme – oder, besser gesagt: verschiedene Stimmlichkeiten bzw. Stimmphänomene, die Baumann durch diverse Körper-, Sprach- und Elektrotechniken verändert, verfremdet, verdoppelt oder vervielfältigt, womit sie in unterschiedlichen Formen und Formationen erscheinen und sich in ihren Zusammenspielen komplexe Stimm-Klang-Landschaften ergeben. Abgesehen von Stimmen spielt das Geräuschhafte eine zentrale Rolle, wobei neben elektronisch generierten, verzerrten oder verfremdeten Geräuschen auch Übergänge zwischen Stimmlichem und Geräuschhaftem ein wesentliches Element der Arbeit ausmachen.

In keinem der einzelnen Stücke von je zwei- bis sechsminütiger Länge geht es um Darstellungen von Erzählungen, Personen, Räumen oder Zeiten, der Fokus liegt vielmehr auf den Klangphänomenen selbst, auf deren spezifischen Erscheinungsformen, zeit-räumlichen Ausdehnungen sowie auf deren Fähigkeit, Stimmungen, Gefühle, Energien, Erinnerungen oder Assoziationen zu erzeugen. Es ist eine fast minimalistische Arbeit am Klanglichen selbst, an verschiedenen Tönen, Stimmqualitäten, Rhythmen, Melodien und Motiven, die teilweise an etwas Bekanntes erinnern, teilweise aber auch gänzlich neu und unerhört erscheinen. So Baumann selbst: »Die Arbeit am Computer mit den Stimmklängen empfinde ich ähnlich wie beim Malen; ich kann Texturen,

---

2   Die in diesem Aufsatz verwendeten Zitate von Franziska Baumann sind einem Interview entnommen, welches ich im Oktober 2007 mit der Künstlerin per E-Mail geführt habe.

Verfremdungen, nie Gehörtes entwickeln. [...] Es ist eine Arbeit an Stimmqualitäten, an Motiven, an Spannungsbögen und an den energetischen Parametern.«

Dabei ist zudem auffällig, dass es sowohl bei den je einzelnen Stücken als auch bei der Gesamtheit aller 13 Stücke keine logischen Entwicklungen, kohärenten Spannungsbögen oder sinnfälligen Zusammenhänge gibt. Die Kompositionen zeichnen sich vielmehr durch unvermittelte Brüche, Sprünge oder Transformationen aus, so dass ein verlautbartes Satzfragment plötzlich zum Geräusch oder eine einzelne Stimme zu mehreren Stimmen werden kann. In den Worten Baumanns heißt dies: »Begegnung mit der Logik des Klangsinns, des Stimmsinns, der von einer anderen Logik ist als die Logik der Ratio – eine Logik, die Klangformen hervorbringt, eine Eigenlogik der zufallenden Stimmklänge, Brechungen, Verfremdungen. Zwischen dem Vorher und Nachher keine etappenweise Entwicklung, sondern plötzliche Verwandlung, eher wie die Gesetze des Traums.«

Im Folgenden möchte ich diese Eigenlogik von Franziska Baumanns Arbeit *Stimme und Raum* weiter verfolgen und dabei auf drei wesentliche Aspekte näher eingehen, wobei die Arbeit damit weder umfassend noch erschöpfend beschrieben sein soll. Verschiedene Zitate der Künstlerin, die auch meinem Interview mit ihr entstammen, dienen zudem als Einstimmungen, als Assoziationsgebungen wie als Rahmungen für die jeweiligen Themen und Aspekte.

*»Ein Grundgedanke war schon, mit der CD möglichst nahe
an eine Live-Version zu gelangen und somit ist vieles aus den
Live-Konzerten eingeflossen. Mitunter die Idee, dass immer
wieder eine Hauptstimme da ist.«*

Ein wesentliches Element der gesamten Arbeit ist eine Haupt- oder Solostimme, die die CD wie ein roter Faden durchzieht. Sie ist bereits im ersten Stück »Out of Time« zu hören und taucht bis zum letzten Stück »Out of Ice« in leichten Variationen und in unterschiedlichen Akzentuierungen wiederholt auf. Allerdings heißt dies nicht, dass *Stimme und Raum* von nur einer einzigen Stimme dominiert wäre, während alle anderen Stimmen, Klänge und Geräusche diese allein begleiten und sich ihr unterordnen würden – es geht hierbei nicht um die Herstellung von Homophonien, worunter die rhythmisch angeglichene Begleitung und die Gleichgerichtetheit von Stimmen unter einer Führungsstimme zu verstehen ist. Bei Baumann lassen sich im Gegenteil zwei davon differierende Verfahren der Beziehungsgestaltung zwischen den verschiedenen akustischen Phänomenen finden: Zum einen gibt es Passagen oder gesamte Stücke auf der CD, in denen eine Haupt- bzw. Führungsstimme zwar auszumachen ist und gleichzeitig oder versetzt auftauchende, begleitende Stimmen erscheinen, die sich jedoch klanglich wie rhythmisch-melodisch von der Führungsstimme differenzieren und mithin zwar in Bezug zu dieser, zugleich aber auch unabhängig von ihr wirken. Dieses Verfahren lässt sich als heterogene Homophonie bzw. als Heterophonie bezeichnen.[3] Beispielsweise nimmt in »Snowbird's Dance« eine hohe, klare Stimme den dominierenden Part ein, wird aber zugleich von summenden, surrenden und zischenden Klängen und Geräuschen begleitet und überlagert, die klar von der Führungsstimme unterschieden sind.

Zum anderen erscheint das Verfahren von Polyphonie für Baumanns Arbeit wesentlich, womit ein Satz aus mehreren Stimmen gemeint ist, die gleichberechtigt und eigenständig nebeneinander existieren. In Stücken wie »Lips & Clouds«, »Chirps & Sparks« oder »Out of Ice« tauchen gleichzeitig sowie nacheinander diverse Stimmen und Klangphänomene auf, wobei sich keine Führungsstimme mehr ausmachen lässt – auf diese Weise entsteht ein polyphones Stimmen- und Geräuschgewirr. Dabei wird auch ein Prinzip deutlich, das die gesamte CD durchzieht: Stimmen in verschiedenen Erscheinungsformen, Klänge und Geräusche werden hier nicht einfach, wie traditionell üblich, hierarchisch angeordnet, sondern erhalten einen jeweils eigenständigen Status.

»Ein wesentlicher Aspekt ist die Erschaffung eines Begegnungsfeldes, eines Raumes, welcher durch die Stimmen gebildet wird. [...] Verschiedene Räume interessieren mich: der Mundinnenraum, der Bühnenraum, offene Hallen, Höhlen usw., dann Außenräume und deren spezifische Topographien.«

Zentrales Thema von Baumanns Arbeit ist, wie bereits der Titel verrät, der Zusammenhang zwischen Stimme und Raum – oder, genauer gesagt: zwischen Räumlichem und Akustischem, denn auch Geräusche (u. a.) spielen eine zentrale Rolle bei der Erzeugung verschiedener Räume. Generell ist die Stimme nicht nur als ein flüchtiges Phänomen zu begreifen, das der Ordnung zeitlicher Sukzession folgt, sondern immer auch als Ereignis im Raum, das zugleich verschiedene Räume hervorzubringen

---

3 Vgl. zu den Begriffen Homophonie, Heterophonie und Polyphonie: David Roesner: Theater als Musik. Verfahren der Musikalisierung in chorischen Theaterformen bei Christoph Marthaler, Einar Schleef und Robert Wilson, Tübingen: Gunter Narr Verlag 2003, S. 242ff.

vermag. Zur Räumlichkeit der Stimme gehören Körperräume ebenso wie die Umgebungen und Orte, in denen diese Körper agieren, aber auch Gefühls- und Imaginationsräume sowie schließlich die Sozialität von Räumen. Der Hörsinn ist ein wesentlich räumlicher Sinn, über das Hören verorten und orientieren wir uns im Raum, entfalten Raumgefühl und -bewusstsein.[4]

Auch in Baumanns Arbeit geht es um die Hervorbringung und Evokation verschiedener stimmlich-akustischer Raumerscheinungen, Raumeindrücke und Raumwirkungen, die im jeweiligen Zusammenspiel, in der Begegnung mit Zuhörenden entstehen. Dabei lassen sich diverse Stimm-Klang-Räume unterscheiden: So gibt es akustische Räume, die an verschiedene real existierende Innen- und Außenräume erinnern. Bei »Ice Fields« beispielsweise habe ich durch die den Stimmen unterlegten Halleffekte den Eindruck einer großen, leeren Halle. Gleichzeitig suggerieren die tiefen, dumpfen, schlagenden Geräusche aneinanderschlagende Eisschollen, die in Kombination mit an Wind erinnernden Geräuschen bei mir den Raumeindruck einer Eis- oder Schneelandschaft evozieren. Wenn auch verschiedene Elemente von Baumanns Kompositionen an Realräume erinnern, so geht es ihr nicht um akustische Darstellungen von solchen, sondern es sind oftmals verfremdete akustische Raumfragmente und -zitate, die die Imaginationskraft der Zuhörenden anstacheln, aber keineswegs kohärente oder eindeutige Raumassoziationen provozieren.

Ein anderer Raum, den Baumann stimmlich erkundet, ist der Körperraum. In mehreren Passagen der CD habe ich den Eindruck, genau wahrzunehmen, wo die Stimme im Körper sitzt oder wie sie körperlich produziert wird – im Kopf, im Rachen oder im vorderen Teil des Mundes. Des Weiteren werden in anderen Abschnitten Räumlichkeiten produziert, die als Gesprächsraum bezeichnet werden können: Beispielsweise ist in »Loose Tongues« eine Person zu hören, die verschiedene Laute und Lautfolgen artikuliert, ohne dabei eine verständliche Sprache zu sprechen. In unterschiedlichen Geschwindigkeiten, diversen Tonlagen und Klangfarben brabbelt, flucht oder kreischt die Person verschiedene Lautfolgen hinunter, wobei der Eindruck eines Gesprächs – mit sich selbst, mit jemand anderem oder mit dem oder der Zuhörenden – entsteht, das sich räumlich entfaltet.

---

4 Vgl. zum Zusammenhang von Stimme und Raum: Doris Kolesch: »Labyrinthe: Resonanzräume der Stimme«, in: Christa Brüstle/Albrecht Riethmüller (Hg.), Klang und Bewegung. Beiträge zu einer Grundkonstellation, Aachen: Shaker 2004, S. 117-124; Jenny Schrödl: »Stimm(t)räume. Zu Audioinstallationen von Laurie Anderson und Janet Cardiff«, in: Doris Kolesch/dies. (Hg.), Kunst-Stimmen, Berlin: Theater der Zeit 2004, S. 143-160.

Ebenso spielen bei Baumann atmosphärische Räume eine zentrale Rolle. Dabei geht es bei den einzelnen Stücken zumeist nicht um den Entwurf einer homogenen Atmosphäre, die ein eindeutiges und konsistentes Fühlen beim Zuhörenden hervorrufen würde, sondern eher um komplexe, verdichtete, ja diverse Gefühlseindrücke. So evoziert beispielsweise »Lips & Clouds« zunächst eine traurige oder melancholische Stimmung und provoziert dann aber, gegen Ende des Stückes, plötzlich eine nahezu heitere und leichte Atmosphäre. Mit Sicherheit lassen sich in Baumanns Arbeit weitere stimmlich-akustische Räume auffinden. Wesentlich erscheint in diesem Zusammenhang, dass Raum nicht als etwas monumentales, statisch Gegebenes zu verstehen ist, sondern als ein flüchtiges und veränderliches Phänomen, das sich aus Erscheinungsformen, Erfahrungen und Interpretationen ständig re-konfiguriert und re-konstruiert.

> *»Ich bin am Lebendigen interessiert, zum Beispiel an der bestimmten Farbigkeit eines Stimmengewirrs, an der emotionalen Klangfarbe eines dahin geworfenen Satzfragments, dann aber auch am Unsagbaren in der textlosen Stimmgebung, dieses Herholen von etwas, das man mit Worten nicht sagen kann. [...] Oder am Bruch zwischen einer wiedererkennbaren Stimmlage, eines Stimmfragments, einer geatmeten Sequenz und deren Weiterführung bis sich der ursprüngliche Sinn in etwas anderes verwandelt.«*

Ein weiteres zentrales Moment der CD, das ich hier abschließend kurz ansprechen möchte, ist die experimentelle und vertiefte Auseinandersetzung mit der Stimme als einem Klangphänomen. Das heißt, dass hier Stimmen in ihrer Klanglichkeit, in ihrer Sinnlichkeit und Materialität erkundet und präsentiert werden – die Tonhöhe, das Volumen, die Intensität oder die Rhythmizität, die je spezifische Klanggestalt sowie die zeiträumliche Situierung und Ausdehnung des Klangphänomens werden in den Vordergrund gestellt, während Zusammenhänge von Stimme und Sprache sowie von Stimme, Figur oder Person in den Hintergrund rücken. Dabei bedient sich Baumann verschiedener Strategien und Erscheinungsformen, um Stimmen als klangliche Phänomene auszustellen: So verwendet sie beispielsweise zahlreiche Artikulationsformen wie Summen, Flüstern, Hecheln, Hauchen, Zischen, Schnalzen, Pusten, Singen, Jodeln (u. a.), ohne dabei Sprache einzusetzen, womit die Aufmerksamkeit forciert auf die je spezifische klangliche Gestalt dieser stimmlichen Erscheinungsformen gelenkt wird. Teilweise stellen diese Artikulationsformen die körperliche Komponente beim Artikulationsvorgang aus: Beispielsweise wird zu Beginn bei »Chant Fields« exzessiv gehechelt, wobei auch das Atmen und Spuren von Anstrengung, die damit einhergehen, hörbar gemacht werden. Während damit die Zuhörenden an die artikulierende Person erinnert werden, besteht im Gegensatz dazu der Witz von anderen Verlautbarungen wie Summen, Zischen, Zwitschern, Zirpen etc. gerade darin, dass jene Artikulationsformen zum Teil gar nicht mehr als (menschliche) Stimmen erkennbar sind: So ähneln sie mitunter Tierlauten von Bienen, Grillen oder Vögeln und an anderen Stellen klingen sie eher wie Geräusche bzw. werden von diesen nicht unterscheidbar.

Des Weiteren kommen auf der CD wiederholt Sequenzen vor, in denen mit unterschiedlichen Lauten und Lautfolgen gespielt wird. Bei »Out of Ice« gibt es eine längere Passage, in der verschiedene Laute wie »Sch«, »S« oder »Sa« zu hören sind, bei »Snowbird's Dance« sind es wiederum T-Laute, die mit leichten Variationen immer wieder artikuliert werden. Ebenso sind an einigen Stellen auch ganze Worte und Satzfragmente hörbar, die allerdings, ähnlich wie die einzelnen Laute, in ihren spezifischen Bearbeitungen und Einsätzen auch als lautliche Phänomene bewusst gemacht werden. So sind z. B. in »Dreamed Spaces« die Worte »falling asleep« auf eigentümliche Weise gedehnt oder langgezogen, in einer Art akustischer slow-motion-Technik, so dass sie weniger in ihrem Gehalt als in ihrer Lautlichkeit wahrnehmbar werden.

Die Ausstellung von Stimmen als Klangphänomene stellt insofern eine Besonderheit dar, als sie oftmals im Alltag, aber auch in der klassischen Musik und in textorientierten Kunstformen allein als Mittel oder Medium von Sprache sowie von personeller Identität eingesetzt und wahrgenommen werden. Damit einhergehend wird der Zusammenhang von Stimme und Sinn als primär verstanden, während der von Stimme und Sinnlichkeit bzw. Materialität als sekundär gilt. Zugleich lässt sich Baumanns Arbeit aber auch in jene Tradition einordnen, die seit den historischen Avantgarden bis heute Kunstformen wie Performance-Kunst, postdramatisches Theater, Klang- und Installationskunst, Neue Musik oder Neues Hörspiel beherrscht und in der vor allem die sinnlich-materielle Dimension von Stimmen experimentell erkundet und Stimmen diesseits ihrer medialen sowie semantisch-expressiven Funktionen als eigenständige Phänomene präsentiert werden.[5]

---

5 Vgl. zum postdramatischen Theater: Hans-Thies Lehmann: Postdramatisches Theater, Frankfurt/Main: Verlag der Autoren 1999, S. 271ff. sowie zusammenfassend zu anderen Kunstformen: Sybille Krämer: »Die ›Rehabilitierung der Stimme‹. Über die Oralität hinaus«, in: Doris Kolesch/dies. (Hg.), Stimme. Annäherung an ein Phänomen, Frankfurt/Main: Suhrkamp 2006, S. 269-295, hier S. 280ff.

Literatur

Kolesch, Doris: »Labyrinthe: Resonanzräume der Stimme«, in: Christa Brüstle/Albrecht Riethmüller (Hg.), Klang und Bewegung. Beiträge zu einer Grundkonstellation, Aachen: Shaker 2004, S. 117-124.

Krämer, Sybille: »Die ›Rehabilitierung der Stimme‹. Über die Oralität hinaus«, in: Doris Kolesch/dies. (Hg.), Stimme. Annäherung an ein Phänomen, Frankfurt/Main: Suhrkamp 2006, S. 269-295.

Lehmann, Hans-Thies: Postdramatisches Theater, Frankfurt/Main: Verlag der Autoren 1999.

Roesner, David: Theater als Musik. Verfahren der Musikalisierung in chorischen Theaterformen bei Christoph Marthaler, Einar Schleef und Robert Wilson, Tübingen: Gunter Narr Verlag 2003.

Schrödl, Jenny: »Stimm(t)räume. Zu Audioinstallationen von Laurie Anderson und Janet Cardiff«, in: Doris Kolesch/dies. (Hg.), Kunst-Stimmen, Berlin: Theater der Zeit 2004, S. 143-160.

ANHANG

Abbildungsverzeichnis

Abbildung 1: Fabian Hinrichs in *Iphigenie auf Tauris*, Münchner Kammerspiele (2005), Foto: Andreas Pohlmann

Abbildung 2: Fabian Hinrichs in *Iphigenie auf Tauris*, Münchner Kammerspiele (2005), Foto: Andreas Pohlmann

Abbildung 3: Fabian Hinrichs in *Iphigenie auf Tauris*, Münchner Kammerspiele (2005), Foto: Andreas Pohlmann

Abbildung 4: Janet Cardiff: *To Touch*, 1993. Courtesy the artist, Galerie Barbara Weiss, Berlin

Abbildung 5: Janet Cardiff: *Münster Walk*, 1997. Skulptur Projekte Münster 1997, Courtesy the artist

Abbildung 6: Janet Cardiff & George Bures Miller: *The Paradise Institute*, 2001. Courtesy the artists, Galerie Barbara Weiss, Berlin

Abbildung 7: Janet Cardiff: *The Missing Voice*, Case Study, 1999, produced by Artangel Whitechapel Library, London. Courtesy Galerie Barbara Weiss, Berlin

Abbildung 8: *Fidelio, 21. Jahrhundert*, UA 2.12.2004, Bühne für Musikvisualisierung, Bonn, Courtesy the artist

Abbildung 9: *Fidelio, 21. Jahrhundert*, Virtueller Raum, Courtesy the artist

Abbildung 10: *Fidelio, 21. Jahrhundert*, Leonore, Courtesy the artist

Abbildung 11: *Fidelio, 21. Jahrhundert*, Interaktion, Courtesy the artist

Abbildung 12: *Fidelio, 21. Jahrhundert*, Interaktion 2, Courtesy the artist

Autorinnen und Autoren

Gernot Böhme ist seit 2005 Direktor des Instituts für Praxis der Philosophie, IPPh. 2003 erhielt er den Denkbar-Preis für obliques Denken. Von 1977-2002 war er Professor für Philosophie an der TU Darmstadt und in der Zeit von 1997-2001 Sprecher des Graduiertenkollegs *Technisierung und Gesellschaft*. Gernot Böhme hat neben zahlreichen Aufsätzen, Artikeln und Rezensionen über 15 Bücher verfasst, darunter *Leibsein als Aufgabe. Leibphilosophie in paradigmatischer Hinsicht* (2003), *Aisthetik. Vorlesung über Ästhetik als allgemeine Wahrnehmungslehre* (2001), *Theorie des Bildes* (1999), *Atmosphäre. Essays zur neuen Ästhetik* (1995), *Für eine ökologische Naturästhetik* (1989), *Das Andere der Vernunft* (1983 zus. mit Hartmut Böhme).

Johanna Dombois ist Musiktheater-Regisseurin und Autorin. Von 2001-2005 war sie Künstlerische Leiterin der Bühne für Musikvisualisierung des Beethoven-Hauses Bonn. 2006 promovierte sie bei Peter Wapnewski über Richard Wagners musikästhetische Dramaturgien. Johanna Dombois hat zahlreiche Aufsätze veröffentlicht, u. a. *Scheinschwangerschaften. Neue Technologien im klassischen Musiktheater* (2006, in: Lettre International 72), *Musikstrom – Inszenieren mit Neuen Medien am Beispiel >Fidelio<* (2007, in: Musik & Ästhetik Bd. 11), *Das Lied der unreinen Gattung. Zum Regietheater in der Oper* (zus. mit Richard Klein, 2007, in: Deutsche Zeitschrift für europäisches Denken). Zu ihren Inszenierungen zählen u. a.: *Fidelio, 21. Jahrhundert* (Bonn 2004), *Presto 126/4, Ring-Studie 1: Das Rheingold* (Zürich 2008/09).

Jochen Hörisch ist Professor an der Universität Düsseldorf. Er lehrte als Gastprofessor am CIPH und der ENS in Paris (1993), in Charlottesville (USA/Virginia, 1996), in Princeton (USA, 1999), in Bloomington (USA/Indiana, 2002), in Buenos Aires (2003), an der EPHE in Paris (2006). Er ist Mitglied der europäischen Akademie für Wissenschaften und Künste in Salzburg, der Freien Akademie der Künste in Mannheim und der Freien Akademie der Künste in Hamburg. Jochen Hörisch wurde der Heynen-Preis der Stadt Düsseldorf 1988 sowie der Reimers-Preis der Aby-Warburg Stiftung Hamburg 1999 verliehen. Zu seinen Publikationen zählen u. a.: *Gott, Geld, Medien* (2004), *Theorie-Apotheke – Eine Handreichung zu den humanwissenschaftlichen Theorien der letzten fünfzig Jahre, einschließlich ihrer Risiken und Nebenwirkungen* (2004), *Die ungeliebte Universität – Rettet die Alma mater* (2006).

Doris Kolesch ist Professorin für Theaterwissenschaft an der Freien Universität Berlin und Mitglied der Jungen Akademie an der Berlin-Brandenburgischen Akademie der Wissenschaften. Im Sonderforschungsbereich 447 »Kulturen des Performativen« leitet sie das Forschungsprojekt »Stimmen als Paradigmen des Performativen«. Ihre wissenschaftliche Arbeit wurde mit mehreren Preisen ausgezeichnet, darunter der Essay-Preis der Gesellschaft für Theaterwissenschaft sowie der Heinz-Maier-Leibnitz-Preis der DFG und des BMWF. Von ihr sind u. a. *Das Schreiben des Subjekts* (1996), *Roland Barthes* (1997) und *Theater der Emotionen. Ästhetik und Politik zur Zeit Ludwigs XIV.* (2006) erscheinen. Sie ist Mitherausgeberin von *Kunst-Stimmen* (2004), des *Metzler Lexikons Theatertheorie* (2005) und des Sammelbandes *Stimme. Annäherung an ein Phänomen* (2006).

Werner Nothdurft ist Professor an der Fachhochschule Fulda im Fachbereich Sozial- und Kulturwissenschaften. Seit 1992 ist er Mitglied eines Sonderforschungsbereichs der DFG und Leiter eines Projekts über umweltpolitische Auseinandersetzungen. Außerdem hatte er Lehraufträge im Fach Kommunikationswissenschaft an der GHS Essen. Seine Themen und Fachgebiete sind: Kommunikationswissenschaft, Gesprächsanalyse und Angewandte Gesprächsforschung, Interaktionstheorie, Konflikt- und Beratungsforschung, Sprachphilosophie, Rhetorik, Schlüsselqualifikationen sozialer Kompetenz, Projektmanagement. Von ihm sind u. a. *Konfliktbewältigung* (2000), *Zwischenmenschliche Kommunikation* (2000), *Psychologie: Grundlagen und Perspektiven für die soziale Arbeit* (2007, zus. mit Hans-Peter Langfeldt), *Psychologie: Studienbuch für soziale Berufe* (2004, zus. mit Hans-Peter Langfeldt) erschienen.

Vito Pinto ist wissenschaftlicher Mitarbeiter im Forschungsprojekt »Stimmen als Paradigmen des Performativen« im Rahmen des Sonderforschungsbereichs 447 »Kulturen des Performativen«. Er studierte Theaterwissenschaft und Französische Philologie an der Freien Universität Berlin. Zurzeit arbeitet er an einem Dissertationsvorhaben zu Stimmen im Kontext ihrer technischen Realisierung in Theater, Film und Hörspiel. 2006 ist sein Buch *(Selbst-)Inszenierungen als gesellschaftliche Provokation: Tabubruch und Transgression bei »Marilyn Manson«* erschienen. Seine Forschungsschwerpunkte sind: Stimme in Theater, Film und Hörspiel sowie Geschichte und Ästhetik von Musikvideos.

Patrick Primavesi ist Professor für Theaterwissenschaft an der Universität Leipzig. Davor war er als wissenschaftlicher Assistent am Institut für Theater-, Film- und Medienwissenschaft der Johann

Wolfgang Goethe-Universität in Frankfurt/Main tätig. Publikationen: *Kommentar, Übersetzung, Theater in Walter Benjamins frühen Schriften* (Diss., 1998), *Heiner Müller Handbuch. Leben, Werk, Wirkung* (Hg., zus. mit Hans-Thies Lehmann, 2003), *Geteilte Zeit. Zur Kritik des Rhythmus in den Künsten* (Hg., zus. mit Simone Mahrenholz, 2005), *Aufbrüche. Theaterarbeit zwischen Text und Situation* (Hg., zus. mit Olaf A. Schmitt, 2004), Habilitationsschrift zu *Fest, Theater und Repräsentationskritik um 1800.*

Jens Roselt ist seit 2008 Professor für Theorie und Praxis des Theaters an der Universität Hildesheim. Vorher war er als Geschäftsführer des DFG-Sonderforschungsbereichs »Kulturen des Performativen« an der FU Berlin tätig. Seine Arbeitsschwerpunkte sind: Theorie und Geschichte der Schauspielkunst, Aufführungsanalyse, Performativität im Theater. Jens Roselt hat Lehraufträge an der Johannes Gutenberg-Universität Mainz, der Technischen Universität Berlin, der Universität Hildesheim und der Hochschule für Musik Hanns Eisler Berlin erhalten. Von ihm sind folgende Bücher erschienen: *Die Ironie des Theaters* (1999), *Kunst der Aufführung – Aufführung der Kunst* (2004, zus. mit Erika Fischer-Lichte und Clemens Risi), *Seelen mit Methode – Schauspieltheorien vom Barock bis zum postdramatischen Theater* (2005) und *Phänomenologie des Theaters* (2008).

Tiina Rosenberg ist Professorin für Gender Studies an der Lund Universität, Schweden. Ihre Arbeitsschwerpunkte sind: Performative Künste, Queer Theory und Feminismus. Zu ihren Buchveröffentlichungen zählen: *Byxbegär* (*Desiring Pants*, 2000), *Queerfeministisk Agenda* (*Queer Feminist Agenda*, 2002), *Besvärliga människor: Teatersamtal med Suzanne Osten* (*Troublesome People: Theatre Talks with Suzanne Osten*, 2004) und *Könet brinner! Judith Butler's texter i urval* (*Gender is Burning! A Collection of Judith Butler's texts*, 2005). Darüber hinaus hat sie eine Studie zum feministischen schwedischen Theater veröffentlicht und zusammen mit Lena Hammergren, Karin Helander and Willmar Sauter den Band *Teater i Sverige* (*Theatre in Sweden*, 2004) publiziert. Zuletzt ist von ihr erschienen: *L-Word: Were Have All the Lesbians Gone?* (2006). Derzeit arbeitet sie an einer Studie zu Zarah Leander als Queer Diva: *If you would like to look at a shame star, take a look at Zarah!*

Katharina Rost ist wissenschaftliche Mitarbeiterin im Projekt »Stimmen als Paradigmen des Performativen« im Rahmen des Sonderforschungsbereichs 447 »Kulturen des Performativen«. Im Rahmen des

Projekts promoviert sie zum Thema »Auditive Aufmerksamkeit. Stimme – Musik – Geräusch«. Sie hat Theaterwissenschaft, Philosophie und Neuere Deutsche Literatur an der Freien Universität Berlin studiert.

Frank Schätzlein war von 2002-2006 wissenschaftlicher Mitarbeiter am Institut für Medien und Kommunikation der Universität Hamburg und ist seit 2007 stellvertretender Leiter der Arbeitsstelle Studium und Beruf der Fakultät für Geisteswissenschaften der Universität Hamburg. Er ist Dozent in den Studiengängen Medienkultur, Medien- und Kommunikationswissenschaft, Medienmanagement und Allgemeine Berufsqualifizierende Kompetenzen. Frank Schätzlein ist Redakteur medienwissenschaftlicher Zeitschriften und Websites sowie Mitglied im Vorstand der Gesellschaft für Medienwissenschaft (GfM). Er publizierte zu Hörspiel, Radio, Audiomedien, Sound/Sounddesign, akustischer Wahrnehmung und Hochschuldidaktik. Zu seinen Veröffentllichungen zählen u. a.: *Sound. Zur Technologie und Ästhetik des Akustischen in den Medien* (Hg., zus. mit Harro Segeberg, Marburg 2005); *Hörspielproduktion und -analyse* (Hamburg 2007 (in Vorbereitung)); *Radioforschung/Audioforschung* (Hg., zus. mit Knut Hickethier, Hamburg (in Vorbereitung)).

Jenny Schrödl ist wissenschaftliche Mitarbeiterin im Teilprojekt »Stimmen als Paradigmen des Performativen« des Sonderforschungsbereichs 447 »Kulturen des Performativen«. Im Rahmen des Projekts promoviert sie zum Thema »Stimme – Materialität – Erfahrung. Zu Präsentationen und Wirksamkeiten von Sprechstimmen im postdramatischen Theater«. Sie ist Mitglied der Forschungsgruppe »Oberflächenphänomene« des peer-mentoring Programms an der Universität Zürich und Herausgeberin (zs. mit Doris Kolesch) von *Kunst-Stimmen* (Berlin 2004) sowie von *Mehr als Schein. Ästhetik der Oberfläche in Film, Kunst, Literatur und Theater* (zs. mit Gruppe »Oberflächenphänomene«, 2008). Publikationen zur Stimme, zu Geschlecht und zum Gegenwartstheater. Sie hat an der Freien Universität Berlin Theaterwissenschaft, Philosophie sowie Allgemeine und Vergleichende Literaturwissenschaft studiert.

Holger Schulze ist Gastprofessor im Teilbereich Klanganthropologie und Klangökologie und Studiengangsleiter der Sound Studies an der Universität der Künste Berlin. Darüber hinaus ist er als Kulturtheoretiker und Autor tätig. 1990-1998 hat er Komparatistik, Theater- und Medienwissenschaft und Philosophie in Erlangen studiert. Von 2002-2003 war er Geschäftsführer der berliner gesellschaft für neue musik und seit 2003 Mitglied der Gesellschaft für Historische Anthropologie. Seit 2000 wirkt er an der Entwicklung des Studiengangs Sound Studies – Akustische Kommunikation mit. Seit 1995 arbeitet er an der *Theorie der Werkgenese* in drei Bänden: *Das aleatorische Spiel* – *Heuristik* – *Intimität und Medialität*.

Philip Ursprung ist seit 2005 Professor für moderne und zeitgenössische Kunst an der Universität Zürich. Er hat Kunstgeschichte, Allgemeine Geschichte und Germanistik in Genf, Wien und Berlin studiert, an der Freien Universität Berlin promoviert und an der ETH Zürich habilitiert. Er unterrichtete an den Universitäten Genf und Basel, der ETH Zürich, der Universität der Künste Berlin und der Graduate School for Architecture, Planning and Preservation der Columbia University New York. Außerdem ist er Herausgeber von *Herzog & de Meuron: Naturgeschichte* (CCA Montreal 2002) und Autor von *Grenzen der Kunst: Allan Kaprow und das Happening, Robert Smithson und die Land Art* (München, 2003).

ZfK – Zeitschrift für Kulturwissenschaften

Birgit Althans, Kathrin Audem,
Beate Binder, Moritz Ege, Alexa Färber (Hg.)

Kreativität. Eine Rückrufaktion

Zeitschrift für Kulturwissenschaften,
Heft 1/2008

März 2008, 138 Seiten, kart., 8,50 €
ISSN 9783-9331

ZFK – Zeitschrift für Kulturwissenschaften

Der Befund zu aktuellen Konzepten kulturwissenschaftlicher Analyse und
Synthese ist ambivalent: Neben innovativen und qualitativ hochwertigen
Ansätzen besonders jüngerer Forscher und Forscherinnen steht eine
Masse oberflächlicher Antragsprosa und zeitgeistiger Wissensproduktion –
zugleich ist das Werk einer ganzen Generation interdisziplinärer Pioniere
noch wenig erschlossen.

In dieser Situation soll die **Zeitschrift für Kulturwissenschaften** eine
Plattform für Diskussion und Kontroverse über Kultur und die
Kulturwissenschaften bieten. Die Gegenwart braucht mehr denn je
reflektierte Kultur, historisch situiertes und sozial verantwortetes Wissen.
Aus den Einzelwissenschaften heraus kann so mit klugen interdisziplinären
Forschungsansätzen fruchtbar über die Rolle von Geschichte und
Gedächtnis, von Erneuerung und Verstetigung, von Selbststeuerung und
ökonomischer Umwälzung im Bereich der Kulturproduktion und der
naturwissenschaftlichen Produktion von Wissen diskutiert werden.
Die **Zeitschrift für Kulturwissenschaften** lässt gerade auch jüngere
Wissenschaftler und Wissenschaftlerinnen zu Wort kommen, die aktuelle
fächerübergreifende Ansätze entwickeln.

Lust auf mehr?

Die **Zeitschrift für Kulturwissenschaften** erscheint zweimal jährlich in
Themenheften. Bisher liegen die Ausgaben Fremde Dinge (1/2007),
Filmwissenschaft als Kulturwissenschaft (2/2007) und Kreativität. Eine
Rückrufaktion (1/2008) vor.
Die **Zeitschrift für Kulturwissenschaften** kann auch im Abonnement für
den Preis von 8,50 € je Ausgabe bezogen werden.
Bestellung per E-Mail unter: bestellung.zfk@transcript-verlag.de

www.transcript-verlag.de

Kultur- und Medientheorie

Christian Kassung (Hg.)
Die Unordnung der Dinge
Eine Wissens- und Medien-
geschichte des Unfalls

Januar 2009, ca. 400 Seiten,
kart., zahlr. Abb., ca. 33,80 €,
ISBN 978-3-89942-721-9

Derrick de Kerckhove,
Martina Leeker,
Kerstin Schmidt (Hg.)
McLuhan neu lesen
Kritische Analysen zu Medien
und Kultur im 21. Jahrhundert

April 2008, 514 Seiten,
kart., zahlr. Abb., inkl. DVD, 39,80 €,
ISBN 978-3-89942-762-2

Geert Lovink
Zero Comments
Elemente einer kritischen Internetkultur

August 2008, 332 Seiten, kart., 28,80 €,
ISBN 978-3-89942-804-9

Leseproben, weitere Informationen und Bestellmöglichkeiten
finden Sie unter www.transcript-verlag.de

Kultur- und Medientheorie

SUSANNE REGENER
Visuelle Gewalt
Menschenbilder aus der Psychiatrie
des 20. Jahrhunderts

März 2009, ca. 220 Seiten,
kart., zahlr. Abb., ca. 25,80 €,
ISBN 978-3-89942-420-1

RAMÓN REICHERT
Amateure im Netz
Selbstmanagement und Wissenstechnik
im Web 2.0

Oktober 2008, 246 Seiten,
kart., zahlr. z.T. farb. Abb., 24,80 €,
ISBN 978-3-89942-861-2

MICHAEL SCHETSCHE,
MARTIN ENGELBRECHT (HG.)
Von Menschen und Außerirdischen
Transterrestrische Begegnungen
im Spiegel der Kulturwissenschaft

August 2008, 286 Seiten, kart., 27,80 €,
ISBN 978-3-89942-855-1

**Leseproben, weitere Informationen und Bestellmöglichkeiten
finden Sie unter www.transcript-verlag.de**

Kultur- und Medientheorie

**Leseproben, weitere Informationen und Bestellmöglichkeiten
finden Sie unter www.transcript-verlag.de**